New 거운 즐컴퓨터교실

즐거운 컴퓨터 교실로 함께 떠나요!

엑셀 2007

저자 류지영, 안창현　　**기획** 기획 1팀　　**책임** 김태경
진행 김용묵　　**디자인** 코드미디어 디자인팀　　**일러스트** 유지욱

이메일 support@youngjin.com
주소 (우)153-803 서울 금천구 가산동 664번지 대륭테크노타운 13차 10층 (주)영진닷컴
팩스 02-2105-2206
내용 문의 codmedia@codmedia.com

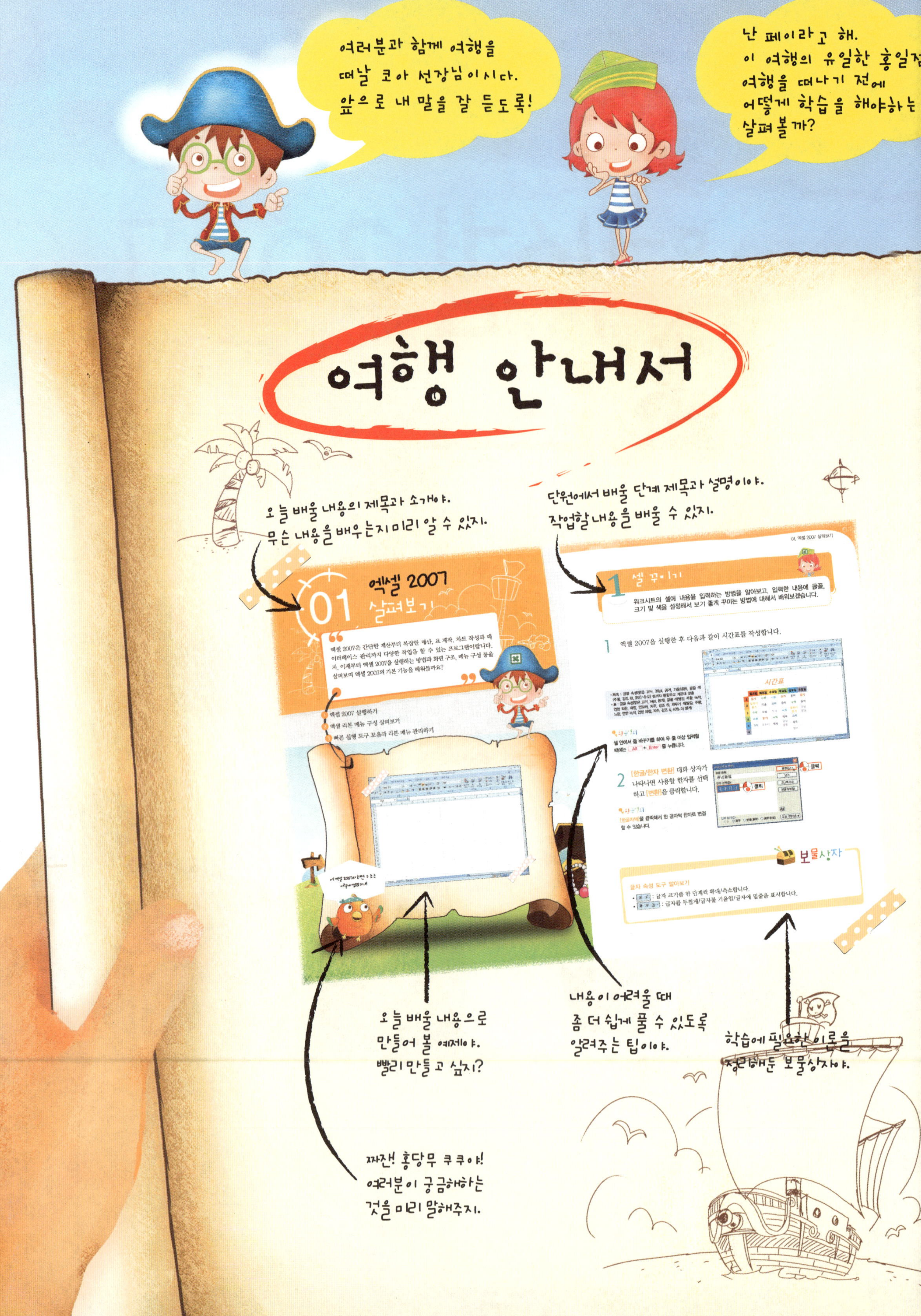
여러분과 함께 여행을
떠날 코아 선장님이시다.
앞으로 내 말을 잘 듣도록!
난 페이라고 해.
이 여행의 유일한 홍일점
여행을 떠나기 전에
어떻게 학습을 해야하는
살펴 볼까?
여행 안내서
오늘 배울 내용의 제목과 소개야.
무슨 내용을 배우는지 미리 알 수 있지.
단원에서 배울 단계 제목과 설명이야.
작업할 내용을 배울 수 있지.
엑셀 2007 살펴보기
01
셀 꾸미기
보물상자
오늘 배울 내용으로
만들어 볼 예제야.
빨리 만들고 싶지?
내용이 어려울 때
좀 더 쉽게 풀 수 있도록
알려주는 팁이야.
학습에 필요한 이론을
정리해둔 보물상자야.
짜잔 홍당무 쿠쿠야!
여러분이 궁금해하는
것을 미리 말해주지.

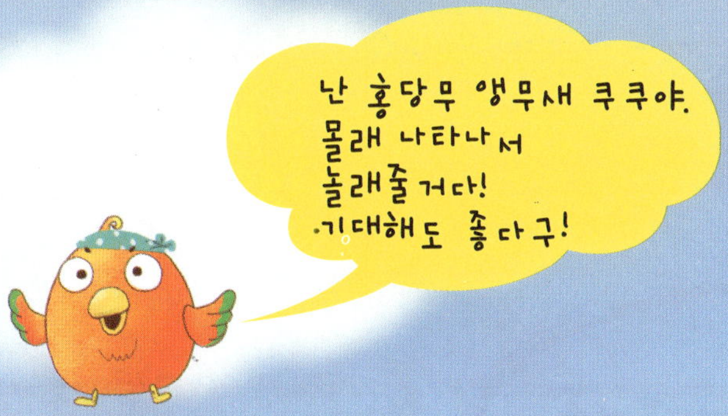

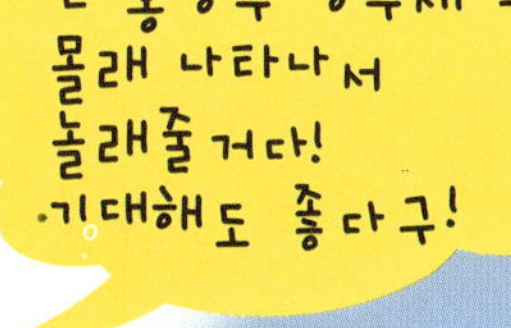

단원에서 배운 내용을 이용해서
직접 만들어 보는 예제야.
배운 내용을 정리해보고
응용력을 높일 수 있지.

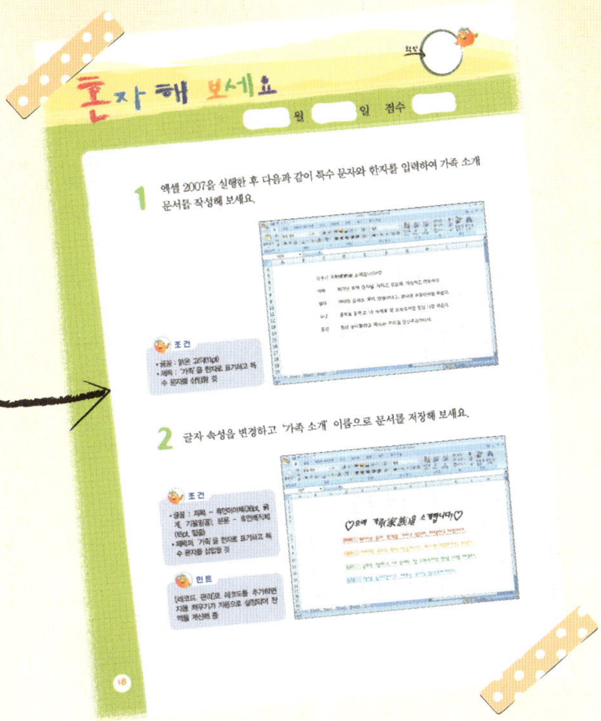

문제를 푼 날짜와 점수를 적어두는 곳이야.
좋은 점수를 얻으려면 열심히 해야돼.

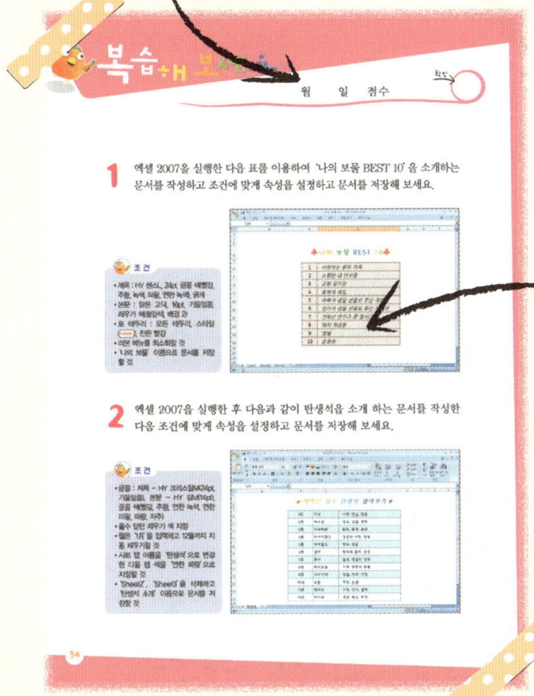

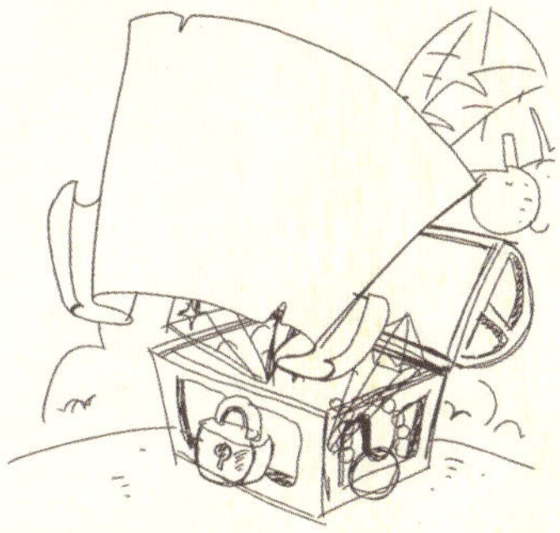

4개의 단원마다 나오는 종합 문제야.
그동안 배운 내용을 이용하여 다양한 예제를
만들어 보고 학습을 정리할 수 있어.

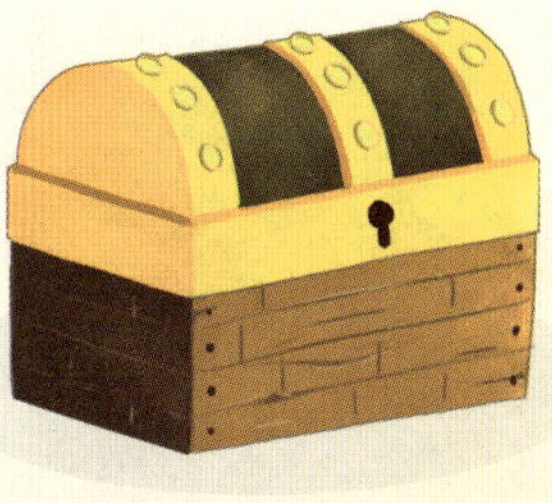

학습 안내서

1단계는 꼭 알아야 할 기본 학습이고
2단계는 응용 학습이야.
3단계는 활용 능력을 높일 수 있는 다양한
정보를 담고 있지.
어떤 내용을 배우는지 함께 살펴볼까?

01 엑셀 2007 살펴보기

엑셀 2007은 간단한 계산부터 복잡한 계산, 표 제작, 차트 작성과 데이터베이스 관리까지 다양한 작업을 할 수 있는 프로그램이랍니다. 자, 이제부터 엑셀 2007을 실행하는 방법과 화면 구조, 메뉴 구성 등을 살펴보며 엑셀 2007의 기본 기능을 배워 볼까요?

1 엑셀 2007 실행하기

2 엑셀 리본 메뉴 구성 살펴보기

3 빠른 실행 도구 모음과 리본 메뉴 관리하기

1 엑셀 2007 살펴보기

엑셀 2007을 실행하는 방법과 엑셀 2007의 화면 구조에 대해 알아보겠습니다.

1 [시작]–[모든 프로그램]–[Microsoft Office]–[Microsoft Office Excel 2007]을 선택합니다.

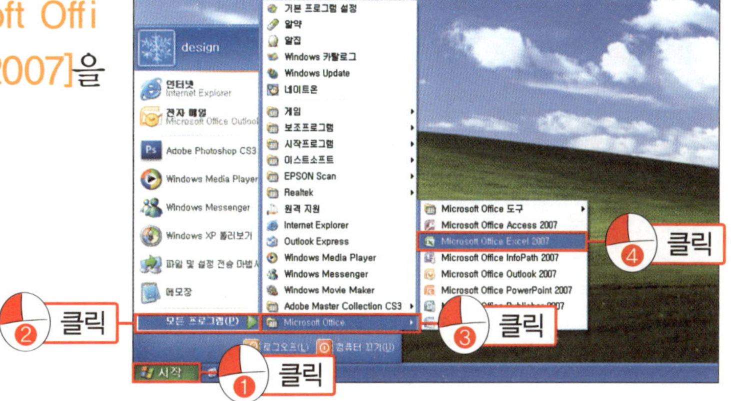

2 엑셀 2007이 실행됩니다.

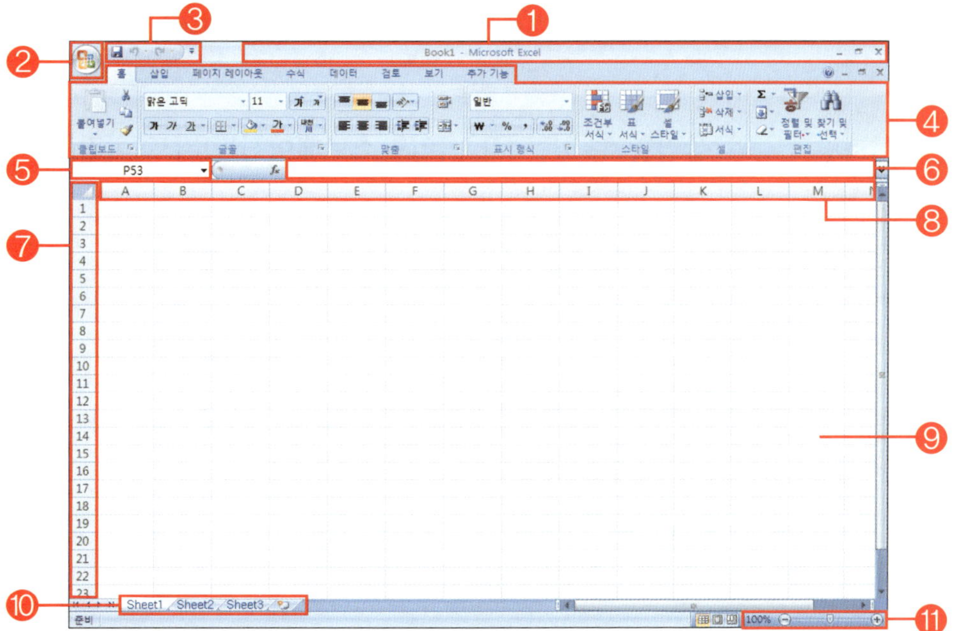

❶ **제목 표시줄** : 현재 작업 중인 엑셀 문서의 이름을 표시합니다.
❷ **[Office 단추]** : 파일 열기, 저장, 인쇄, 마침 및 공유 등 기본적인 명령이 있는 메뉴입니다.
❸ **빠른 실행 도구 모음** : 사용자가 자주 사용하는 도구를 등록할 수 있는 도구 모음입니다.
❹ **리본 메뉴** : 특정한 그룹으로 분류된 명령들이 탭으로 구성되어 있습니다.
❺ **이름 상자** : 선택한 셀의 이름 또는 셀 주소를 표시합니다.
❻ **수식 입력줄** : 셀의 내용을 보거나 내용을 편집할 수 있습니다.
❼ **행 머리글** : 1, 2, 3... 순으로 구성되어 있는 행의 이름입니다.
❽ **열 머리글** : A, B, C... 순으로 구성되어 있는 열의 이름입니다.
❾ **워크시트** : 셀로 구성되어 있는 작업 문서입니다.
❿ **시트 탭** : 통합 문서에 포함되어 있는 시트를 선택할 수 있습니다.
⓫ **상태 표시줄 사용자 지정 도구** : 화면 보기 및 화면의 확대/축소를 지정할 수 있는 도구 모음입니다.

2 엑셀 리본 메뉴 구성 살펴보기

엑셀 2007에는 [Office 단추]와 7개의 기본 탭으로 구성된 리본 메뉴가 있습니다. 손쉽고, 빠르게 작업을 할 수 있도록 각 탭에는 아이콘 모양의 명령이 그룹별로 정리되어 있습니다. 여기서는 리본 메뉴가 어떻게 구성되어 있는지 살펴보겠습니다.

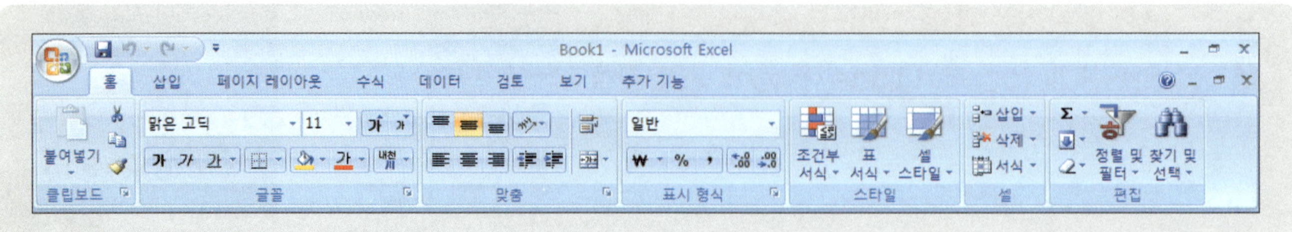

● [Office 단추]

새 문서 열기, 저장 등의 기본 작업을 할 수 있는 명령을 담고 있습니다.

● [홈] 탭

글자 서식, 셀 서식, 정렬 등을 지정할 수 있는 [클립보드], [글꼴], [맞춤], [표시 형식], [스타일], [셀], [편집] 그룹이 있습니다.

● [삽입] 탭

표, 그림, 차트, 하이퍼링크 등을 삽입할 수 있는 [표], [일러스트레이션], [차트], [링크], [텍스트] 그룹이 있습니다.

● [페이지 레이아웃] 탭

페이지 속성을 설정할 수 있는 [테마], [페이지 설정], [크기 조정], [시트 옵션], [정렬] 그룹이 있습니다.

● [수식] 탭

수식을 분석 및 계산할 수 있는 [함수 라이브러리], [정의된 이름], [수식 분석], [계산] 그룹이 있습니다.

● [데이터] 탭

외부 데이터를 연결하거나 정렬, 필터, 분석 등을 설정할 수 있는 [외부 데이터 가져오기], [연결], [정렬 및 필터], [데이터 도구], [윤곽선] 그룹이 있습니다.

● [검토] 탭

맞춤법 검사, 메모 삽입, 시트 보호 등을 설정할 수 있는 [언어 교정], [메모], [변경 내용] 그룹이 있습니다.

● [보기] 탭

문서 보기나 창 나누기를 할 수 있는 [통합 문서 보기], [표시/숨기기], [확대/축소], [창], [매크로] 그룹이 있습니다.

3 빠른 실행 도구 모음과 리본 메뉴 관리하기

[빠른 실행 도구 모음]에 자주 사용하는 도구를 추가하여 표시할 수 있고, [리본 메뉴 최소화]를 실행하여 화면을 넓게 볼 수 있습니다. 빠른 실행 도구 모음과 리본 메뉴를 관리하는 방법에 대해 알아보겠습니다.

1 엑셀 2007을 실행한 다음 [빠른 실행 도구 모음]의 내림 단추를 클릭한 후 [인쇄 미리 보기]를 선택합니다.

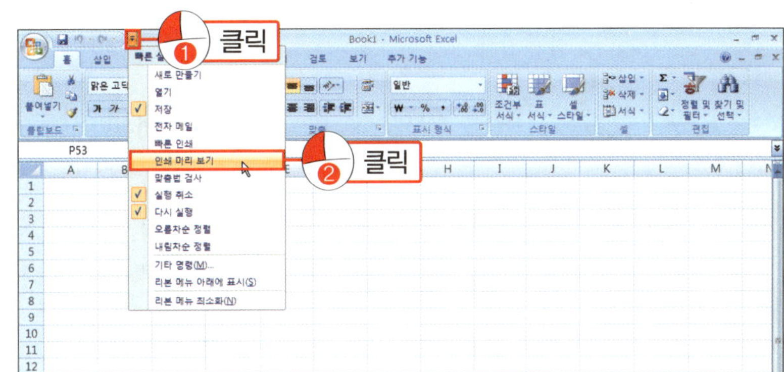

황금열쇠

[빠른 실행 도구 모음]의 내림 단추를 클릭한 다음 [기타 명령]을 선택하여 다른 메뉴들을 추가할 수 있습니다.

2 [빠른 실행 도구 모음]의 내림 단추를 클릭한 다음 [리본 메뉴 아래에 표시]를 선택합니다.

3 [빠른 실행 도구 모음]이 리본 메뉴 아래에 표시되면 [빠른 실행 도구 모음]의 내림 단추를 클릭한 다음 [리본 메뉴 최소화]를 선택합니다.

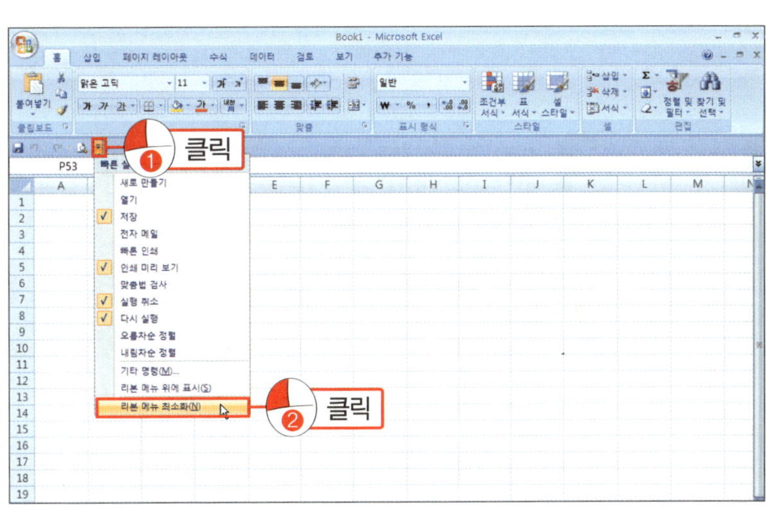

황금열쇠

탭을 두 번 클릭하면 리본 메뉴가 원래 상태로 돌아갑니다.

4 사용할 탭을 클릭하면 리본 메뉴가 나타납니다.

월   일 점수

1 엑셀 2007을 실행해 보세요.

2 [빠른 실행 도구 모음]에 [새로 만들기]를 등록해 보세요.

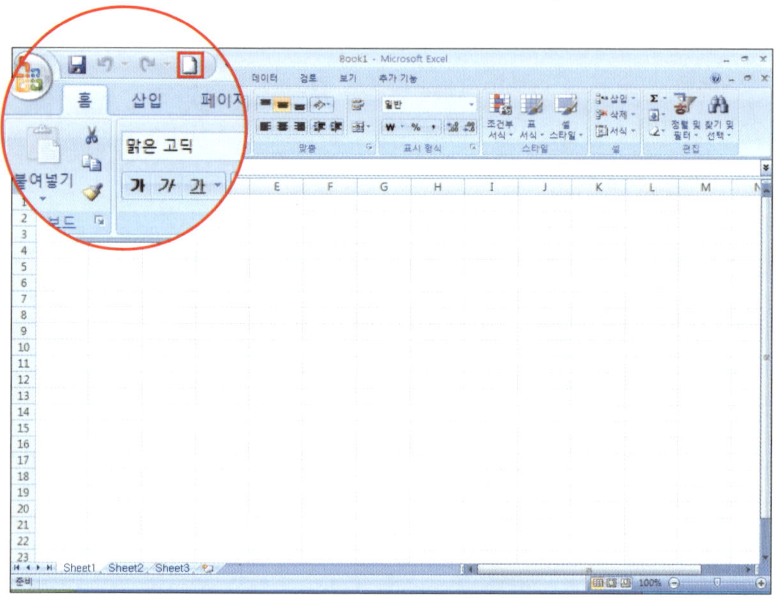

3 리본 메뉴를 최소화하여 화면 구조를 다음과 같이 변경해 보세요.

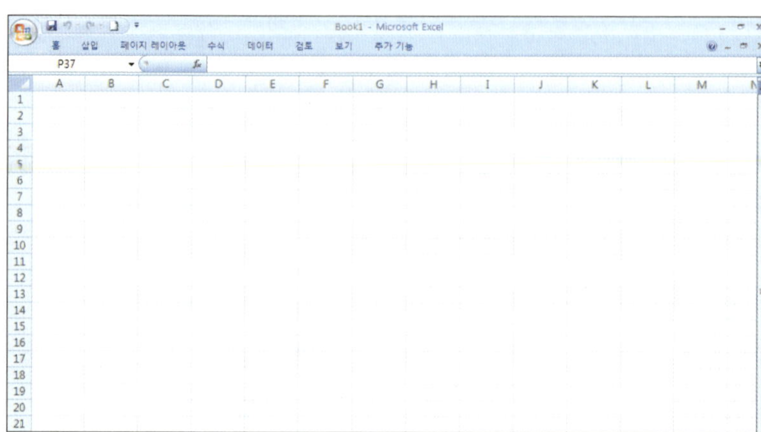

02 자기 소개 문서 만들기

> 엑셀 2007에서 내용을 입력하려면 셀을 선택한 다음 내용을 입력해야 한납니다. 한글과 영문은 키보드 자판을 이용하고, 한자는 [한글/한자 변환], 특수 문자는 [기호] 대화 상자를 이용하여 입력할 수 있어요. 이제부터 글자 속성을 변경하여 자기 소개 문서를 꾸미고 저장하는 방법을 배워 볼까요?

1. 글자 입력하고 속성 지정하기
2. 한자와 특수 문자 입력하기
3. 문서 저장하기

1 글자 입력하고 속성 지정하기

워크시트의 셀에 내용을 입력하는 방법을 알아보고, 입력한 내용에 글꼴, 크기 및 색을 설정해서 보기 좋게 꾸미는 방법에 대해서 배워 보겠습니다.

1 엑셀 2007을 실행한 다음 [D6] 셀을 클릭하여 내용을 입력한 후 Enter 를 누릅니다.

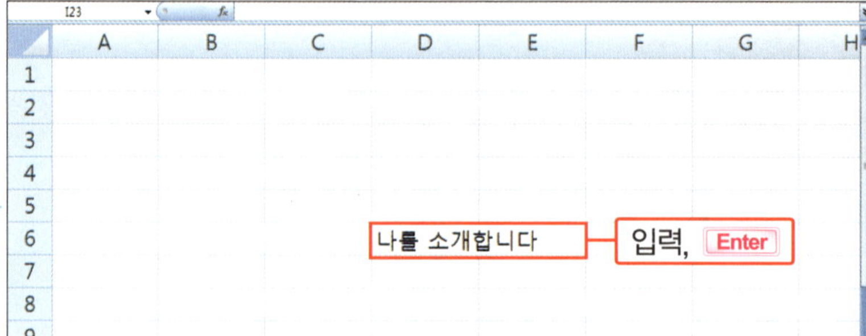

황금열쇠

Enter 를 누르면 아래 셀로 커서가 이동하고,
Tab 을 누르면 옆 셀로 커서가 이동됩니다.

2 방향키를 이용하여 셀을 이동시켜 다음과 같이 글을 입력합니다.

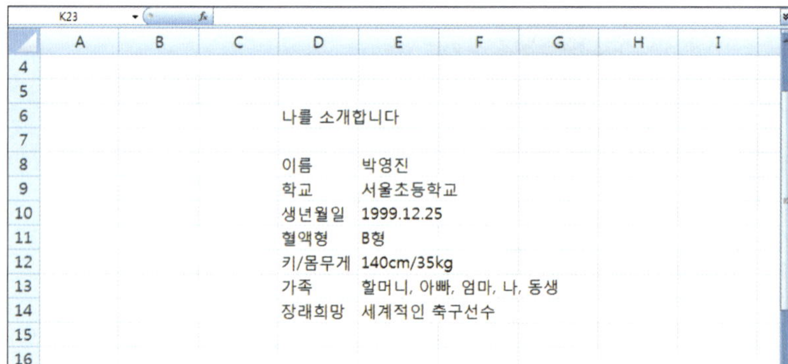

황금열쇠

한/영 을 눌러 영문을 입력할 수 있습니다.

3 [D6] 셀을 선택한 다음 [홈] 탭의 [글꼴] 그룹에서 [글꼴]의 내림 단추를 클릭하여 글꼴 모양을 [휴먼매직체]로 변경합니다.

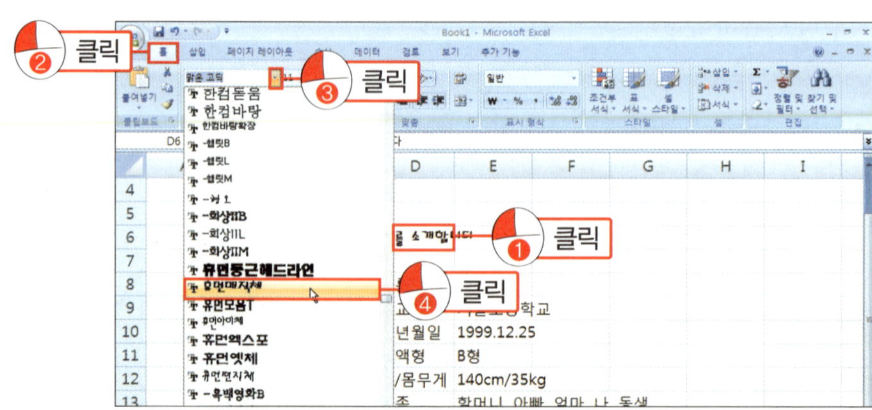

4 글꼴 크기를 변경하기 위해 [홈] 탭의 [글꼴] 그룹에서 [글꼴 크기]의 내림 단추를 클릭하여 [24]를 선택합니다.

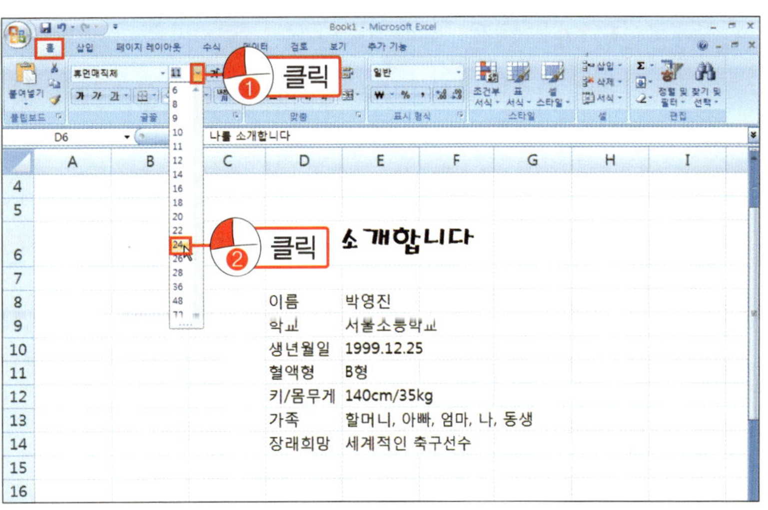

🔔 **황금열쇠**

[글꼴 크기]에 '24'를 입력해서 글꼴 크기를 변경할 수 있습니다.

5 글꼴 속성을 지정할 셀을 선택한 다음 [홈] 탭의 [글꼴] 그룹에서 **가**[굵게], **가**[기울임꼴], **가**[밑줄]을 클릭하여 다음과 같이 글꼴 스타일을 변경합니다.

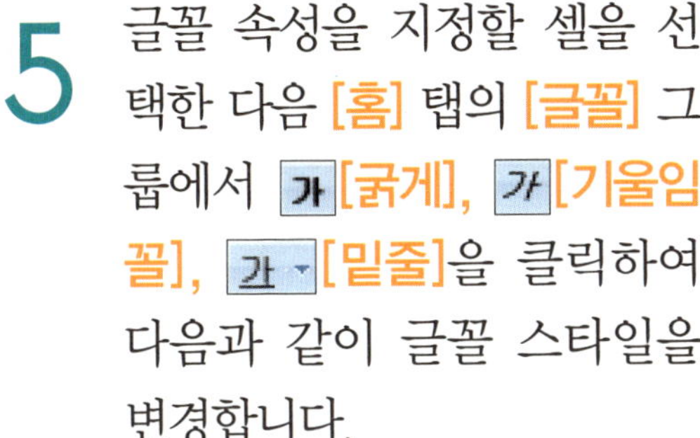

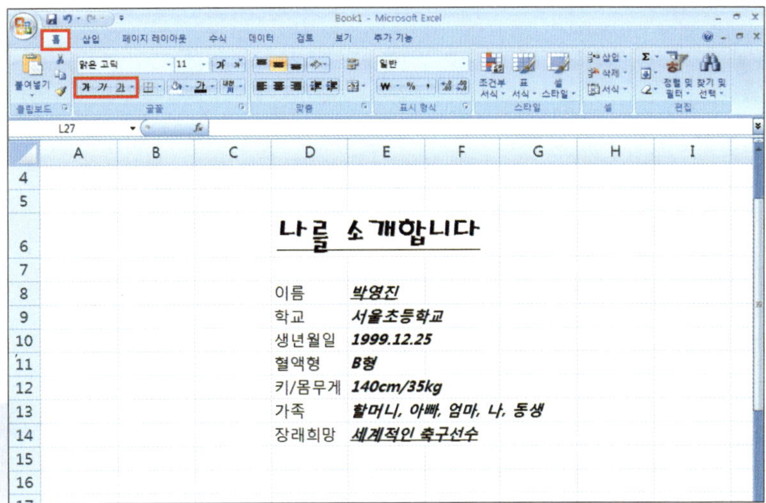

- [D6]~[F6] 셀 : 밑줄
- [E8], [E14] 셀 : 굵게, 기울임, 밑줄
- [E9]~[E13] 셀 : 굵게, 기울임

6 글꼴 색을 변경하기 위해 [E14] 셀을 선택한 다음 [홈] 탭의 [글꼴] 그룹에서 **가**[글꼴 색]의 내림 단추를 클릭하여 색상표가 나타나면 [빨강]을 선택합니다.

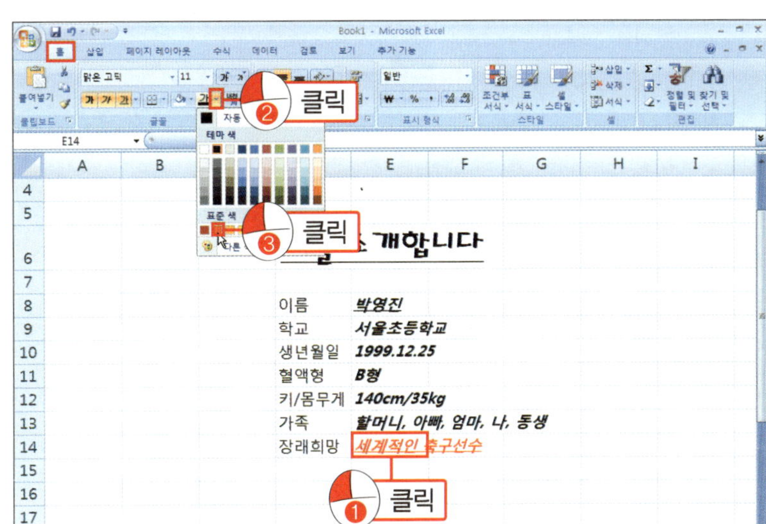

🔔 **황금열쇠**

색상표에서 [다른 색]을 선택하면 보다 다양한 색을 고를 수 있습니다.

7 [D14] 셀을 선택한 다음 [홈] 탭의 [글꼴] 그룹에서 [채우기 색]의 내림 단추를 클릭하여 색상표가 나타나면 [빨강, 강조 2, 80% 더 밝게]를 선택합니다.

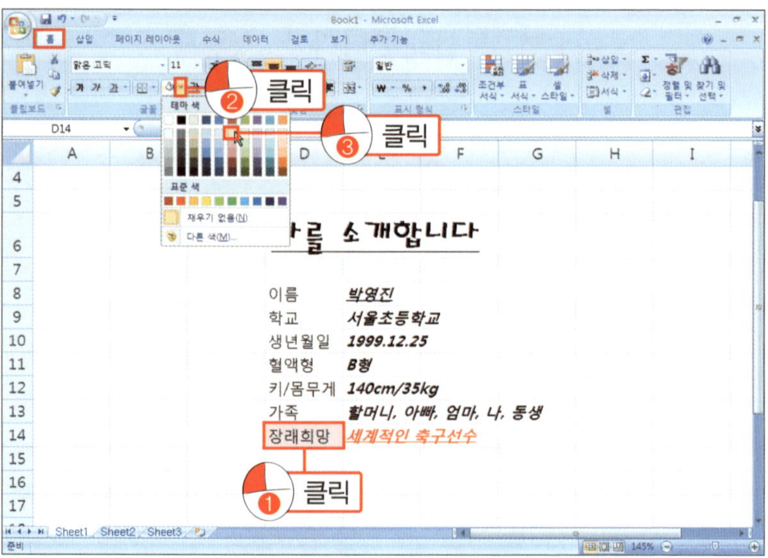

8 같은 방법으로 글꼴 색과 셀 배경 색을 지정하여 다음과 같이 꾸밉니다.

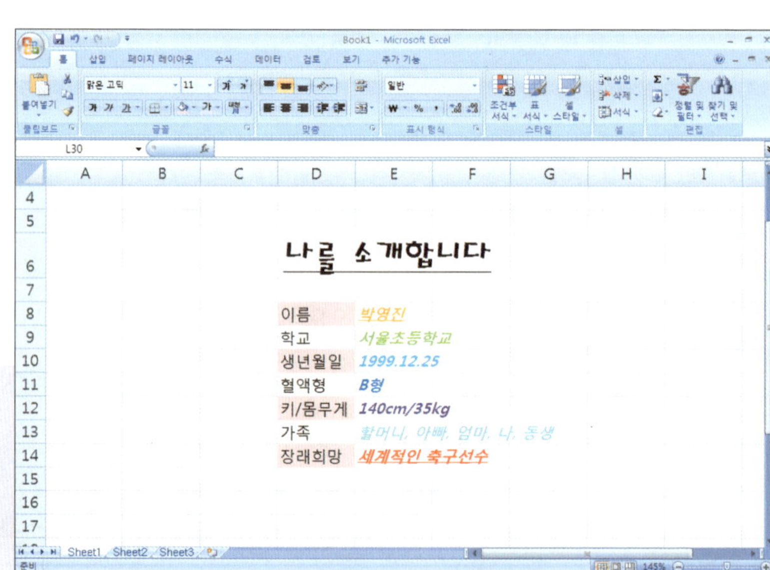

- [E8] : 주황
- [E9] : 연한 녹색
- [E10] : 연한 파랑
- [E11] : 파랑
- [E12] : 자주
- [E13] : 바다색, 강조 5, 40% 더 밝게
- [E14] : 빨강

보물상자

글자 속성 도구 알아보기

-  : 글자 크기를 한 단계씩 확대/축소합니다.
- : 글자를 두껍게/글자를 기울임/글자에 밑줄을 표시합니다.

2 한자와 특수 문자 입력하기

[한글/한자 변환] 대화 상자와 [기호] 대화 상자를 이용하여 한자와 특수 문자를 입력할 수 있습니다. 한글을 한자로 변경하고 특수 문자를 입력하는 방법에 대해 알아보겠습니다.

1 [D10] 셀을 더블 클릭한 다음 글자를 마우스로 드래그해서 선택하고 [한자]를 누릅니다.

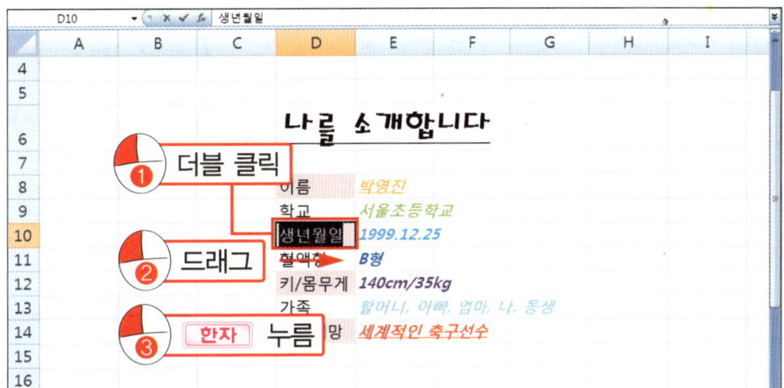

황금열쇠

셀에 입력된 내용을 수정하거나 선택할 때는 셀을 더블 클릭하거나 F2 를 누릅니다.

2 [한글/한자 변환] 대화 상자가 나타나면 사용할 한자를 선택하고 [변환]을 클릭합니다.

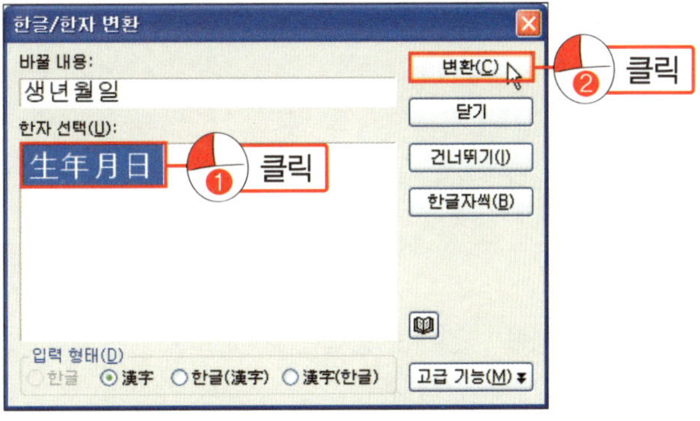

황금열쇠

[한글자씩]을 클릭해서 한 글자씩 한자로 바꿀 수 있습니다.

3 기호를 입력할 곳에 커서를 위치시키고 [삽입] 탭의 [텍스트] 그룹에서 [기호]를 클릭합니다.

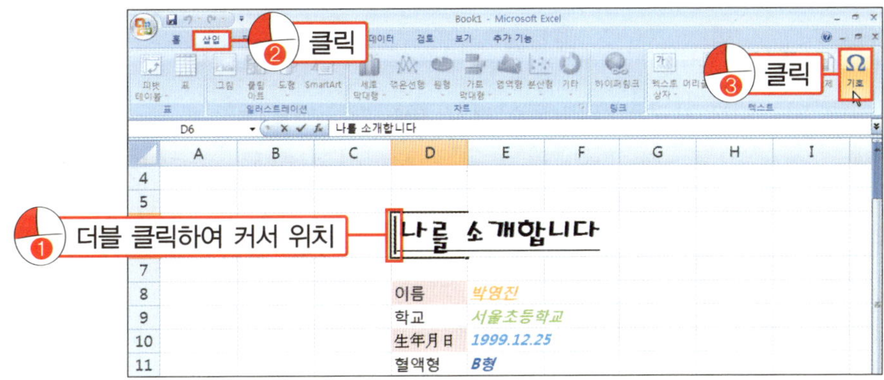

4 [기호] 대화 상자가 나타나면 [하위 집합]에서 [기타 기호]를 선택하고 사용할 기호로 별 모양을 선택한 다음 [삽입]을 클릭하고 [닫기]를 클릭합니다.

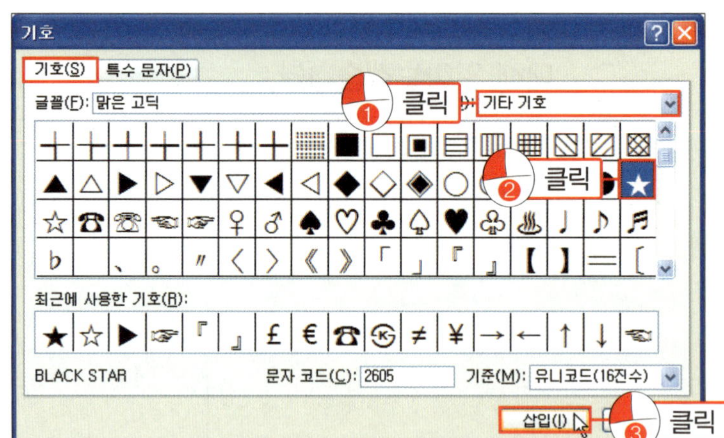

황금열쇠

사용할 기호를 선택한 다음 더블 클릭하거나 **Enter** 를 눌러도 문서에 기호가 입력됩니다.

5 같은 방법으로 특수 문자를 삽입하여 다음과 같이 문서를 꾸밉니다.

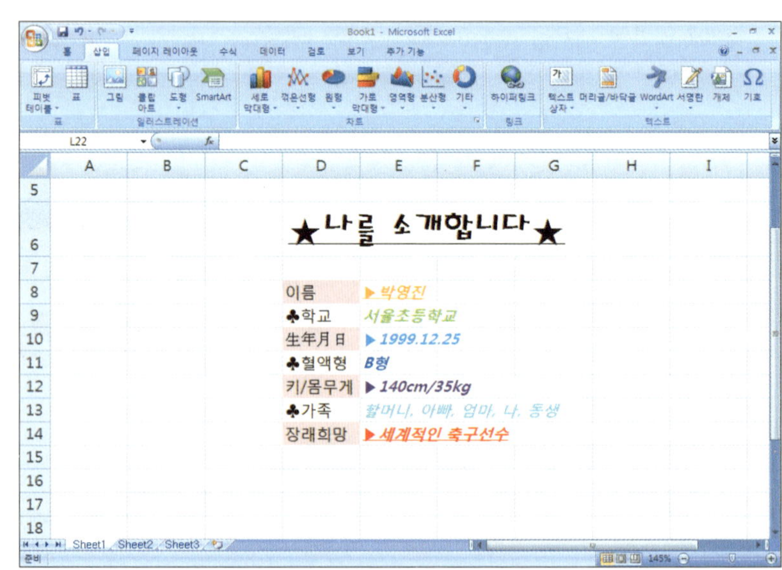

황금열쇠

한자와 특수 문자의 속성을 변경하는 방법은 한글 속성을 변경하는 방법과 같습니다.

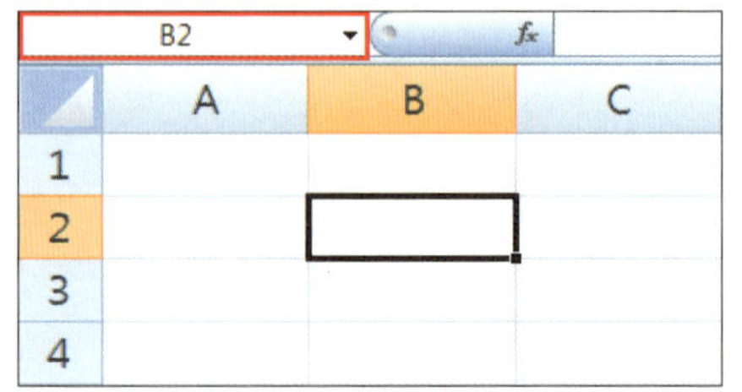

보물상자

셀 이름 표시

워크시트의 한 칸을 셀이라고 합니다. 세로 방향으로 1, 2, 3...순으로 구성되어 있는 곳을 행이라고 하고, 가로 방향으로 A, B, C... 순으로 구성되어 있는 곳을 열이라고 합니다. 영문자 열과 숫자 행을 이용하여 셀 주소를 나타내며 이것은 [이름 상자]에 표시됩니다.

3 문서 저장하기

문서를 저장해 놓으면 필요할 때 불러와서 사용할 수 있습니다. 여기서는 앞에서 만든 자기 소개 문서를 엑셀 2007 파일로 저장해 보겠습니다.

1 [Office 단추]–[저장]을 선택합니다.

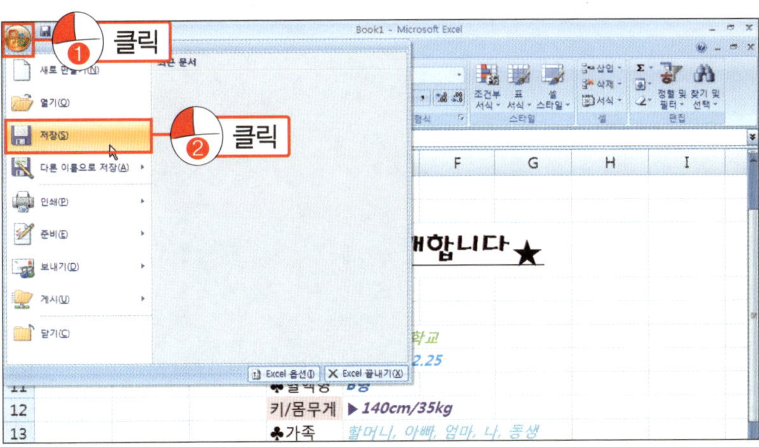

2 [다른 이름으로 저장] 대화 상자가 나타나면 [저장 위치]에 문서를 저장할 위치를 선택하고 [파일 이름] 항목에 '나를소개합니다' 라고 입력한 다음 [저장]을 클릭합니다.

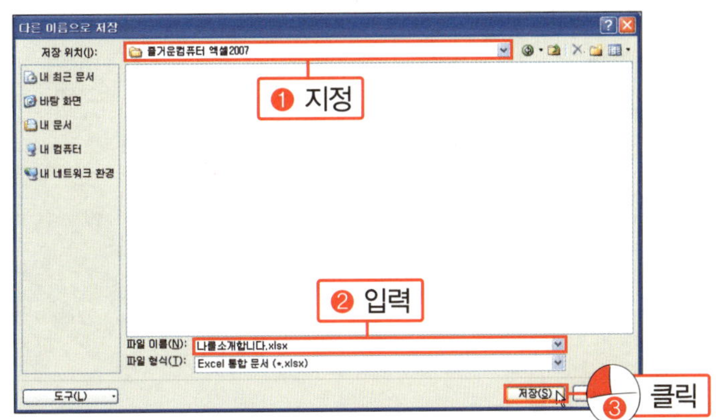

황금열쇠

엑셀 2007 파일의 확장자는 '*.xlsx'이고 모양의 아이콘으로 표시됩니다.

3 제목 표시줄에 파일 이름이 표시됩니다.

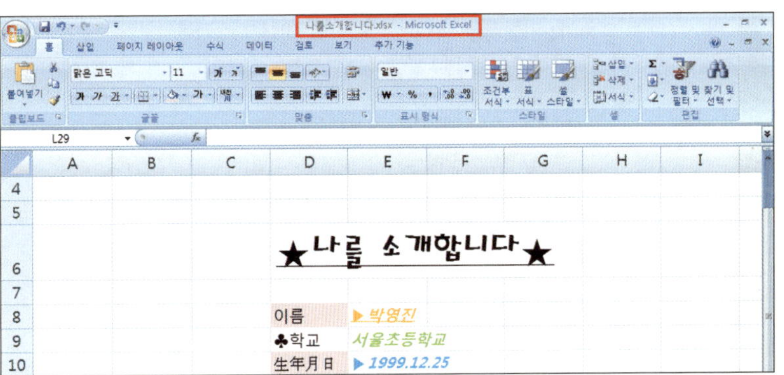

월 　 일 　 점수

1 엑셀 2007을 실행한 후 다음과 같이 특수 문자와 한자를 입력하여 가족 소개 문서를 작성해 보세요.

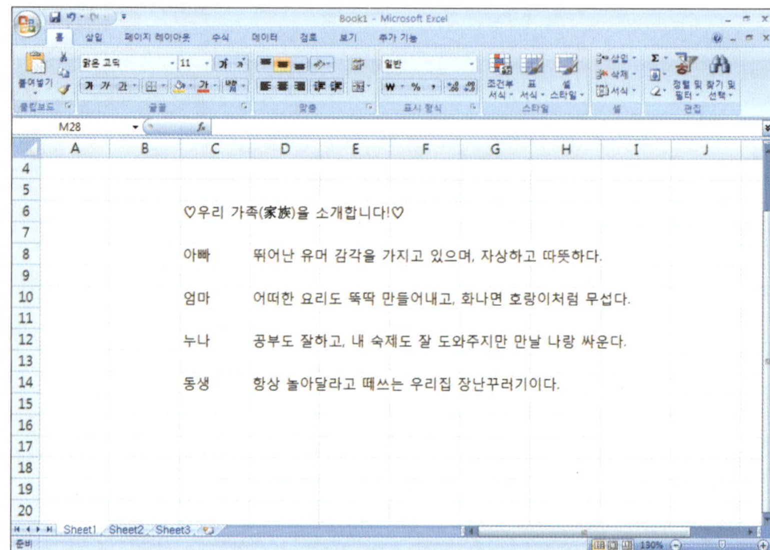

 **조건**

- 글꼴 : 맑은 고딕(11pt)
- 제목 : '가족'을 한자로 표기하고 특수 문자를 삽입할 것

2 글자 속성을 변경하고 '가족 소개' 이름으로 문서를 저장해 보세요.

 **조건**

- 글꼴 : 제목 – 휴먼아미체(36pt, 굵게, 기울임꼴, 녹색), 본문 – 휴먼매직체(18pt, 글꼴 색(빨강, 주황, 녹색, 연한파랑), 밑줄)
- 제목의 '가족'을 한자로 표기하고 특수 문자를 삽입할 것
- [D8], [D10], [D12], [D14] 셀 채우기 색 : 황갈색, 배경 2

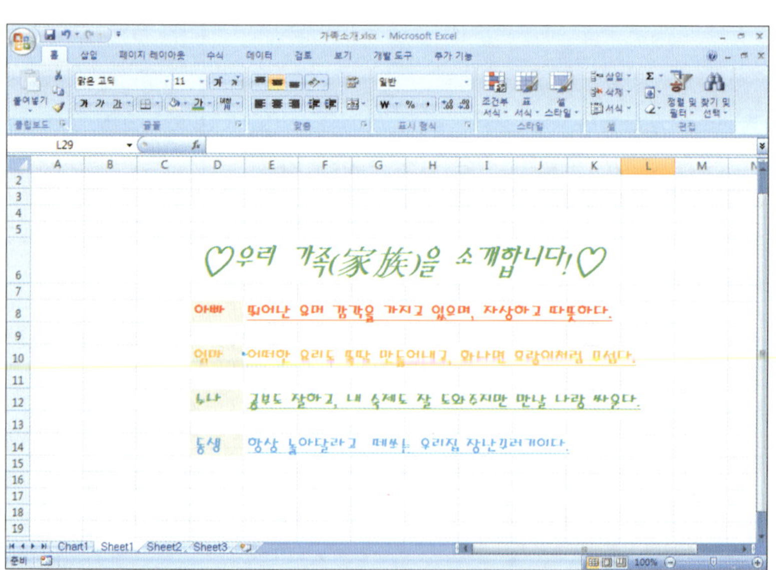

03 별자리 문서 만들기

엑셀 2007에는 순서가 있는 내용을 자동으로 채워주는 기능이 있어요. 채우기 핸들을 사용하면 기본 제공 연속 항목을 사용하여 빠르고 편리하게 데이터를 입력할 수 있답니다. 그럼 자동 채우기를 이용하여 별자리 문서를 만들어 볼까요?

1 데이터 자동 채우기
2 사용자 지정 자동 채우기
3 문단 정렬하기

채우기 핸들을 사용하면 연속된 내용을 하나씩 입력하지 않아도 되는구나!

Book1 - Microsoft Excel

내 별자리를 찾아 보자!

번호	날짜	별자리
1	1월 20일 ~ 2월 18일	물병자리
2	2월 19일 ~ 3월 20일	물고기자리
3	3월 21일 ~ 4월 19일	양자리
4	4월 20일 ~ 5월 20일	황소자리
5	5월 21일 ~ 6월 21일	쌍둥이자리
6	6월 22일 ~ 7월 22일	게자리
7	7월 23일 ~ 8월 22일	사자자리
8	8월 23일 ~ 9월 22일	처녀자리
9	9월 23일 ~ 10월 23일	천칭자리
10	10월 24일 ~ 11월 22일	전갈자리
11	11월 23일 ~ 12월 21일	사수자리
12	12월 22일 ~ 1월 19일	염소자리

Sheet1 Sheet2 Sheet3

1 데이터 자동 채우기

일상에서 많이 사용하는 1, 2, 3..., 월, 화, 수..., 첫째, 둘째, 셋째... 등 연속 데이터를 하나씩 입력하지 않고 자동 채우기 핸들을 사용하여 내용을 채우는 방법에 대해 알아보겠습니다.

1 엑셀 2007을 실행한 후 다음과 같이 문서를 작성합니다.

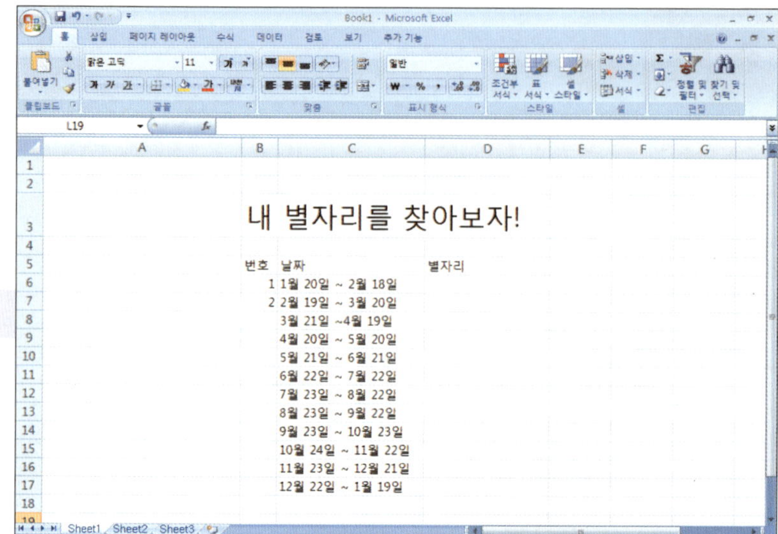

글꼴 속성 : 맑은 고딕(제목 – 24pt, 굵게/본문 – 11pt)

황금열쇠

행이나 열의 간격을 조절할 때는 해당 행 머리글이나 열 머리글을 드래그하여 조절합니다.

2 [B6] 셀과 [B7] 셀을 마우스로 드래그해서 블록 설정합니다.

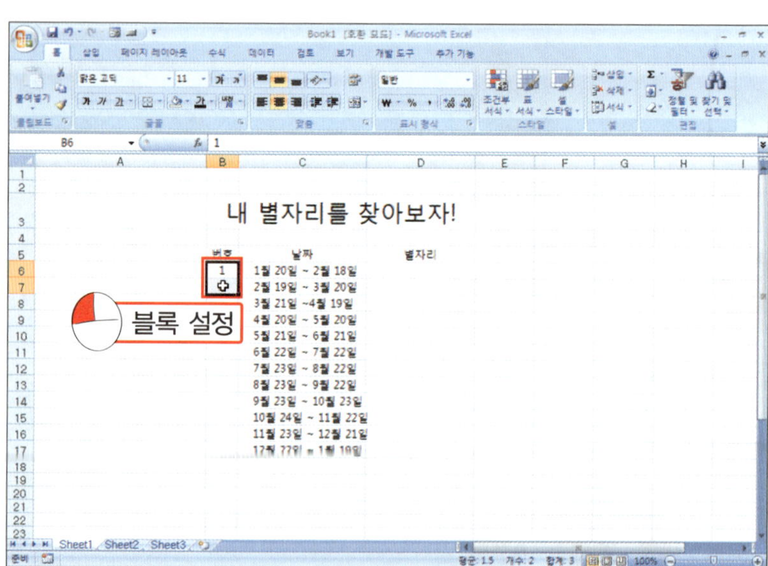

황금열쇠

여러 셀들을 영역으로 선택해 놓은 것을 '블록'이라고 합니다.

3 선택한 영역 오른쪽 아래의 모서리에 마우스 포인터를 위치시켜 ➕채우기 핸들이 나타나면 [B17] 셀까지 드래그합니다.

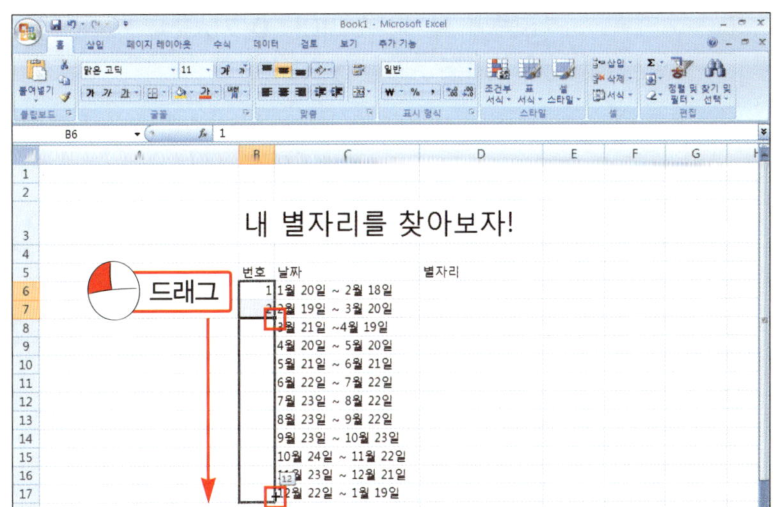

황금열쇠

➕ 모양의 마우스 포인터를 '채우기 핸들'이 라고 합니다.

4 번호가 순서대로 채워집니다.

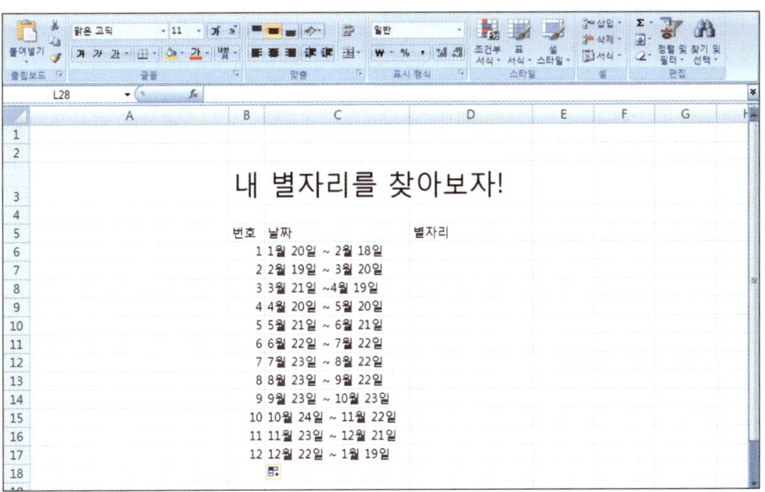

보물상자

자동 채우기 규칙

- 숫자와 문자가 함께 있는 경우 : 숫자와 문자가 함께 입력된 내용을 자동 채우기로 채우면 숫자만 자동 채워집니다.

제1회	제2회	제3회	제4회	제5회

- 규칙적인 순서를 채울 경우 : 규칙적인 순서의 나열 은 규칙에 맞게 채워집니다. 예를 들어 짝수로 채우기 를 하면 짝수로 내용이 채워집니다.

2	4	6	8	10

2 사용자 지정 자동 채우기

자동 채우기에 사용할 목록이 등록되어 있지 않을 경우 사용자가 직접 목록을 등록할 수 있습니다. 여기서는 별자리를 사용자 지정 목록으로 추가하여 자동 채우기를 해 보겠습니다.

1 [Office 단추]-[Excel 옵션]을 클릭합니다.

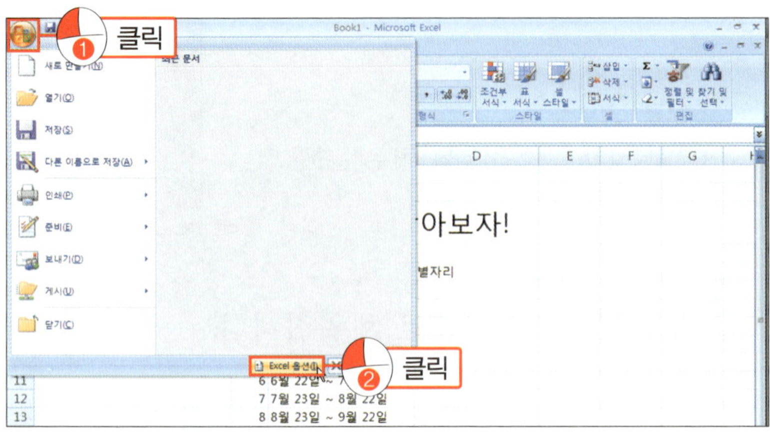

2 [Excel 옵션] 대화 상자가 나타나면 [기본 설정]에서 [사용자 지정 목록 편집]을 클릭합니다.

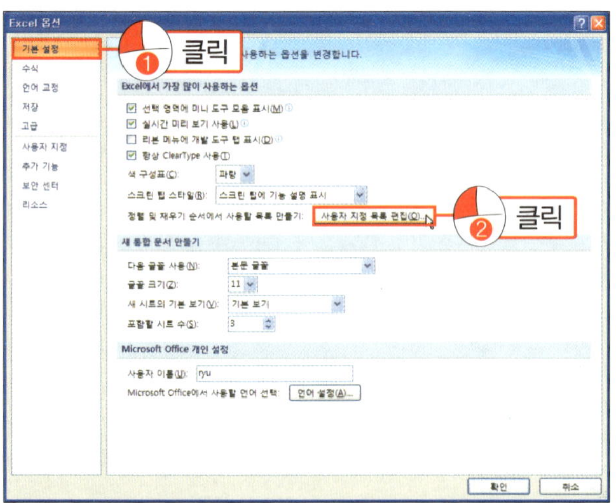

3 [사용자 지정 목록] 대화 상자가 나타나면 [목록 항목]에 Enter 를 눌러 목록을 분리하면서 별자리를 입력한 다음 [추가]를 클릭해서 등록하고 [확인]을 클릭합니다.

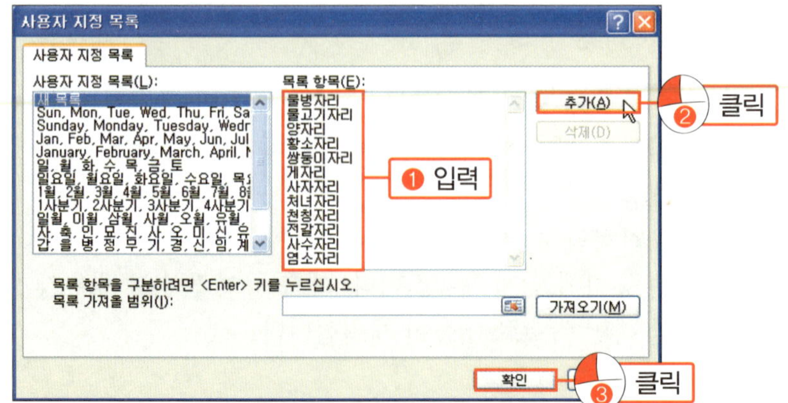

4 [Excel 옵션] 대화 상자가 나타나면 [확인]을 클릭합니다.

5 [D6] 셀과 [D7] 셀에 '물병자리', '물고기자리'를 입력한 다음 블록 설정하고 [D17] 셀까지 채우기 핸들로 드래그하여 자동 채우기합니다.

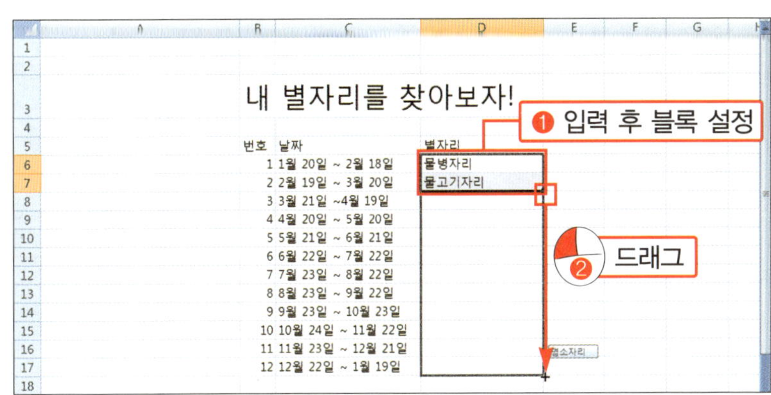

6 사용자 지정 목록에 추가한 새 목록이 순서대로 채워집니다.

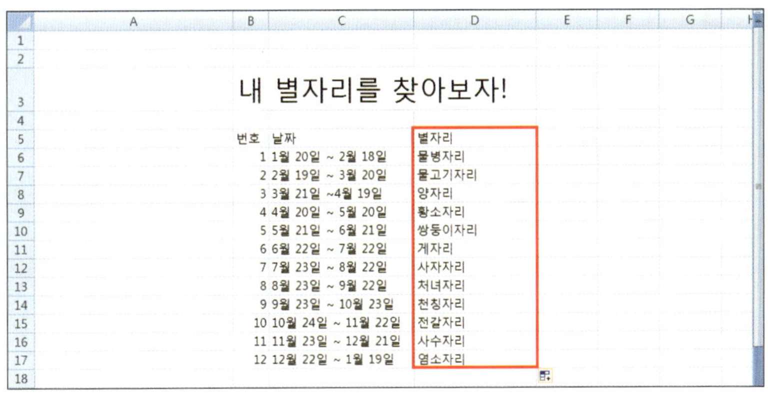

보물상자

[자동 채우기 옵션] 살펴보기

자동 채우기를 실행하면 [자동 채우기 옵션] 아이콘이 표시됩니다. 자동 채우기를 실행한 다음 [자동 채우기 옵션]을 이용하여 속성을 변경할 수 있습니다.

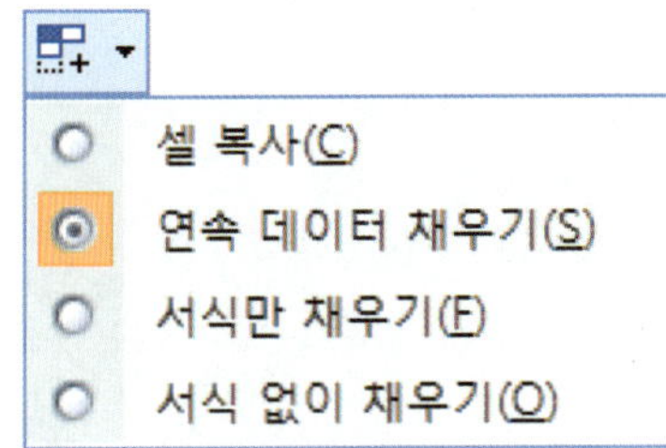

- 셀 복사 : 블록 설정한 내용을 반복해서 붙입니다.
- 연속 데이터 채우기 : 자동 채우기로 내용과 서식을 채웁니다.
- 서식만 채우기 : 서식만 복사합니다.
- 서식 없이 채우기 : 내용만 채웁니다.

3 문단 정렬하기

문서에 입력된 내용이 많을 때에는 문단별로 정렬을 하여 보기 좋게 만들 수 있습니다. 여기서는 [홈] 탭의 [맞춤] 그룹에 있는 도구를 이용하여 앞에서 만든 문서의 내용을 항목별로 정렬하는 방법을 알아보겠습니다.

1 [B3] 셀부터 [D3] 셀을 블록 설정한 다음 [홈] 탭의 [맞춤] 그룹에서 [병합하고 가운데 맞춤]을 클릭합니다.

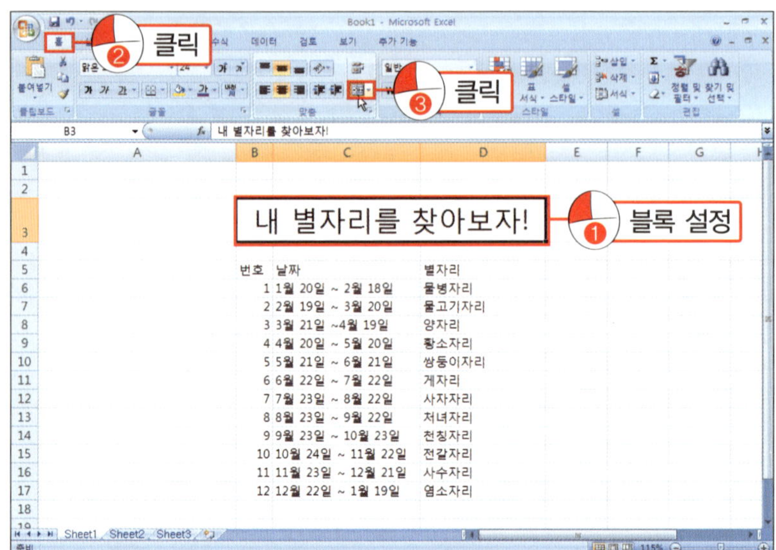

황금열쇠

[병합하고 가운데 맞춤]을 클릭하면 선택한 셀들을 하나의 셀로 병합한 다음 내용을 가운데로 정렬합니다.

2 번호 항목의 셀들을 블록 설정한 다음 [홈] 탭의 [맞춤] 그룹에서 [가운데 맞춤]을 클릭합니다.

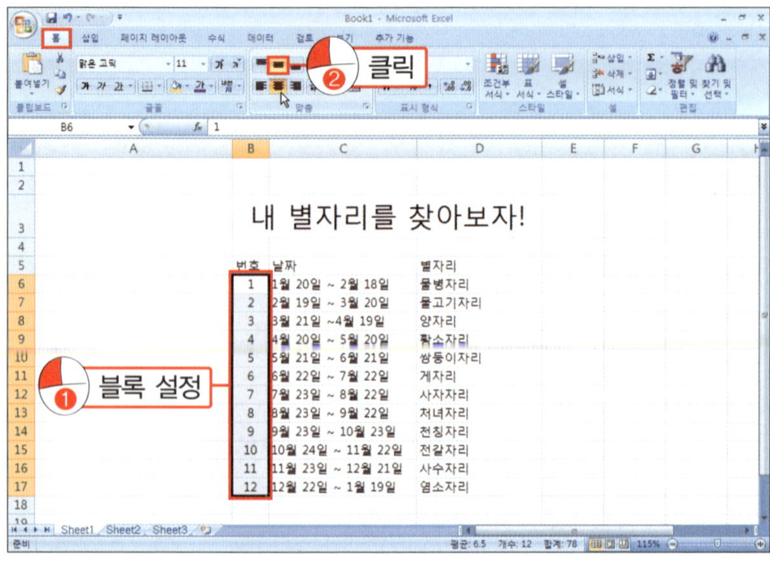

3 날짜 항목의 내용을 블록 설정한 다음 **[홈]** 탭의 **[맞춤]** 그룹에서 [들여쓰기]를 클릭합니다.

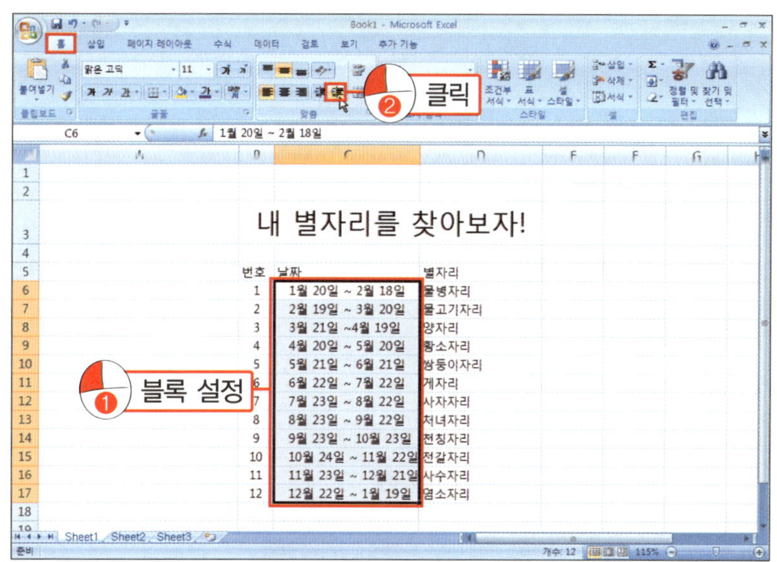

4 같은 방법으로 정렬하고 속성을 지정하여 예쁘게 꾸밉니다.

- 글꼴 : 제목 – HY엽서M(23pt, 굵게, 기울임꼴) 본문 – 맑은 고딕(11pt), 글꼴 색(빨강, 주황, 녹색, 연한 파랑, 파랑, 자주)
- [B5]~[D5] : 굵게, 밑줄, 채우기 색(노랑), 가운데 맞춤
- [D5]~[D17] : 굵게, 기울임꼴, 오른쪽 맞춤
- 1번, 7번 행 : 글꼴 색(빨강), 채우기 색(빨강, 강조 2, 80% 더 밝게)
- 2번, 8번 행 : 글꼴 색(주황)
- 3번, 9번 행 : 글꼴 색(녹색), 채우기 색(황록색, 강조 3, 60% 더 밝게)
- 4번, 10번 행 : 글꼴 색(연한 파랑)
- 5번, 11번 행 : 글꼴 색(파랑), 채우기 색(파랑, 강조 1, 60% 더 밝게)
- 6번, 12번 행 : 글꼴 색(자주)

[맞춤] 도구

- : 위쪽 맞춤/가운데 맞춤/아래쪽 맞춤
- : 텍스트 왼쪽 맞춤/가운데 맞춤/텍스트 오른쪽 맞춤
- : 내어쓰기(왼쪽 여백을 한 단계 지움)/들여쓰기(왼쪽 여백을 한 단계 늘림)

월 　 일 　점수

1 엑셀 2007을 실행한 후 자동 채우기를 이용하여 다음과 같이 요일 문서를 작성하고 예쁘게 꾸며 보세요.

 **조건**

- 글꼴 : 맑은 고딕(제목 – 24pt, 굵게, 파랑/소제목 – 밑줄, 굵게, 채우기 색(노랑)/본문 – 16pt, 기울임꼴, 글꼴 색(빨강, 주황, 노랑, 녹색, 연한 파랑, 파랑, 자주)
- 제목은 병합하고 가운데 맞춤, 본문은 가운데 맞춤
- 한글, 한자, 영어 내용을 자동 채우기로 채울 것

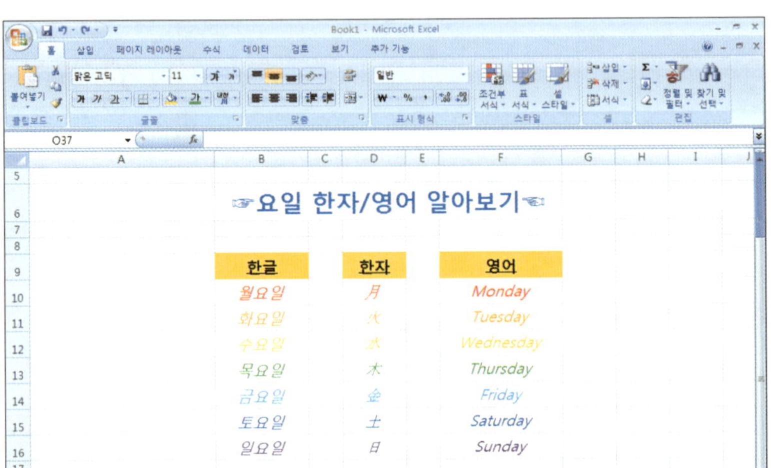

2 엑셀 2007을 실행한 후 숫자를 나타내는 한자를 사용자 지정 목록에 추가한 다음 숫자를 소개하는 문서를 작성하고 꾸며보세요.

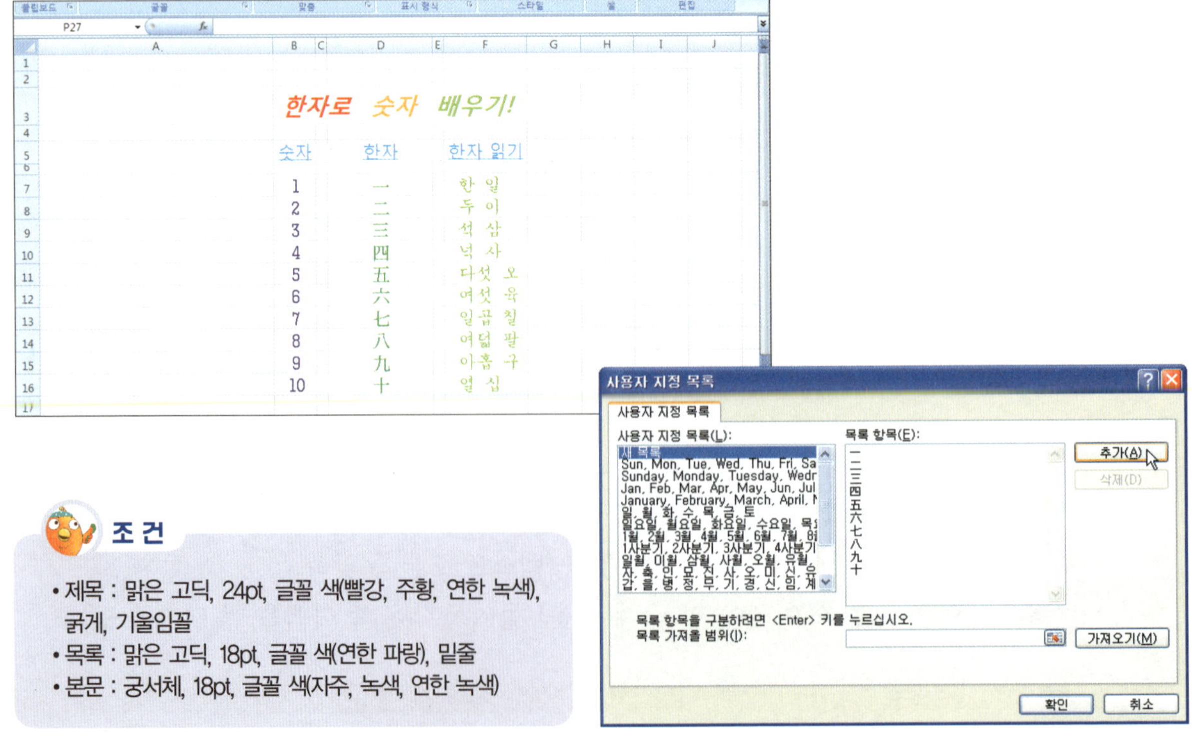

조건

- 제목 : 맑은 고딕, 24pt, 글꼴 색(빨강, 주황, 연한 녹색), 굵게, 기울임꼴
- 목록 : 맑은 고딕, 18pt, 글꼴 색(연한 파랑), 밑줄
- 본문 : 궁서체, 18pt, 글꼴 색(자주, 녹색, 연한 녹색)

04 시간표 만들기

셀에 테두리를 그리면 표의 각 항목들을 쉽게 구분할 수 있고, 표를
보기 좋게 꾸밀 수도 있답니다. 그리고 여러 셀을 합치거나 다시 분리
하여 표의 모양을 자유자재로 만들 수 있어요. 표 그리기와 셀 병합
및 셀 분할 방법 등을 이용하여 시간표를 만들어 볼까요?

1 셀 꾸미기
2 시트 탭 관리하기

셀을 합치거나 분리해서
멋진 시간표를 만들 수 있구나!

시간표

	월요일	화요일	수요일	목요일	금요일	토요일
1	읽기	수학	사회	쓰기	음악	읽기
2	말하기 듣기	미술	과학	음악	수학	음악
3	수학		도덕	사회	말하기 듣기	특별 활동
4	사회	읽기	수학	체육	과학	
5	과학	컴퓨터	체육	클럽 활동	체육	
6					영어	

1 셀 꾸미기

여러 셀을 합치거나 합쳐진 셀을 나눌 수 있으며 셀 테두리에 선을 표시할 수 있습니다. 여기서는 셀 합치기와 셀 테두리를 꾸며 시간표를 만들어 보겠습니다.

1 엑셀 2007을 실행한 후 다음과 같이 시간표를 작성합니다.

- 제목 : 글꼴 속성(맑은 고딕, 36pt, 굵게, 기울임꼴), 글꼴 색(주황, 강조 6), [B2]~[H2] 셀까지 병합하고 가운데 맞춤
- 표 : 글꼴 속성(맑은 고딕, 14pt, 굵게), 글꼴 색(빨강, 주황, 녹색, 연한 파랑, 파랑, 연보라, 자주, 강조 6), 채우기 색(빨강, 주황, 노랑, 연한 녹색, 연한 파랑, 자주, 강조 4, 40% 더 밝게)

황금열쇠

셀 안에서 줄 바꾸기를 하여 두 줄 이상 입력할 때에는 [Alt] + [Enter] 를 누릅니다.

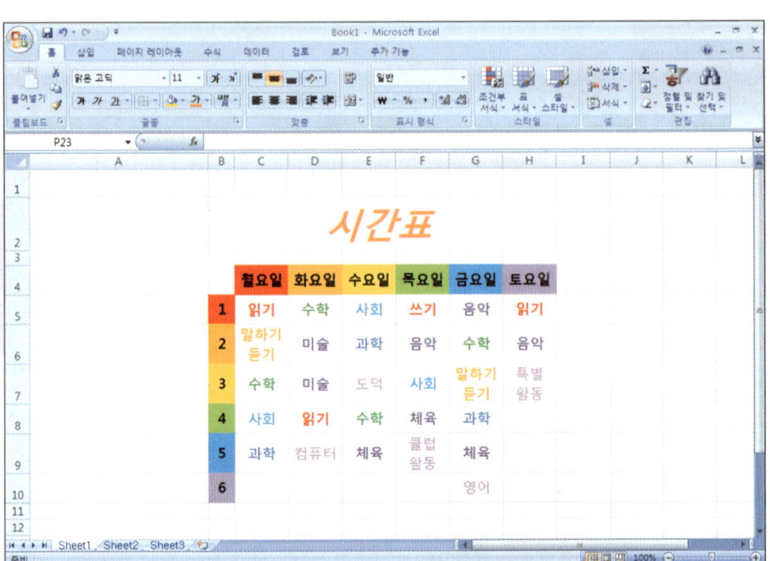

2 [D6] 셀과 [D7] 셀을 블록 설정한 다음 [홈] 탭의 [맞춤] 그룹에서 [병합하고 가운데 맞춤]의 내림 단추를 클릭하여 [셀 병합]을 선택합니다.

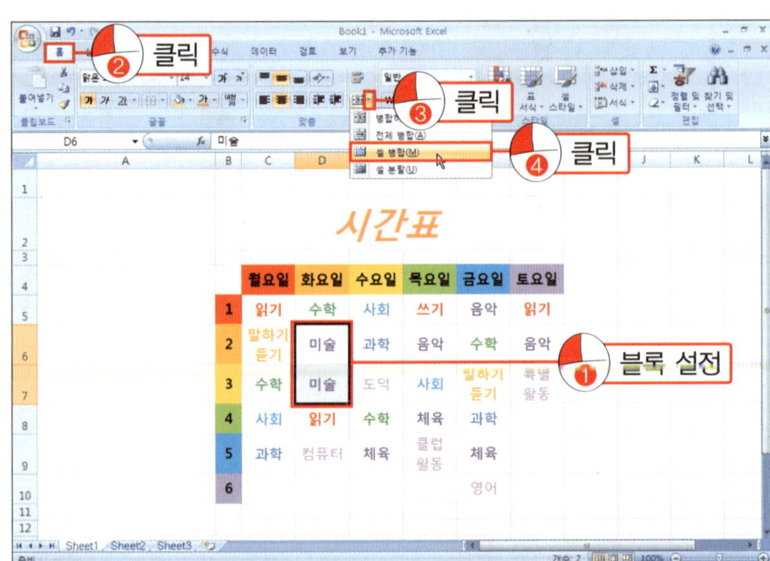

3 '한 셀로 병합하면 맨 윗 행의 왼쪽에 있는 데이터만 남게 된다'는 메시지 창이 나타나면 [확인]을 클릭합니다.

4 [F9] 셀과 [F10] 셀, [H7] 셀과 [H8] 셀을 같은 방법으로 병합합니다.

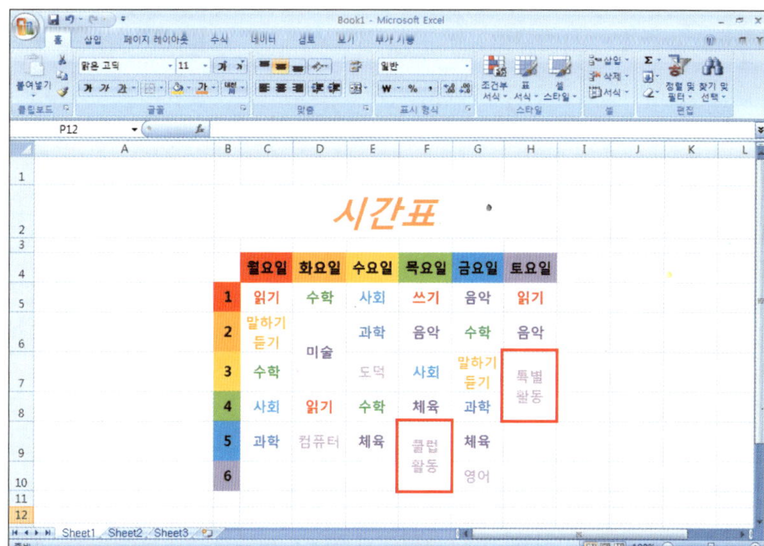

황금열쇠

병합된 셀을 선택하고 [병합하고 가운데 맞춤]-[셀 분할]을 선택하면 원래대로 셀이 분할됩니다.

5 드래그하여 [B4] 셀부터 [H10] 셀까지 블록 설정한 다음 [홈] 탭의 [글꼴] 그룹에서 [아래쪽 테두리]의 내림 단추를 클릭하여 [선 색]에서 [빨강, 강조 2]를 선택합니다.

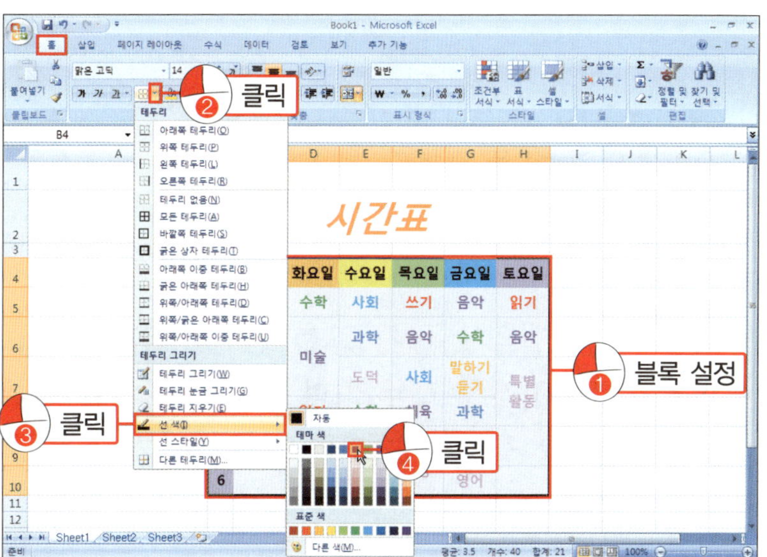

6 [홈] 탭의 [글꼴] 그룹에서 [아래쪽 테두리]의 내림 단추를 클릭하여 [선 스타일]에서 테두리 모양(———)을 선택합니다.

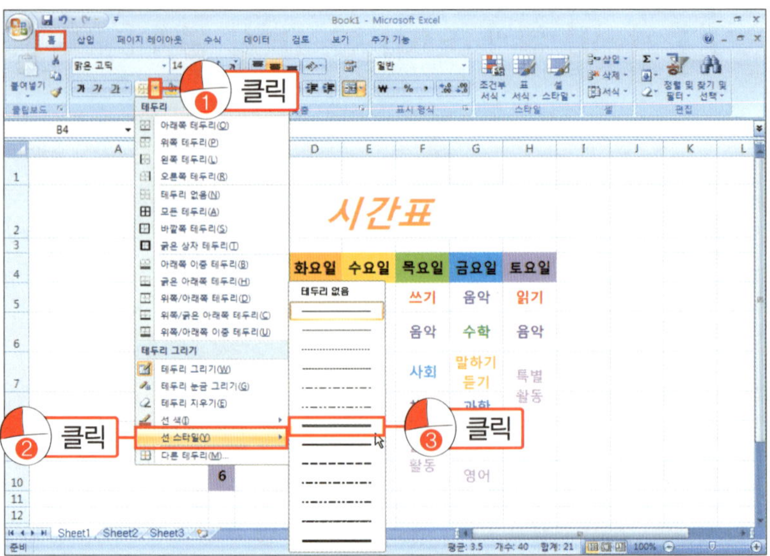

7 [홈] 탭의 [글꼴] 그룹에서 [아래쪽 테두리]의 내림 단추를 클릭하여 [바깥쪽 테두리]를 선택합니다.

황금열쇠

[테두리]의 각 항목을 선택하면 해당 영역에 테두리를 한 번에 표시할 수 있습니다.

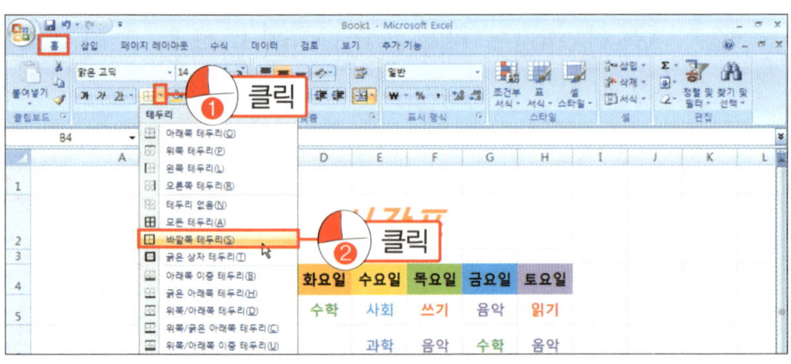

8 [홈] 탭의 [글꼴] 그룹에서 [아래쪽 테두리]의 내림 단추를 클릭하여 [다른 테두리]를 선택합니다.

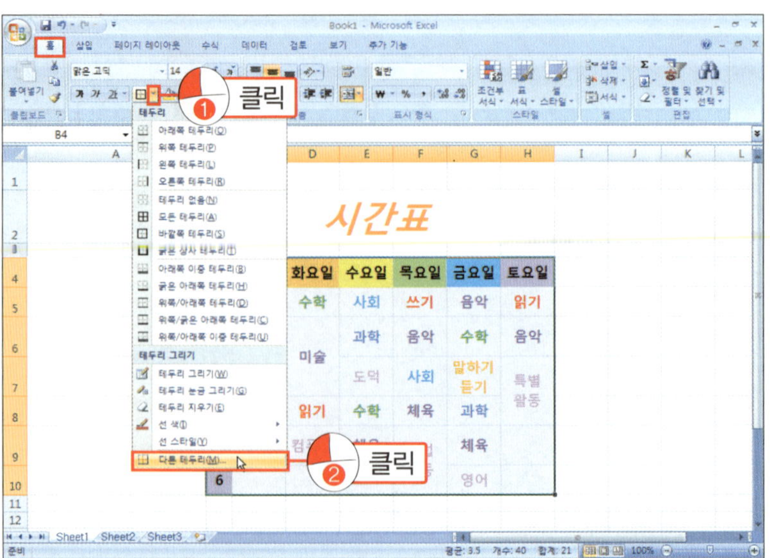

9 [셀 서식] 대화 상자가 나타나면 [테두리] 탭의 [스타일]에서 선 모양을 선택하고, [색]에서 선 색을 선택한 다음 [미리 설정]에서 [안쪽]을 클릭한 후 [확인]을 클릭합니다.

선 색 : 파랑, 강조 1

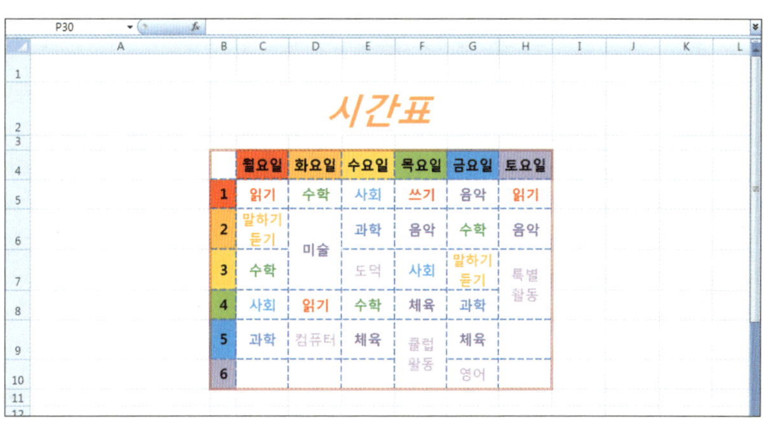

황금열쇠

[미리 설정]이나 [테두리]의 단추를 클릭하여 미리 보기 형태로 테두리를 확인할 수 있습니다.

10 시간표의 바깥쪽에는 빨간색 테두리가 표시되고, 안쪽에는 파란색 점선 테두리가 표시됩니다.

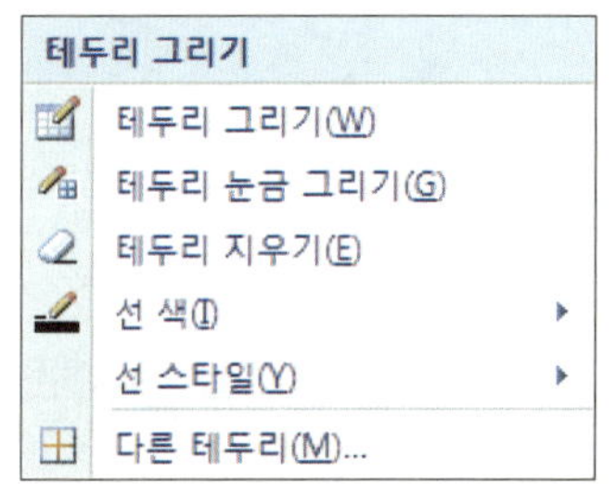
보물상자

테두리 직접 그리기와 지우기

[홈] 탭의 [글꼴] 그룹에서 [아래쪽 테두리]의 내림 단추를 클릭하여 [테두리 그리기]-[테두리 그리기]를 선택하면 마우스 포인터가 연필 모양으로 바뀝니다. 그러면 테두리를 그리고 싶은 셀의 모서리를 드래그하거나 클릭하여 직접 테두리를 그릴 수 있습니다. 또한 [테두리 지우기]를 선택하여 마우스 포인터가 지우개 모양으로 바뀌면 지우고 싶은 셀의 테두리를 클릭하거나 드래그하여 테두리를 지울 수 있습니다.

2 시트 탭 관리하기

엑셀은 기본적으로 Sheet1, Sheet2, Sheet3 세 개의 시트 탭으로 구성되어 있습니다. 여기서는 앞에서 만든 문서의 시트 탭의 이름을 변경하고 색을 설정한 다음 관리하는 방법에 대해 알아보겠습니다.

1 'Sheet1' 시트 탭에서 마우스 오른쪽 단추를 클릭하고 [이름 바꾸기]를 선택합니다.

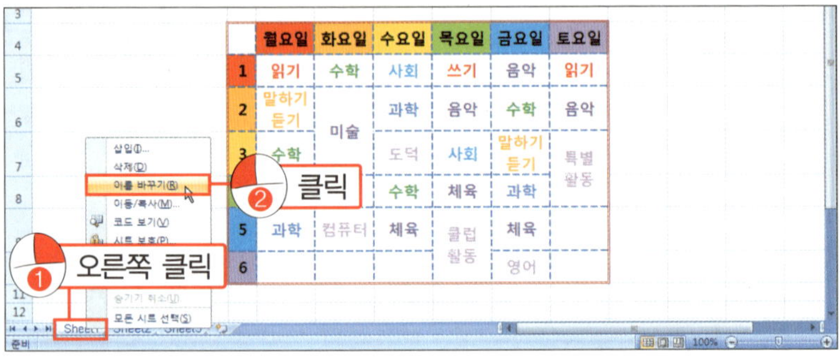

2 시트 탭이 블록 설정되면 '시간표'라고 입력하고 Enter 를 누릅니다.

3 '시간표' 탭에서 마우스 오른쪽 단추를 클릭하고 [탭 색]에서 [빨강]을 선택합니다.

4 'Sheet2' 와 'Sheet3' 시트 탭에서 마우스 오른쪽 단추로 클릭하고 [삭제]를 선택하여 각 시트 탭을 삭제합니다.

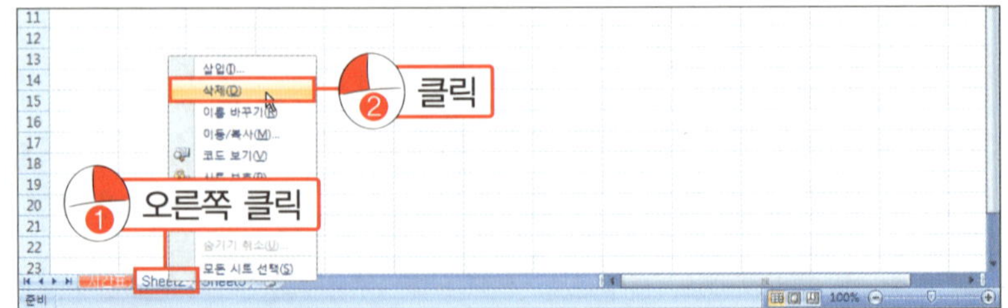

황금열쇠

 [워크시트 삽입]을 클릭하면 시트 탭을 추가할 수 있습니다.

월   일   점수

1 엑셀 2007을 실행한 후 셀을 병합하여 다음과 같이 주간 생활 계획표를 만들어 보세요.

조건

- 글꼴 : 맑은 고딕(제목 – 28pt, 글꼴 색(녹색), 굵게/요일 – 16pt, 글꼴 색 (빨강, 주황, 연한 녹색, 연한 파랑, 파랑, 자주), 굵게/본문 – 16pt, 기울임꼴)
- '토/일요일' : 내용을 셀 병합 후 입력할 것

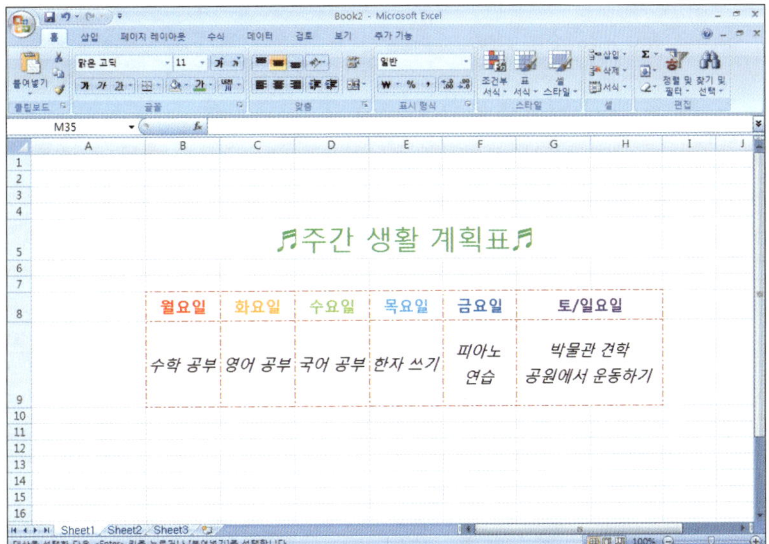

2 '토/일요일'을 셀 분할한 다음 시트 탭 이름을 변경하고 문서를 저장해 보세요.

조건

- '토/일요일'을 셀 분할한 다음 내용을 그림과 같이 다시 작성하고 표를 그릴 것
- 시트 탭 이름을 '주간 생활 계획표'로 변경하고 탭 색을 '빨강'으로 지정할 것
- 'Sheet2'와 'Sheet3'을 삭제할 것
- '주간 생활 계획표' 이름으로 문서를 저장할 것

1 엑셀 2007을 실행한 다음 표를 이용하여 '나의 보물 BEST 10'을 소개하는 문서를 작성하고 조건에 맞게 속성을 설정하고 문서를 저장해 보세요.

 **조 건**

- 제목 : HY 센스L, 24pt, 글꼴 색(빨강, 주황, 녹색, 파랑, 연한 녹색), 굵게, 가운데 맞춤
- 본문 : 맑은 고딕, 16pt, 기울임꼴, 채우기 색(황갈색, 배경 2), 번호(가운데 맞춤), 내용(들여쓰기)
- 표 테두리 : 모든 테두리, 스타일 ( ), 진한 빨강
- 리본 메뉴를 최소화할 것
- '나의 보물' 이름으로 문서를 저장할 것

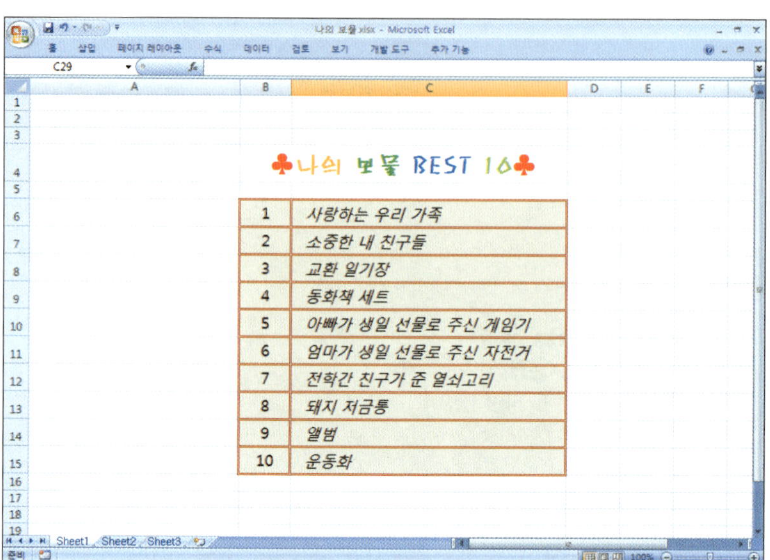

2 엑셀 2007을 실행한 후 다음과 같이 탄생석을 소개 하는 문서를 작성한 다음 조건에 맞게 속성을 설정하고 문서를 저장해 보세요.

 **조 건**

- 글꼴 : 제목 – HY 크리스탈M(24pt, 기울임꼴), 본문 – HY 강M(14pt), 글꼴 색(빨강, 주황, 연한 녹색, 연한 파랑, 파랑, 자주)
- 정렬 : 제목 – 가운데 맞춤, [B4]~[B5] 셀 – 가운데 맞춤, [D4]~[D15] 셀 – 들여쓰기
- 홀수 달만 채우기 색 지정
- 월은 '1월'을 입력하고 12월까지 자동 채우기할 것
- 시트 탭 이름을 '탄생석'으로 변경한 다음 탭 색을 '연한 파랑'으로 지정할 것
- 'Sheet2', 'Sheet3'을 삭제하고 '탄생석 소개' 이름으로 문서를 저장할 것

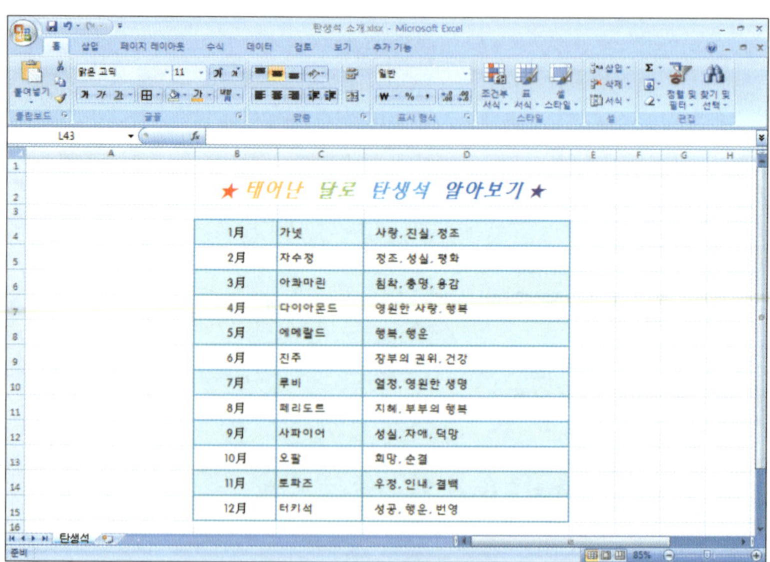

위크시트를 구성하는 셀은 행과 열로 이루어져 있답니다. 셀의 간격을 조절하려면 셀의 행과 열 간격을 조절해야 하지요. 그리고 셀에 사용된 여러 가지 서식을 다른 영역에 사용할 때에는 [서식 복사]를 이용하면 된답니다. 이제부터 에디슨 발명품 소개 문서를 만들어 보며 셀 간격과 서식 복사 기능을 배워 볼까요?

1 행과 열 조절하기

2 서식 복사하기

1 행과 열 조절하기

행과 열의 머리글 간격을 조절하여 셀의 너비와 높이를 조절할 수 있습니다. 행과 열의 간격을 정확한 수치로 조절한 다음 에디슨 발명품 내용을 작성해 보겠습니다.

1 엑셀 2007을 실행한 다음 [2] 행의 머리글에서 마우스 오른쪽 단추를 클릭하여 [행 높이]를 선택합니다.

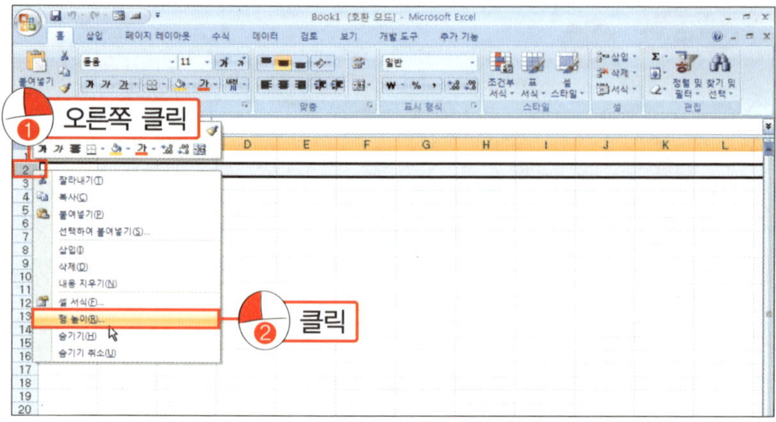

2 [행 높이] 대화 상자가 나타나면 [행 높이]에 '45'를 입력하고 [확인]을 클릭합니다.

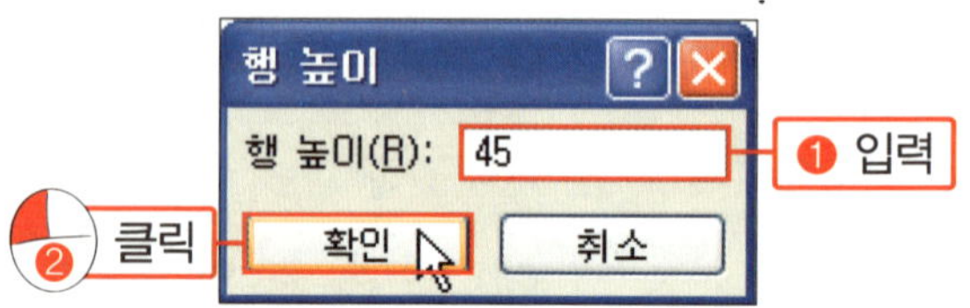

3 [4] 행과 [7] 행 머리글의 아래쪽의 경계선을 마우스로 드래그해서 '30 픽셀' 크기로 맞추고 [5] 행과 [8] 행의 경계선을 마우스로 드래그해서 '60 픽셀' 크기로 맞춥니다.

황금열쇠

간격 단위는 'mm'와 '픽셀(Pixel)' 단위로 나타납니다.

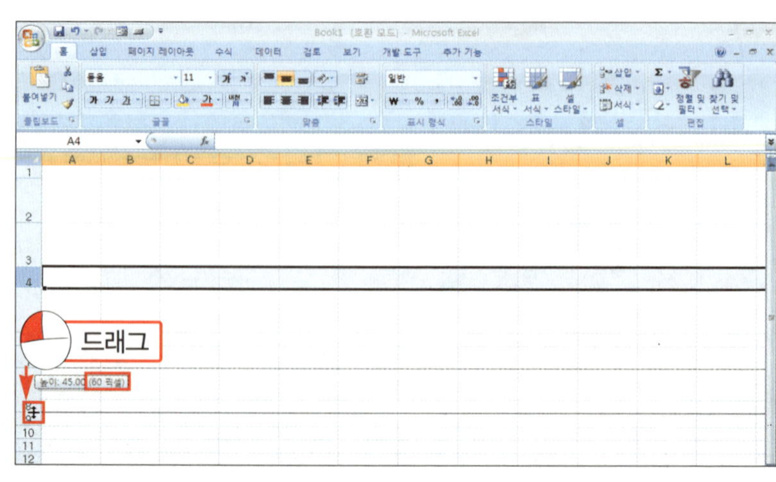

4 [Ctrl]을 누른 상태에서 [B], [D], [F], [H] 열의 머리글을 클릭해서 선택한 다음 [B] 열 머리글의 오른쪽 경계선을 마우스로 드래그해서 '110 픽셀' 크기로 맞춥니다.

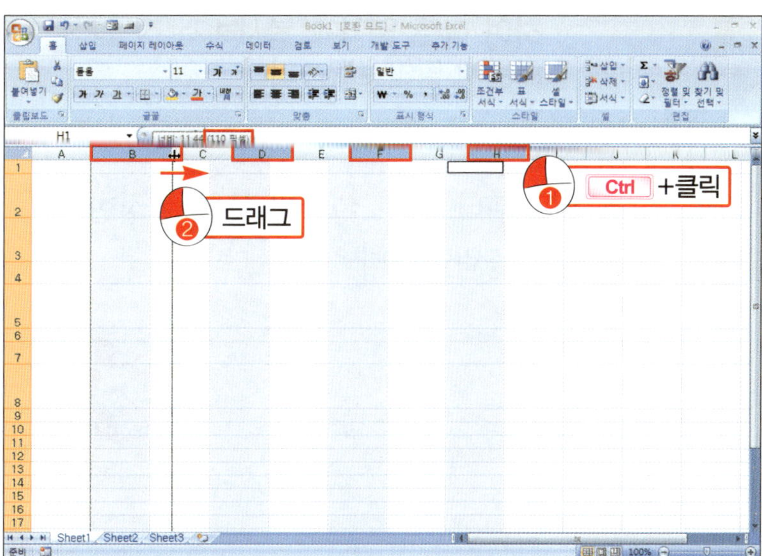

황금열쇠

선택한 열의 너비가 동일하게 조절됩니다.

5 [B2] 셀부터 [H2] 셀까지 병합한 후 각 셀에 내용을 입력하고, [B4]셀부터 [B5] 셀에 다음과 같이 셀 테두리를 지정합니다.

• 제목 : 글꼴 속성(맑은 고딕, 28pt), 글꼴 색(황록색, 강조 3, 25% 더 어둡게/주황, 강조 6, 25% 더 어둡게/바다색, 강조 5, 25% 더 어둡게)
• 본문 : 글꼴 속성(돋움, 11pt), 기호 '▶' 삽입, 기호 색(황록색, 강조 3), 가운데 맞춤
• [B4] 셀 : 채우기 색(노랑)

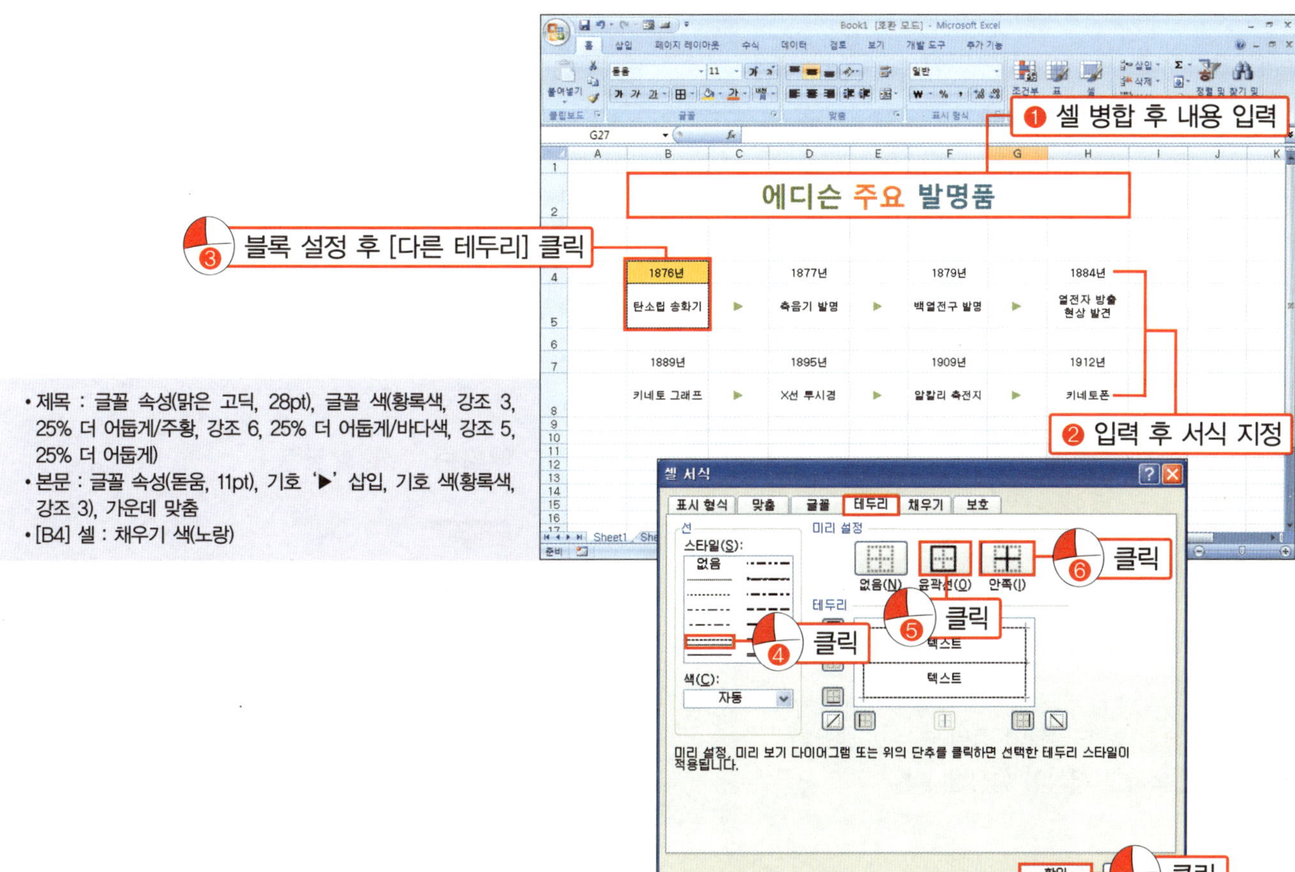

2 서식 복사하기

같은 서식을 여러 개 사용할 경우 하나의 서식만 설정한 다음 서식 복사를 이용하여 다른 영역에 복사해서 적용시킬 수 있습니다. 서식 복사를 어떻게 실행하는지 알아보겠습니다.

1 [B4] 셀부터 [B5] 셀까지 블록 설정한 다음 [홈] 탭의 [클립보드] 그룹에서 [서식 복사]를 클릭합니다.

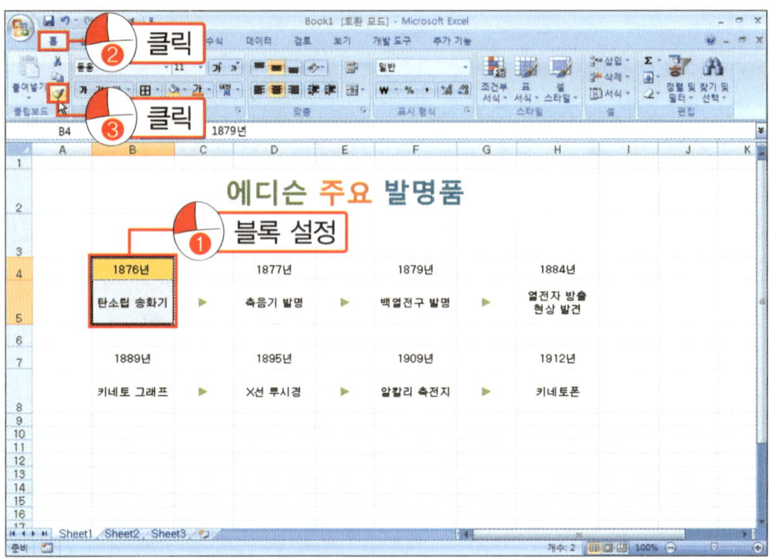

2 [D4] 셀부터 [D5] 셀까지 마우스로 드래그하면 셀 서식이 적용됩니다.

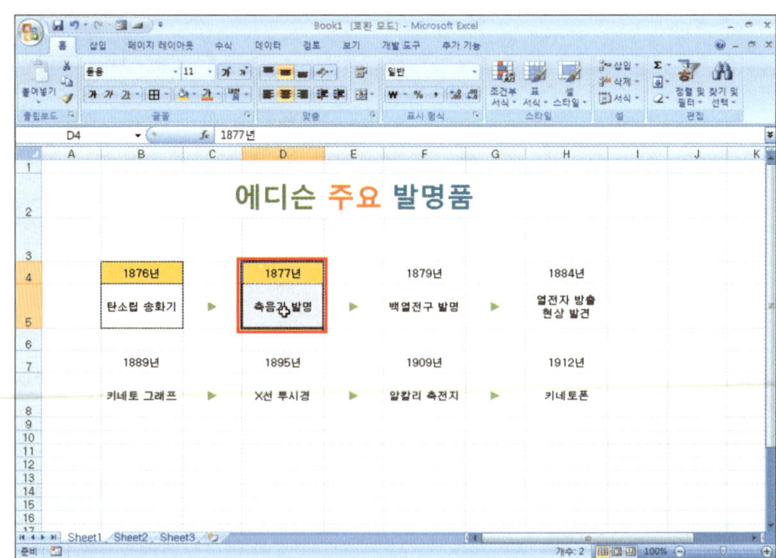

황금열쇠

[서식 복사]를 클릭하면 클릭 또는 드래그한 영역에 복사한 서식이 설정됩니다.

3 [D4] 셀부터 [D5] 셀까지 블록이 설정된 상태에서 [클립보드] 그룹의 [서식 복사]를 더블 클릭합니다.

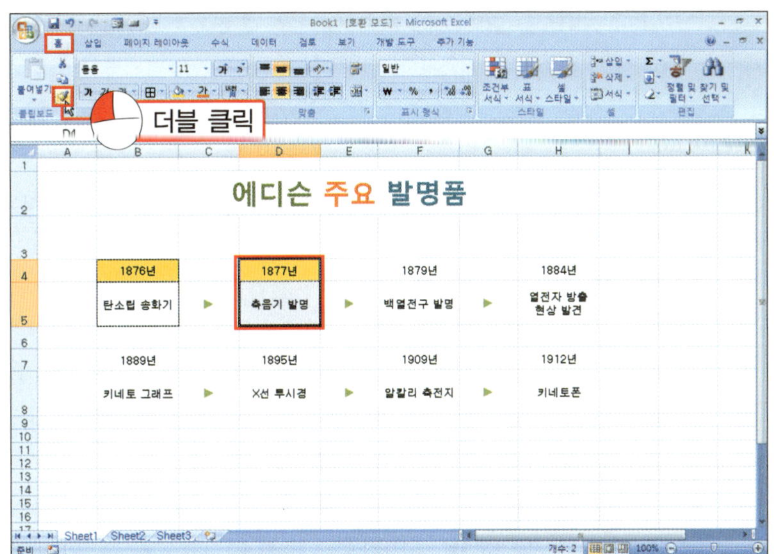

4 서식을 복사할 각 셀 영역을 마우스로 드래그하면 서식이 복사됩니다.

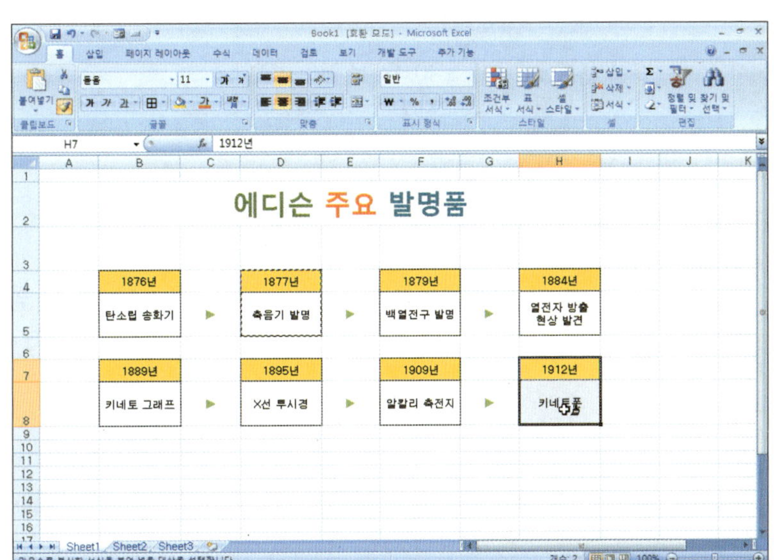

황금열쇠

[서식 복사]를 더블 클릭하면 [Esc]를 누르기 전까지 클릭 또는 드래그한 영역에 복사한 서식을 설정합니다.

5 [Esc]를 눌러 서식 복사를 해제합니다.

혼자해 보세요

월   일   점수

1 엑셀 2007을 실행한 후 다음과 같이 문서의 행과 열을 조절해 보세요.

 **조건**

- [A] 열 너비를 '291픽셀'로 조절할 것
- [B3]~[F3] 셀을 병합할 것
- [D] 열의 너비를 '17픽셀'로 조절할 것
- 열 너비 : [B] 열, [C] 열, [E] 열, [F] 열 – '101픽셀'
- 행 높이 : 6, 8, 10, 12, 14 행 – '54픽셀', 7, 9, 11, 13 행 – '16픽셀'

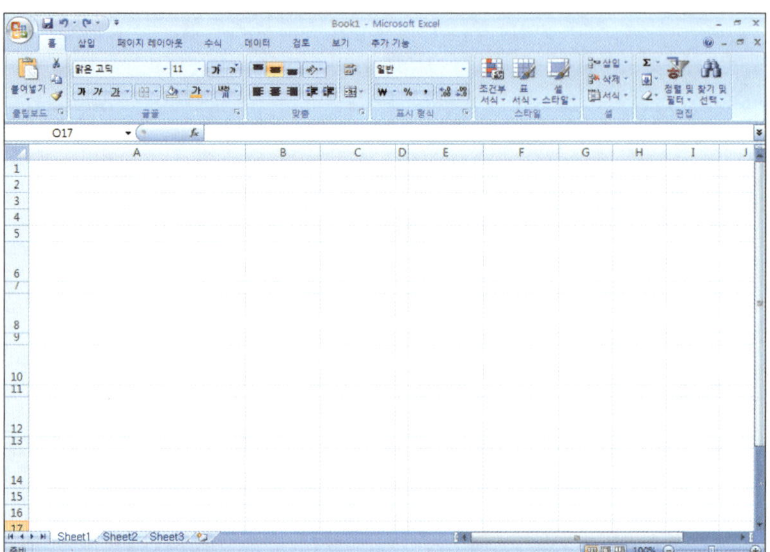

2 서식을 복사하여 '우리나라 역대 대통령' 소개 문서를 작성하고 꾸며 보세요.

 **조건**

- 글꼴 : 제목 – 궁서체(26pt), 본문 – 맑은 고딕(14pt), 글꼴 색(빨강, 파랑 강조 1, 녹색, 주황)
- [B6], [C6] 셀에 선 스타일(┄┄┄)과 선 색(연한 파랑)을 지정하여 표를 그린 다음 [B6] 셀에 채우기 색(진한 파랑, 텍스트 2, 80% 더 밝게)을 채우고 서식 복사하기로 나머지 내용에 적용할 것

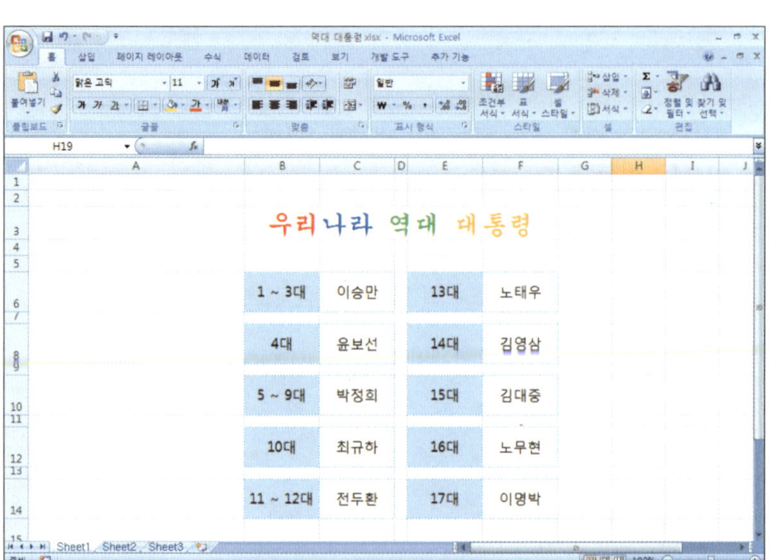

월드컵 역대개최지 소개 문서 만들기

> 복사와 붙여넣기 도구를 이용하면 원하는 내용을 복사해서 다른 곳에 붙여 넣을 수 있답니다. 또한 워크시트를 구성하는 행과 열은 언제든지 원하는 위치에 추가하거나 삭제할 수 있지요. 복사와 붙여넣기, 행과 열 추가/삭제를 이용하여 월드컵 역대 개최지 소개 문서를 만들어 볼까요?

1 내용과 서식 복사하기

2 행과 열 추가하고 삭제하기

회	년도	개최지	출전국	우승팀		회	년도	개최지	출전국	우승팀
1회	1930	우루과이	13	우루과이		10회	1974	서독	16	서독
2회	1934	이탈리아	16	이탈리아		11회	1978	아르헨티나	16	아르헨티나
3회	1938	프랑스	15	이탈리아		12회	1982	스페인	24	이탈리아
4회	1950	브라질	13	우루과이		13회	1986	멕시코	24	아르헨티나
5회	1954	스위스	16	서독		14회	1990	이탈리아	24	서독
6회	1958	스웨덴	16	브라질		15회	1994	미국	24	브라질
7회	1962	칠레	16	브라질		16회	1998	프랑스	32	프랑스
8회	1966	잉글랜드	16	잉글랜드		17회	2002	한국/일본	32	브라질
9회	1970	멕시코	16	브라질		18회	2006	독일	32	이탈리아

1 내용과 서식 복사하기

복사와 붙여넣기를 이용하여 선택한 영역의 내용과 서식을 원하는 곳에 붙여 넣을 수 있습니다. 여기서 복사와 붙여넣기를 사용하여 열 간격도 원본과 동일하게 붙여 넣어 보겠습니다.

1 엑셀 2007을 실행한 후 다음과 같이 문서를 작성합니다.

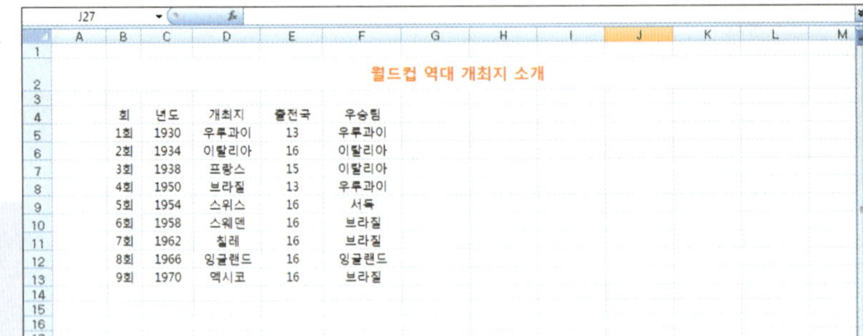

- 제목 : 맑은 고딕(14pt, 굵게), 글꼴 색(주황, 강조 6, 25% 더 어둡게), [B2]~[L2] 셀까지 병합하고 가운데 맞춤
- 본문 : 맑은 고딕(11pt), [B] 열~[F] 열까지 가운데 맞춤
- 행 간격 : 내용을 입력한 행(22픽셀), 내용이 없는 행(10픽셀)

2 [B4] 셀부터 [F13] 셀까지 블록 설정한 다음 ⌨ Ctrl + C 를 누릅니다.

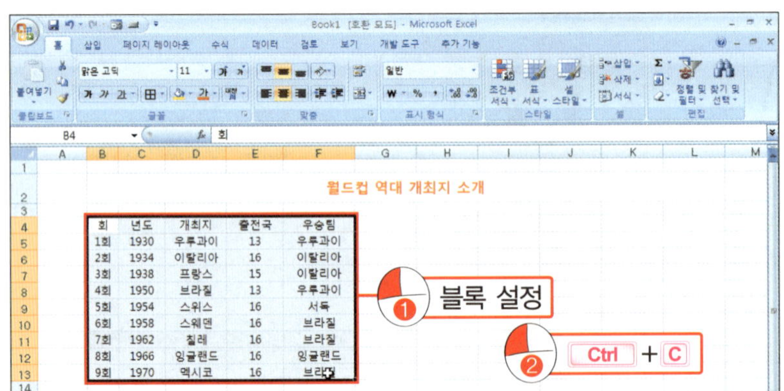

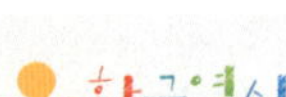
황금열쇠

[홈] 탭의 [클립보드] 그룹에서 [복사]를 클릭해도 됩니다.

3 [I4] 셀을 클릭한 다음 Ctrl + V 를 누릅니다.

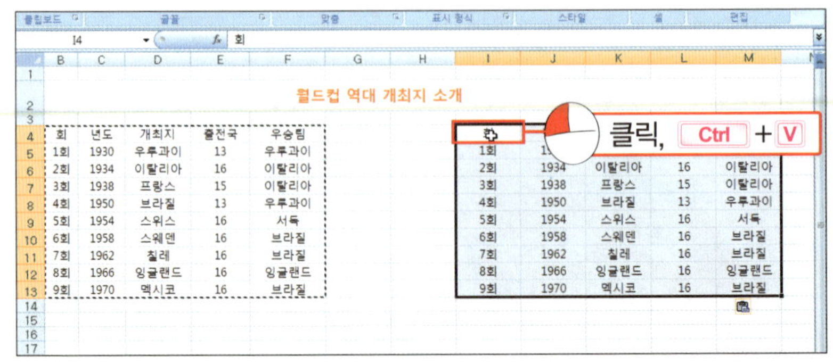

황금열쇠

[홈] 탭의 [클립보드] 그룹에서 [붙여넣기]를 클릭해도 됩니다.

4 [붙여넣기 옵션]을 클릭한 다음 [원본 열 너비 유지]를 선택합니다.

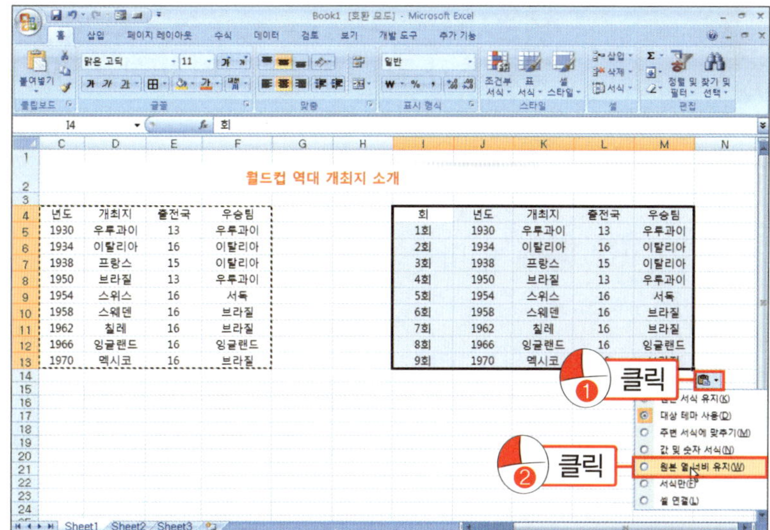

황금열쇠

[붙여넣기 옵션]은 복사한 내용을 붙여 넣을 때
조건을 선택할 수 있습니다.

5 셀 간격이 원본과 동일하게 바뀌면 삽입된 내용을 다음과 같이 고칩니다.

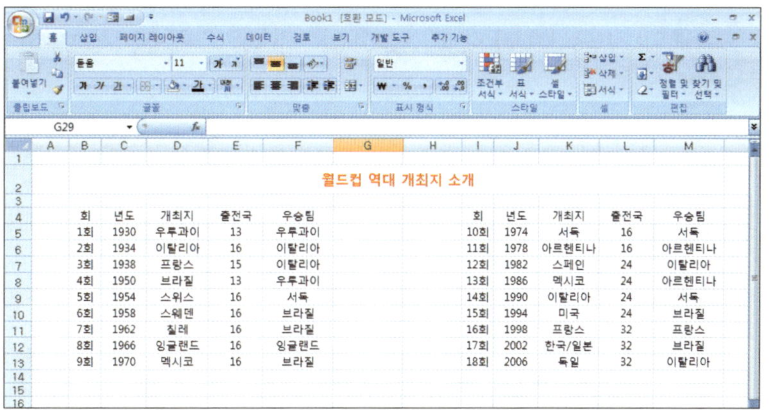

[붙여넣기 옵션] 항목

- 원본 서식 유지 : 원본에 사용된 서식을 적용합니다.
- 대상 테마 사용 : 복사한 테마를 그대로 붙여 넣어 사용합니다.
- 주변 서식에 맞추기 : 주변 셀에 사용된 서식으로 변경합니다.
- 값 및 숫자 서식 : 값과 숫자 서식을 유지합니다.
- 원본 열 너비 유지 : 원본에 사용된 열 너비로 조절합니다.
- 서식만 : 내용은 붙여 넣지 않고 서식만 붙여 넣습니다.
- 셀 연결 : 원본의 내용을 셀 주소를 이용하여 불러 옵니다.

2 행과 열 추가하고 삭제하기

워크시트를 구성하는 행과 열을 추가하거나 삭제할 수 있습니다. 여기서는 행과 열을 추가 및 삭제하면 어떤 변화가 있는지 알아보겠습니다.

1 [6] 행에서 마우스 오른쪽 단추를 클릭한 다음 [삽입]을 선택합니다.

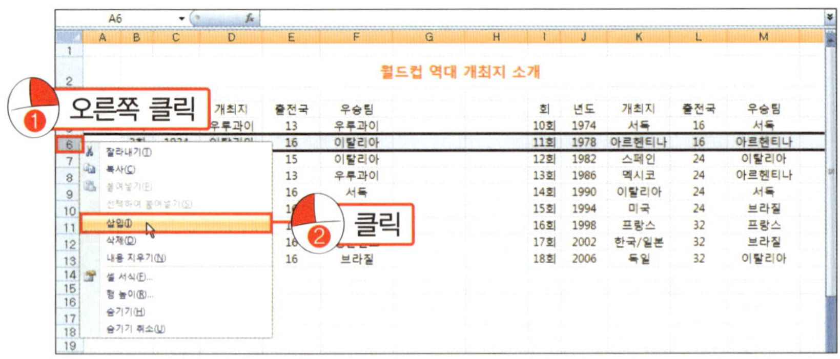

2 같은 방법으로 행마다 새로운 줄을 추가합니다.

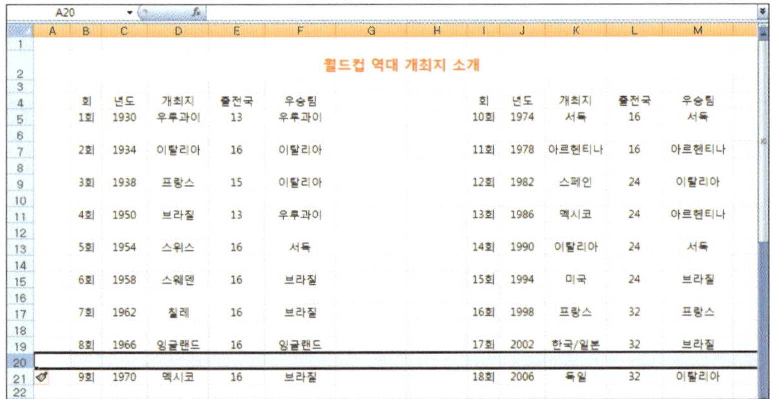

황금열쇠

행을 삽입하면 선택한 행 위로 행이 추가되고 열을 삽입하면 선택한 열 왼쪽에 열이 추가됩니다.

3 Ctrl 을 누른 상태에서 추가한 행의 머리글을 클릭하여 삽입한 행을 모두 선택한 다음 경계선을 마우스로 드래그해서 행 간격을 '10픽셀'로 조절합니다.

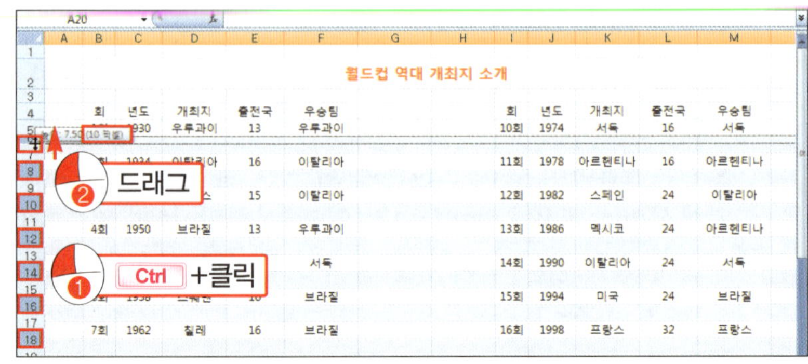

4 [G] 열의 머리글에서 마우스 오른쪽 단추를 클릭한 다음 [삭제]를 선택합니다.

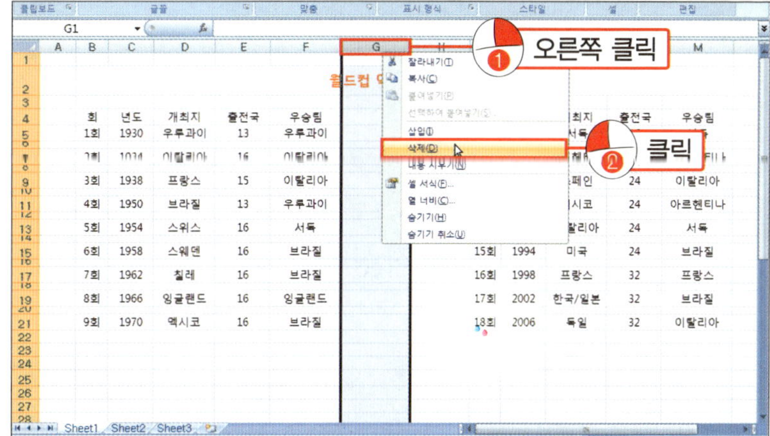

황금열쇠

· 행을 삭제하면 아래에 위치하는 행이 위로 이동하고 열을 삭제하면 오른쪽 열이 왼쪽으로 이동합니다.

5 [B4] 셀에서 [F5] 셀까지 서식을 꾸밉니다.

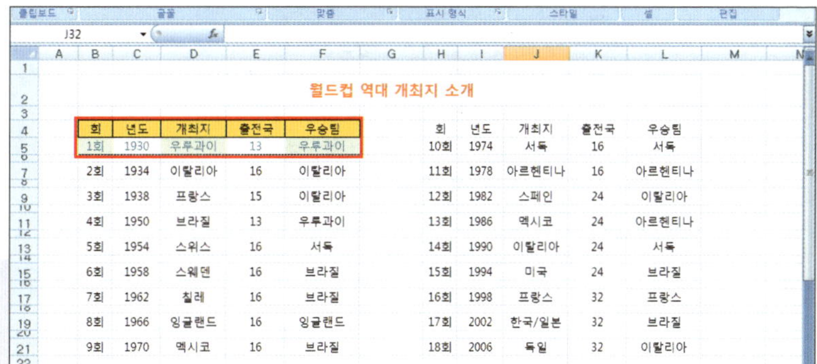

- [4] 행 : 채우기 색(노랑), 선 스타일(───, 바깥쪽 테두리)
- [5] 행 : 글꼴 색(바다색, 강조 5, 25% 더 어둡게), 채우기 색(황록색, 강조 3, 80% 더 밝게), 선 스타일(───, 아래쪽 테두리)

6 [홈] 탭의 [클립보드] 그룹에서 [서식 복사]를 이용하여 각 셀 영역에 서식을 복사해서 꾸밉니다.

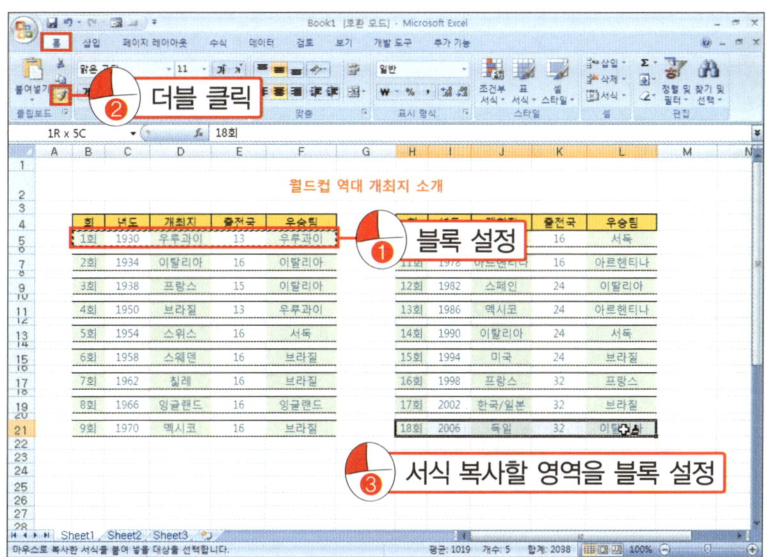

월   일   점수

1 엑셀 2007을 실행한 후 서식 복사를 이용하여 '역대 올림픽 개최지' 소개 문서를 작성하고 꾸며 보세요.

조건

- 글꼴 : 맑은 고딕(제목 – 26pt, 굵게 /본문 – 14pt), 글꼴 색(빨강, 주황, 녹색)
- [B2]~[G2] 셀까지 병합하고 가운데 맞춤
- [B], [D], [F] 열 – 가운데 맞춤
- 셀 간격 : 행 높이(48픽셀), 열 높이 (B열 – 45픽셀, C열 – 125픽셀)
- [B3]~[C12] 셀까지 복사한 다음 [D3]~[E12], [F3]~[G12] 셀에 붙여 넣은 후 [원본 열 너비 유지]를 적용 하고 내용을 수정할 것
- 표 : 선 스타일 ┈┈, 선 색(파랑, 강조 2)

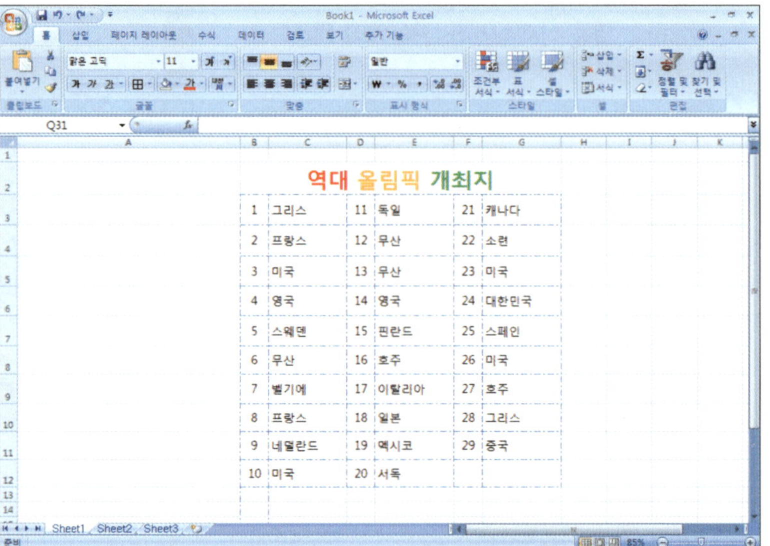

2 '역대 올림픽 개최지' 소개 문서에 행과 열을 삽입해 보세요.

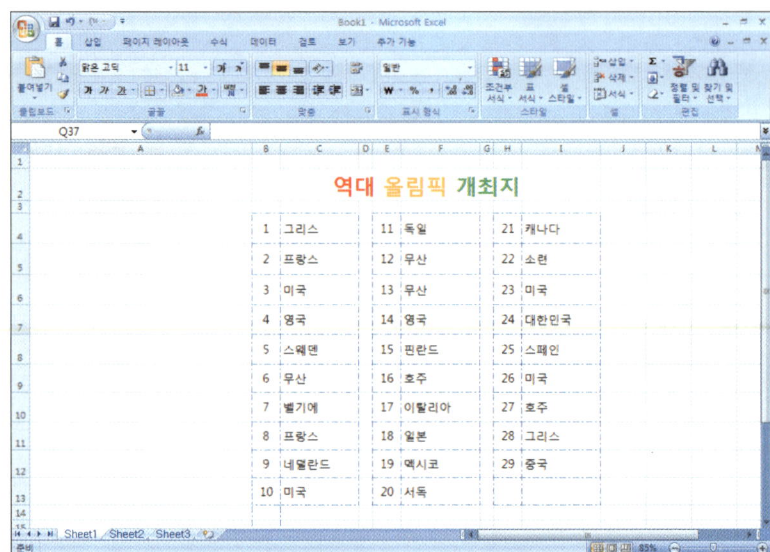

조건

- [3] 행 위에 행을 삽입하고 행 높이 를 '20픽셀'로 조절할 것
- [D] 열과 [F] 열 앞에 열을 삽입하고 너비를 '21픽셀'로 조절할 것

07 지출 내역표 만들기

엑셀의 각 셀에는 다양한 종류의 내용을 입력할 수 있답니다. 그리고 입력한 내용에 맞춰 적절한 표시 형식을 지정할 수 있지요. 또한 메모 기능을 이용하여 셀에 입력하지 못한 내용을 기록할 수 있답니다. 이제부터 지출 내역표를 만들어 보며 표시 형식과 메모 기능을 이용하는 방법을 배워 볼까요?

1 셀 표시 형식 설정하기
2 메모로 참고 내용 기록하기

지출 내용

날짜	사용 내역	금액	설명
09年 3月 5日		₩ 1,200	국립박물관 견학 차비
09年 3月 5日		₩ 2,000	과자와 음료수 구매
09年 3月 12日	준비물	₩ 2,000	노트와 연필 구매
09年 3月 13日	도서 구입	₩10,000	참고 도서 구매
09年 3月 16日	간식비	₩ 3,000	빵과 우유 구매

hyunlian:
친구랑 함께 국립박물관 견학함

[표시 형식]을 이용해서 날짜, 금액 등을 보기 쉽게 표시할 수 있구나!

1 셀 표시 형식 설정하기

표시 형식을 이용하여 날짜, 금액 등 입력된 내용에 알맞은 표시 방법을 설정할 수 있습니다. 여기서는 날짜를 한자로 표시하고 금액에 세 자리마다 쉼표(,)를 표시해 보겠습니다.

1 엑셀 2007을 실행한 후 다음과 같이 문서를 작성합니다.

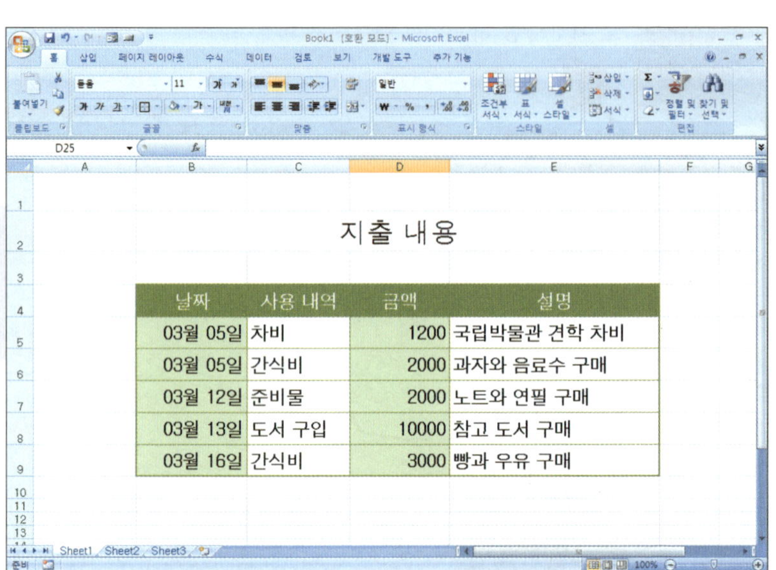

- 글자 속성 : 돋움(제목 – 28pt, 굵게/본문 – 18pt)
- [B2]~[E2] 셀까지 병합하고 가운데 맞춤
- [B4]~[E4] 셀 : 채우기 색(황록색, 강조 3, 25% 더 어둡게), 글꼴 색(흰색, 배경 1)
- [날짜], [금액] 항목 : 채우기 색(황록색, 강조 3, 60% 더 밝게)

🔑 **황금열쇠**

'날짜' 항목에는 '3/5'와 같이 '월/일'의 형태로 입력합니다.

2 [D5] 셀부터 [D9] 셀까지 블록 설정한 다음 [홈] 탭의 [표시 형식] 그룹에서 [쉼표 스타일]을 클릭합니다.

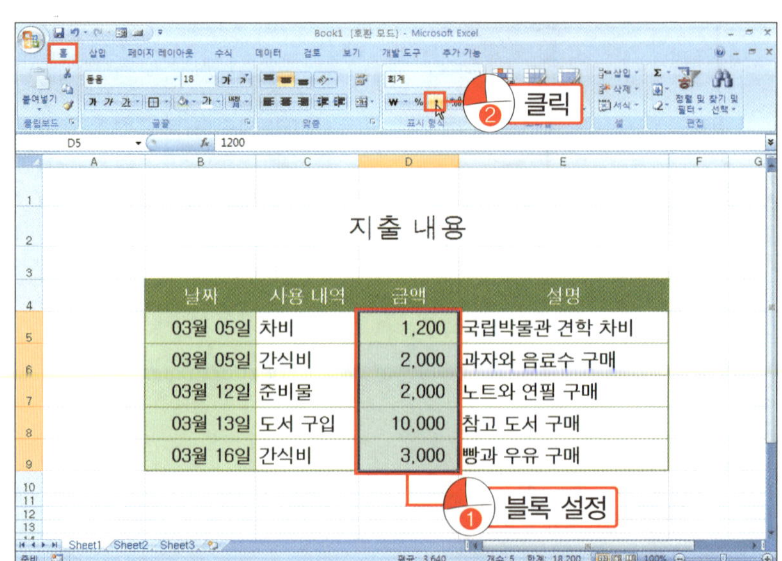

🔑 **황금열쇠**

금액에서 세 자리마다 쉼표(,)를 표시합니다.

3 [홈] 탭의 [표시 형식] 그룹에서 ₩[회계 표시 형식]을 클릭합니다.

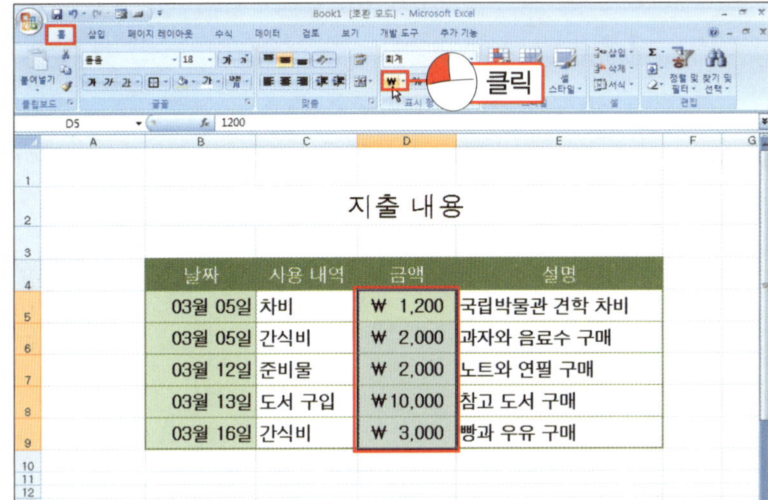

🔑 한금열쇠

[회계 표시 형식]의 내림 단추를 클릭해서 다른
통화 단위를 선택할 수 있습니다.

4 [B5] 셀부터 [B9] 셀까지 블록 설정한 다음 [홈] 탭의 [표시 형식] 그룹에서 ▣[셀
서식: 표시 형식]을 클릭합니다.

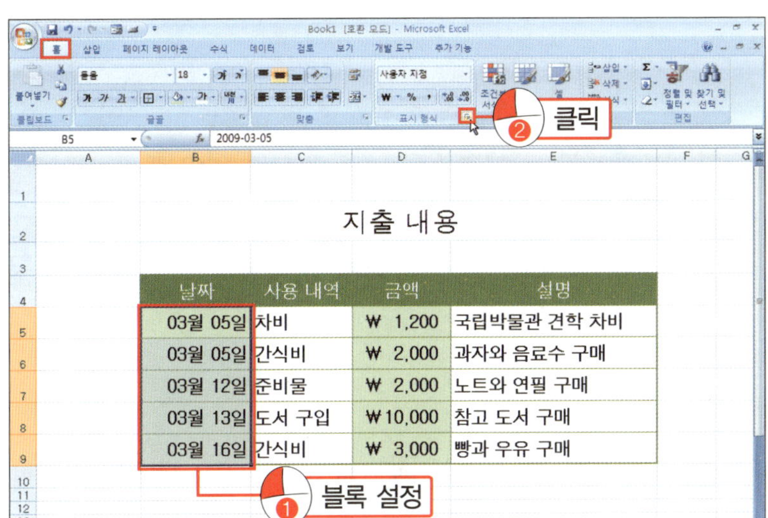

🔑 한금열쇠

그룹에서 ▣ 단추를 클릭하면 관련 대화 상자
가 나타납니다.

5 [셀 서식] 대화 상자가 나타나
면 [범주]에 [날짜]를 선택하
고 [형식]에 [01年 3月 14日]
을 선택한 다음 [확인]을 클릭
합니다.

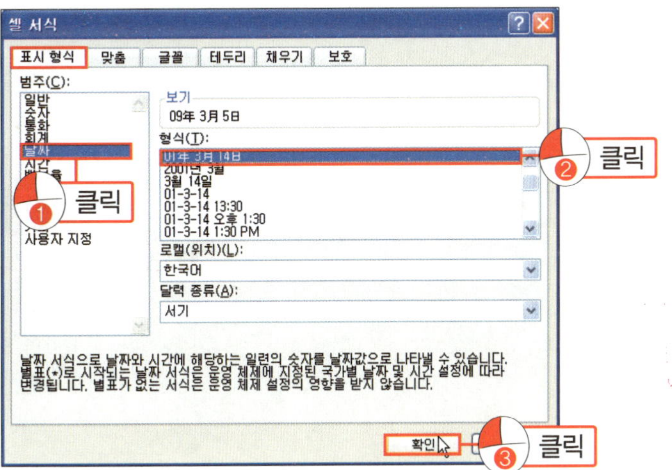

6 날짜 표시 방식이 변경됩니다.

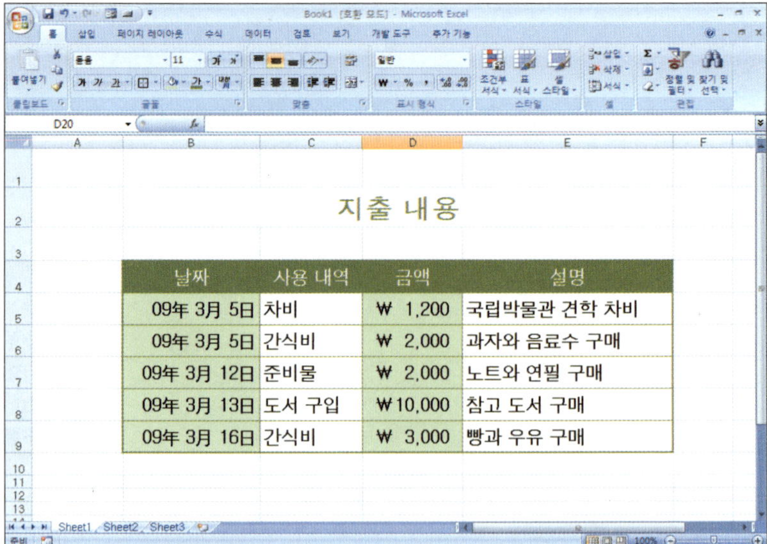

황금열쇠

'###'으로 표시되면 셀 너비를 넓게 늘려 줍
니다.

2 메모로 참고 내용 기록하기

[메모] 도구를 이용하면 셀에 관련된 참고 내용을 기록할 수 있습니다. 여기서는
메모를 이용해서 내용을 기록하고, 메모를 보이거나 감추는 방법에 대해서 알아
보겠습니다.

1 [B5] 셀을 클릭한 다음 [검토] 탭의 [메모] 그룹에서 [새 메모]를 클릭합니다.

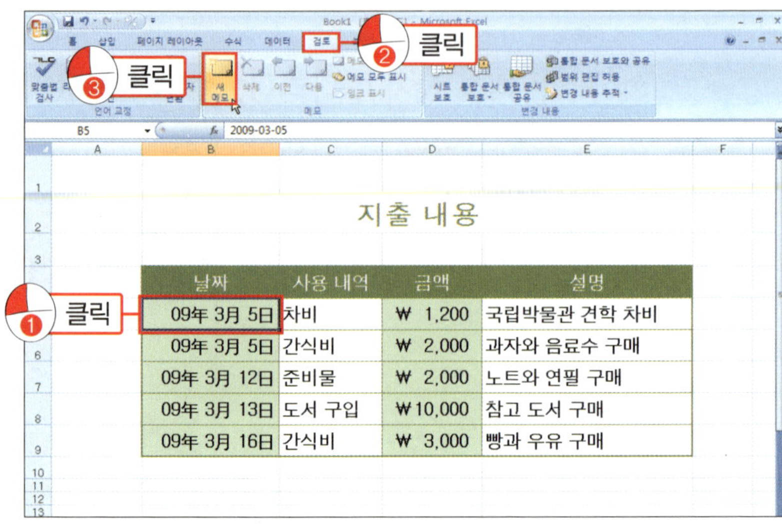

2 메모 상자에 표시할 글을 작성합니다.

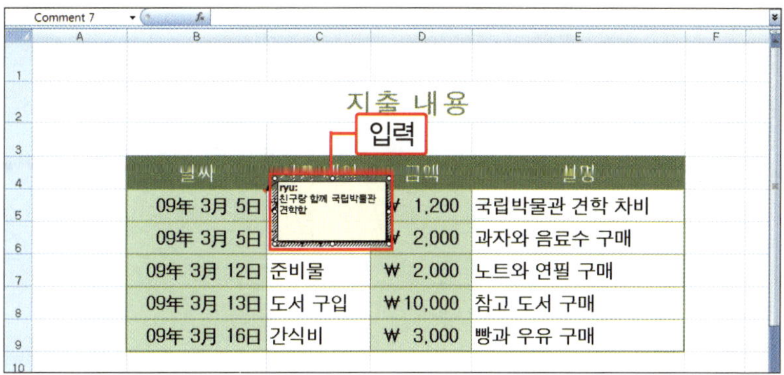

3 같은 방법으로 [B8] 셀에 메모를 추가한 다음 [B8] 셀을 선택하고 [검토] 탭의 [메모] 그룹에서 [메모 표시/숨기기]를 클릭해서 선택하면 메모가 항상 표시됩니다.

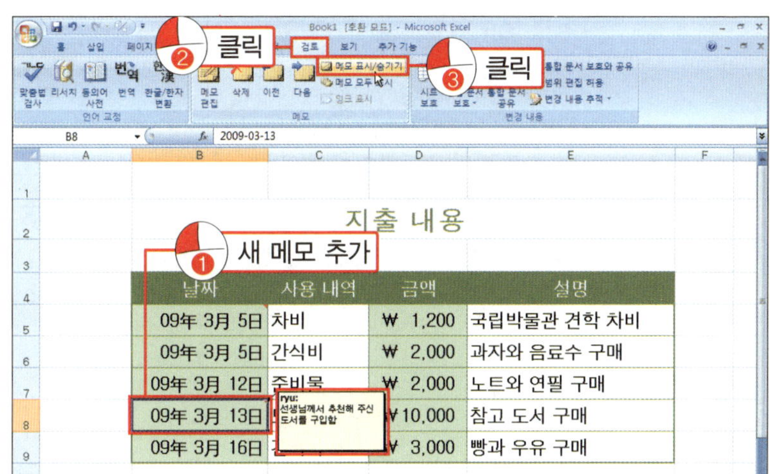

황금열쇠

[검토] 탭의 [메모] 그룹에서 [메모 모두 표시]를 클릭하면 메모를 모두 보이거나 감출 수 있습니다.

4 [B8] 셀을 선택한 후 [검토] 탭의 [메모] 그룹에서 [메모 표시/숨기기]를 다시 클릭해서 선택하면 메모가 감춰집니다. 메모를 입력한 셀에 마우스 포인터를 위치할 때만 메모가 표시됩니다.

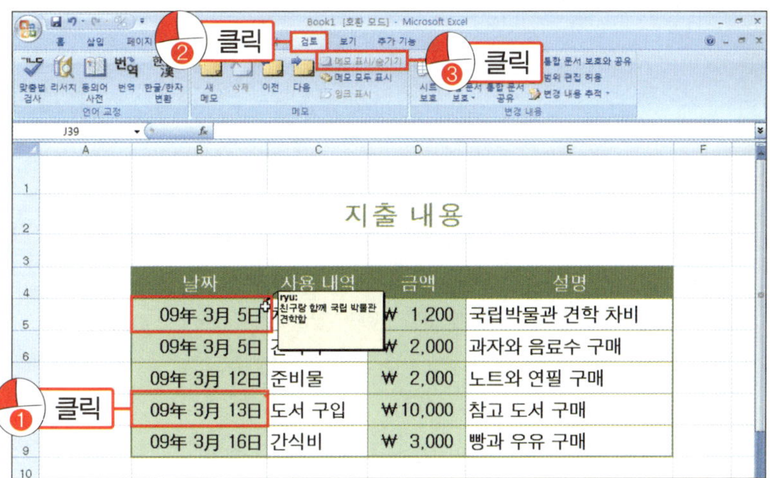

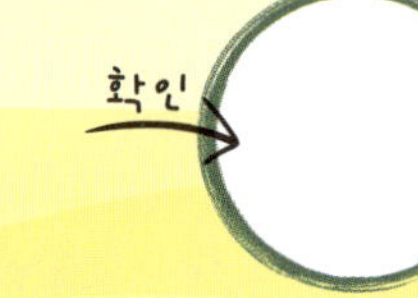

혼자 해 보세요

월   일   점수

1 엑셀 2007을 실행한 후 다음과 같이 표시 형식을 설정하여 문서에 표시해 보세요.

 **조 건**

- 글꼴 : 맑은 고딕(제목 – 24pt, 굵게 /본문 – 14pt, [6] 행만 굵게), 글꼴 색(빨강, 주황, 연한 녹색, 연한 파 랑, 자주)
- [B4]~[F4] 셀까지 병합하고 가운데 맞춤
- [6] 행, [C] 열 : 가운데 맞춤
- [D6]~[F11] 셀에 [통화] 표시 형식
- [B6]~[B11] 셀에 '3/5~3/9'형식으 로 날짜를 입력하고 [자세한 날짜] 표시 형식을 지정하고, 날짜가 '#####' 형식으로 표시되면 [B] 열 의 너비를 늘릴 것

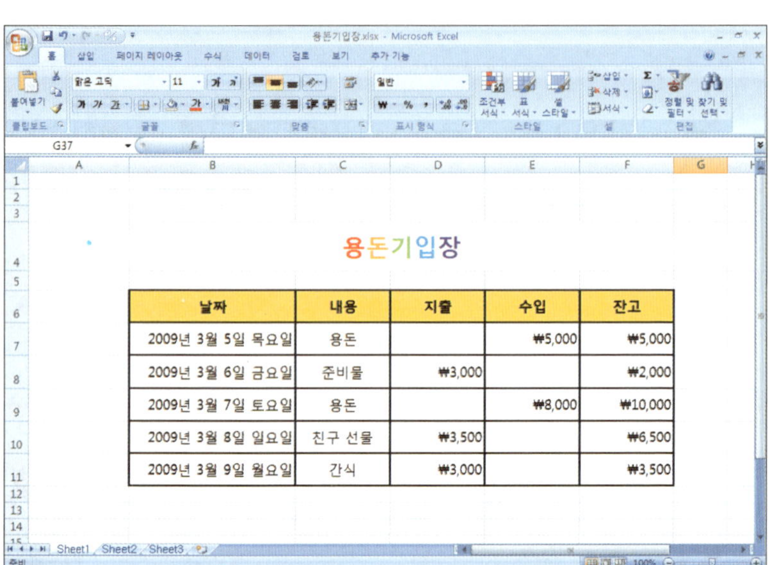

2 문서에 메모 기능을 이용하여 참고 내용을 기록해 보세요.

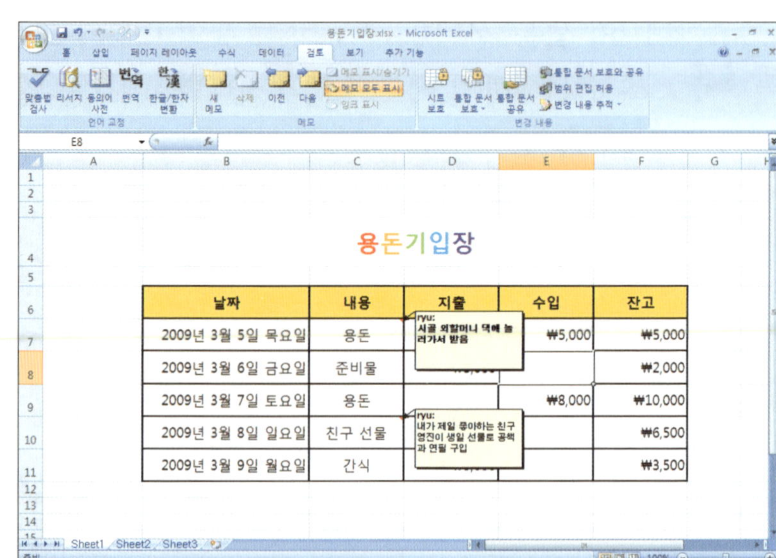

 **조 건**

[C7] 셀과, [C10] 셀에 메모를 입력하 고 [메모 모두 표시]를 선택할 것

08 계산기 문서 만들기

엑셀 2007을 이용하면 간단한 계산식부터 복잡한 계산식까지 빠르고 편리하게 해결할 수 있어요. 먼저 계산식을 입력하는 방법과 산술과 논리 및 텍스트를 계산하는 기본적인 방법에 대해서 배워 볼 거예요. 자! 그럼 간단한 계산을 할 수 있는 계산기 문서를 만들어 보면서 계산하는 방법에 대해서 알아볼까요?

1 산술 계산하기

2 논리와 텍스트 계산하기

1 산술 계산하기

더하기, 빼기, 곱하기, 나누기의 산술을 하는 방법을 알아보면서 엑셀 2007에서 계산식을 어떻게 입력하는지 알아보겠습니다.

1 엑셀 2007을 실행한 후 다음과 같이 문서를 작성합니다.

- 제목 : 글꼴 속성(HY엽서M, 48pt, 굵게), 글꼴 색(황록색, 강조 3, 25% 더 어둡게/주황/주황, 강조 6, 25% 더 어둡게), [B2]~[E2] 셀까지 병합하고 가운데 맞춤
- 본문 : 글꼴 속성(돋움, 20pt, [7] 행만 24pt), [4], [6], [9], [10], [12] 행만 가운데 맞춤
- [B4], [D4] 셀 : 채우기 색(황록색, 강조 3, 40% 더 밝게)
- [B6]~[E6], [B9]~[D9], [B12] 셀 : 채우기 색(노랑)

2 [B7] 셀을 클릭하고 '='를 입력합니다.

 **황금열쇠**

계산식을 입력할 때는 먼저 '='를 입력해야 합니다.

3 [C4] 셀을 클릭합니다.

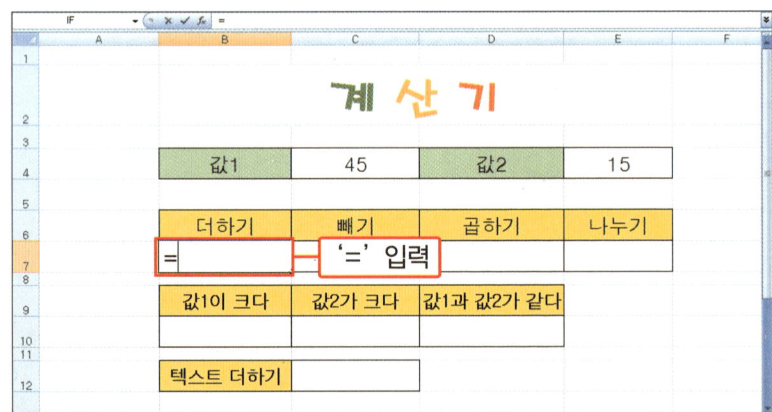

황금열쇠

계산할 숫자를 입력하거나 숫자가 있는 셀을 클릭합니다.

4 '+'를 입력한 다음 [E4] 셀을 클릭합니다.

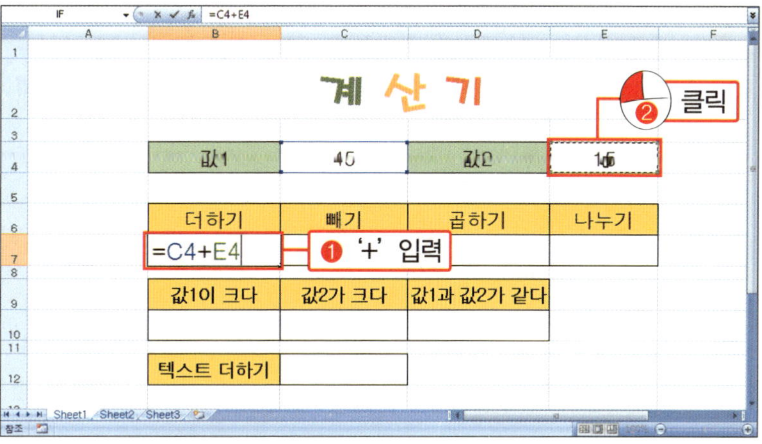

5 Enter 를 누르면 계산값이 표시됩니다.

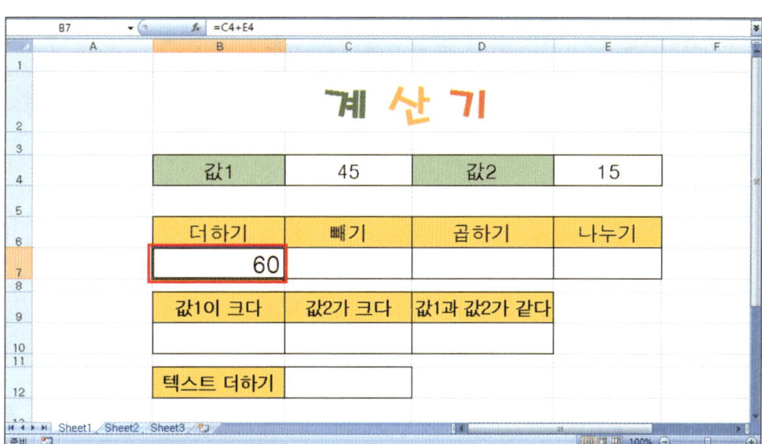

황금열쇠

셀에는 수식 결과값이 나타나고 수식 입력줄
에는 사용된 계산식이 표시됩니다.

6 같은 방법으로 빼기와 곱하기, 나누기도 계산합니다.

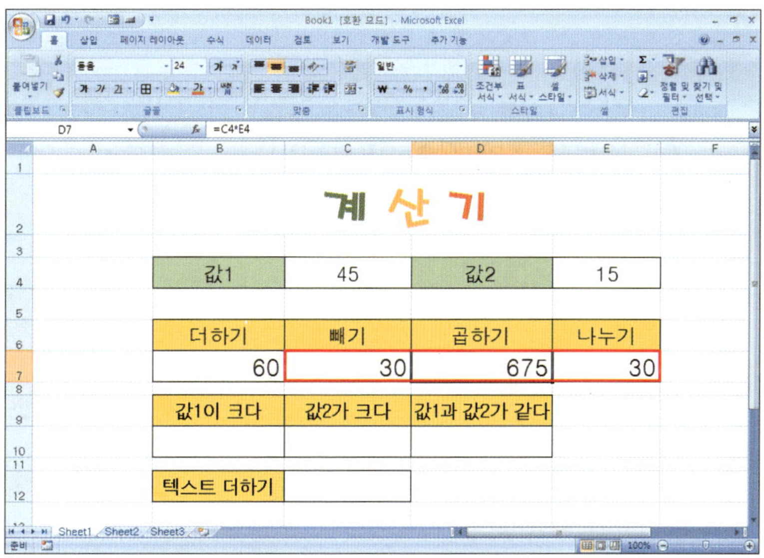

황금열쇠

[C7] 셀 : =C4−E4, [D7] 셀 : =C4＊E4,
[C7] 셀 : =C4/E4

2 논리와 텍스트 계산하기

크다(>), 작다(<), 같다(=) 논리식을 이용하여 내용이 맞는지 틀린지를 표시할 수 있고, 텍스트 연산자인 '&'를 사용하여 텍스트끼리 연결할 수 있습니다. 논리와 텍스트를 계산하는 방법에 대해서 알아보겠습니다.

1 [B10] 셀을 클릭한 다음 '=C4>E4'를 입력합니다.

황금열쇠

계산 셀을 클릭하지 않고 셀 주소를 직접 입력해도 됩니다.

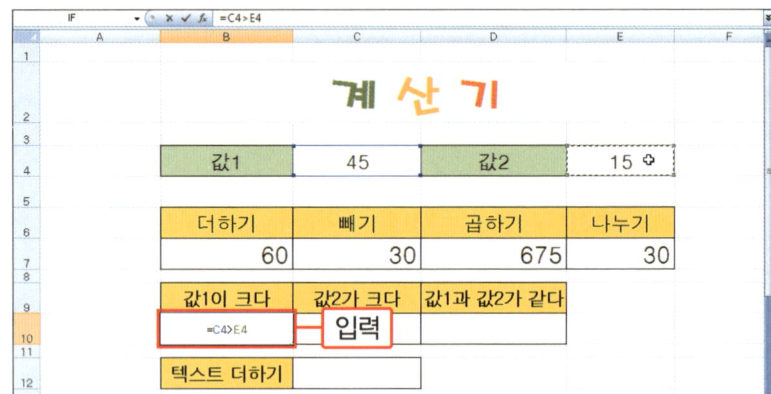

2 Enter 를 누르면 'TRUE' 값이 표시됩니다.

3 [C10] 셀에 '=C4<E4'를 입력하고 [D10] 셀에 '=C4=E4'를 입력한 다음 Enter 를 누르면 논리값이 표시됩니다.

황금열쇠

논리가 맞으면 'TRUE', 맞지 않으면 'FALSE' 값을 표시합니다.

4 [C4]와 [E4] 셀에 '김영진은', '천재다!'를 각각 입력합니다.

황금열쇠

텍스트를 값으로 입력하면 산술 계산에서는 계산할 수 없으므로 [B7] 셀부터 [E7] 셀에는 '#VALUE'라는 오류값이 표시됩니다.

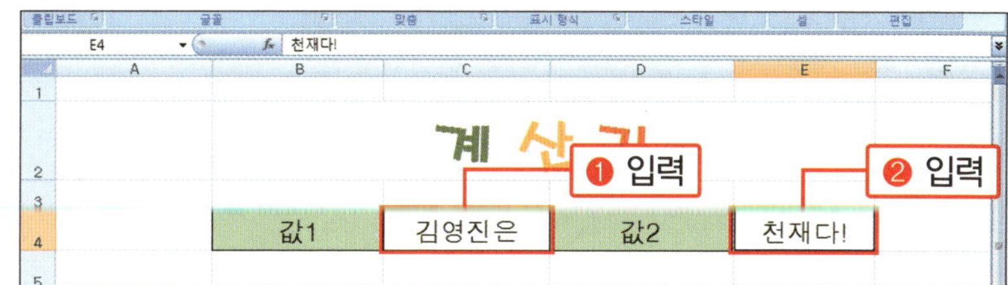

5 [C12] 셀에 '=C4&E4'를 입력합니다.

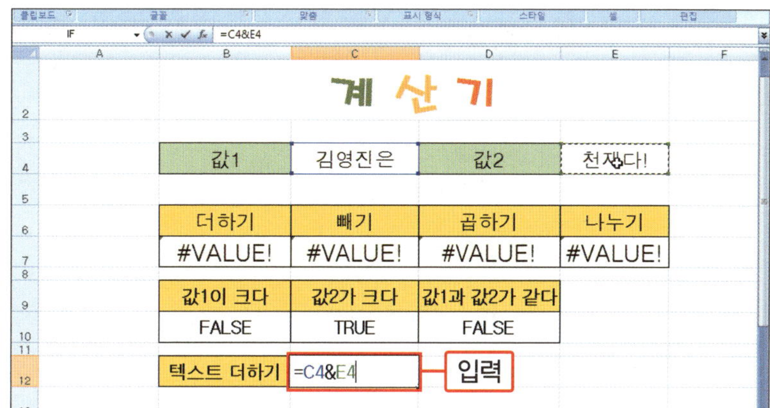

황금열쇠

'&'는 텍스트를 연결해주는 연산자입니다.

6 Enter 를 누르면 '김영진은 천재다!'라는 글이 표시됩니다.

7 Ctrl + ~ 를 누르면 각 셀에 수식이 표시됩니다.

황금열쇠

다시 Ctrl + ~ 를 누르면 원래대로 되돌아갑니다.

월 　　　 일 　점수

1 엑셀 2007을 실행한 후 다음과 같이 계산기 문서를 작성한 후 [값1]과 [값2]를 이용하여 사칙 연산을 해 보세요.

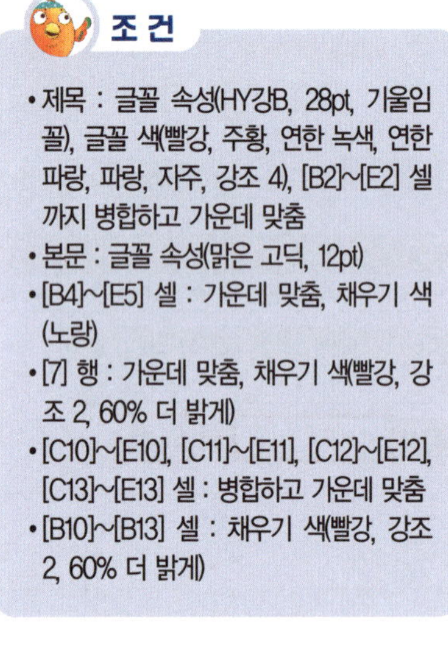

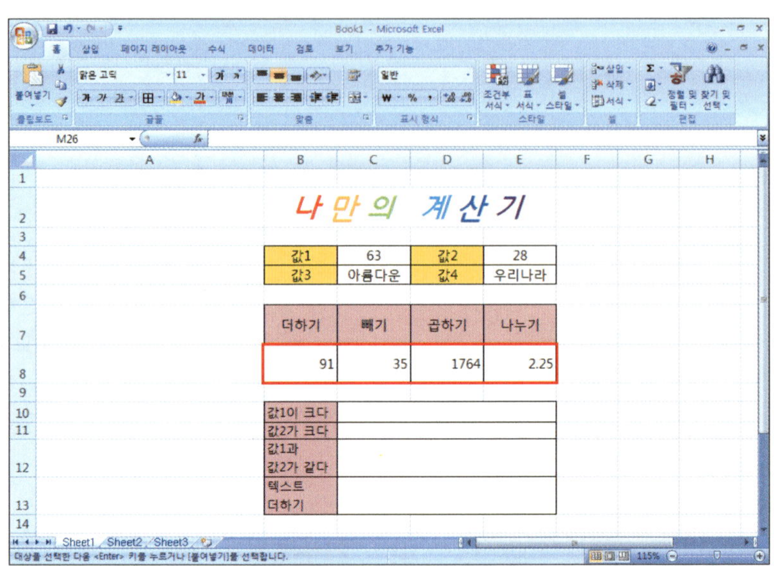

2 [값1]과 [값2]를 이용하여 논리 값을 구하고 [값3]과 [값4]를 이용하여 텍스트를 더해 보세요.

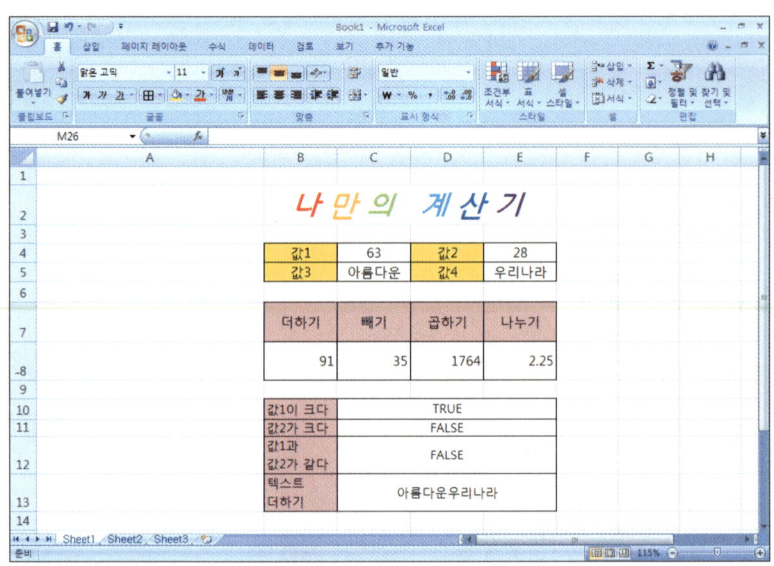

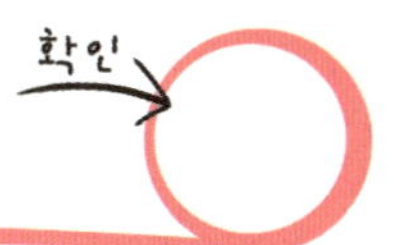

월   일   점수

1 엑셀 2007을 실행한 후 행과 열을 조절하여 표를 만들고 서식을 복사하여 '가고 싶은 나라 BEST 10' 문서를 작성해 보세요.

조건

- 글꼴 : 제목 – HY센스L(26pt, 굵게, 기울임꼴), 글꼴 색(빨강, 주황, 녹색, 연한 파랑, 자주), 본문 – 맑은 고딕 (18pt)
- 표 : 선 스타일(━), 선 색(빨강, 강조 2), 채우기 색(빨강, 강조 2, 80% 더 밝게)
- [B6], [C6] 셀에 표를 그린 다음 서식을 복사하여 나머지 항목에 붙여 넣고 내용을 수정할 것
- 정렬 : 모두 가운데 맞춤

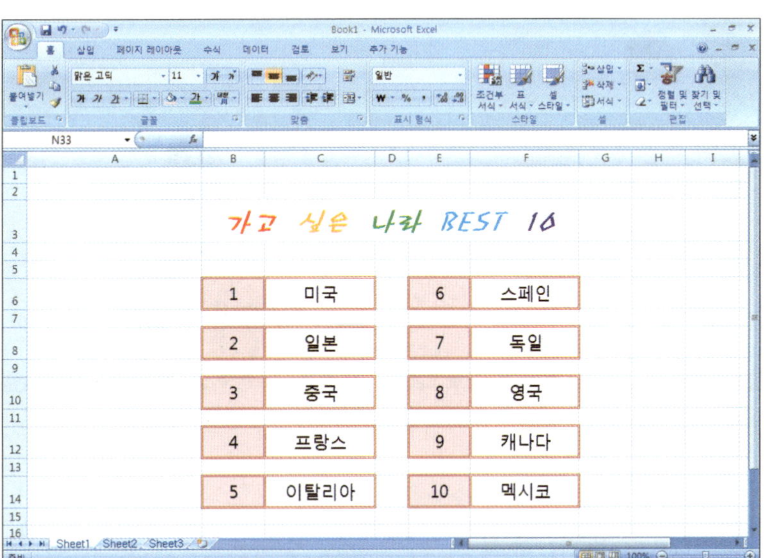

2 엑셀 2007을 실행한 후 다음과 같이 '월별 지출 내역표'를 만들고, 산술 계산으로 총액과 평균을 구하고, 표시 형식과 메모를 다음과 같이 표시해 보세요.

조건

- 글꼴 : 제목 – HY엽서M(36pt), 본문 – 맑은 고딕(14pt), 글꼴 색(주황, 연한 녹색, 빨강)
- 표 테두리 : 모든 테두리, 선 스타일 (┅┅), 선 색(파랑 강조 1)
- 간식, 준비물에 각 월별 금액을 입력한 다음 총액, 평균을 산술 계산으로 구할 것
- 평균은 총액에서 6을 나누어서 결과값을 표시할 것
- [B11] 셀과 [D8] 셀에 메모를 표시하고, '메모 모두 표시'를 설정할 것
- [C6]~[E14] 셀의 표시 형식을 '통화'로 지정할 것

성명	필기 시험	실기 시험	합계	평균
이현우	84	75	159	79.5
김경하	75	84	159	79.5
박이연	67	78	145	72.5
안수진	84	84	168	84
김이지	92	94	186	93

1 합계와 평균 계산하기

자동 합계를 이용하면 기본 함수 5개를 손쉽게 풀 수 있습니다. 여기서는 자동 합계를 이용하여 합계와 평균을 계산해 보겠습니다.

1 엑셀 2007을 실행한 후 다음과 같이 작성한 다음 [E5] 셀을 클릭하고 [수식] 탭의 [함수 라이브러리] 그룹에서 [자동 합계]를 클릭합니다.

• 글꼴 속성 : 제목(돋움, 28pt, 굵게), 본문(맑은 고딕, 16pt)
• [B2]~[F2] 셀까지 병합하고 가운데 맞춤

황금열쇠

[자동 합계]를 클릭하면 가로나 세로 방향에 있는 데이터의 합계를 계산합니다.

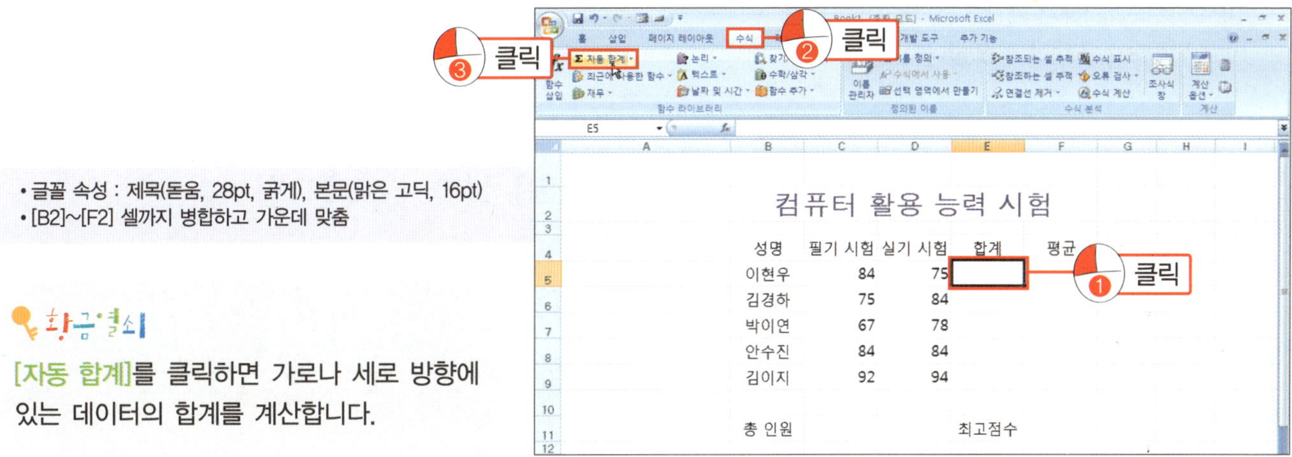

2 점선으로 계산할 셀 영역이 선택되면 **Enter** 를 누릅니다.

황금열쇠

점선은 계산할 데이터 영역을 표시해줍니다.

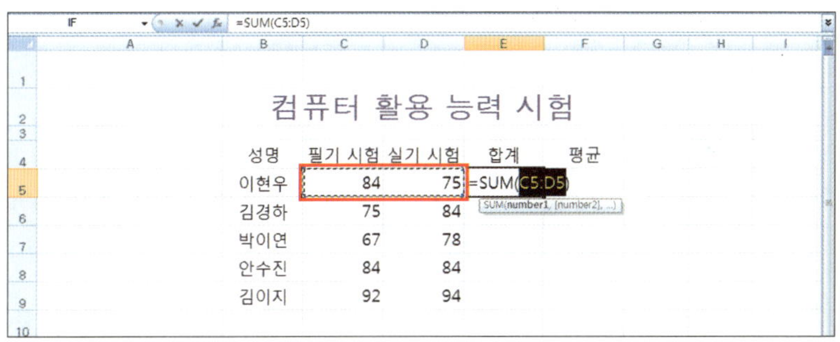

3 [F5] 셀을 클릭한 다음 [수식] 탭의 [함수 라이브러리] 그룹에서 [자동 합계]의 내림 단추를 클릭하고 [평균]을 선택합니다.

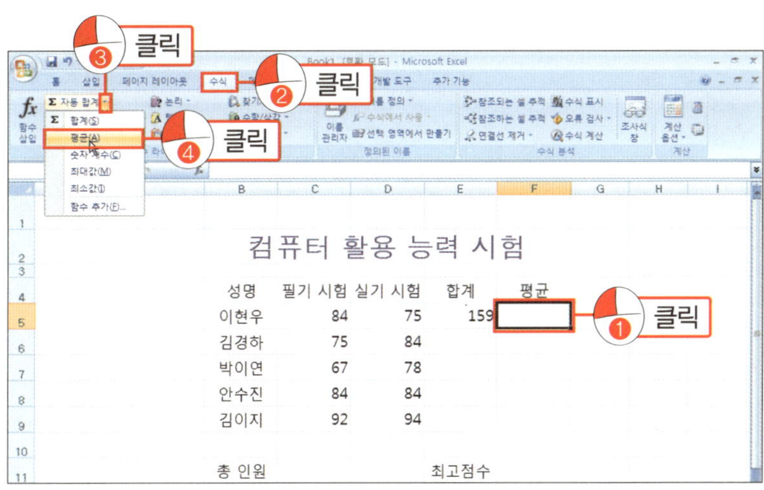

4 계산할 셀 영역인 [C5]~[D5] 셀을 블록 설정한 다음 **Enter** 를 누릅니다.

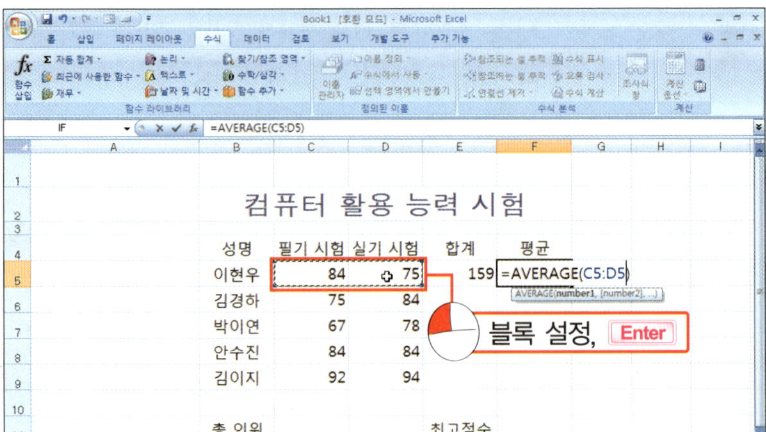

황금열쇠

마우스로 드래그해서 계산할 영역을 가로 또는 세로 방향으로 조절할 수 있습니다.

5 [E5] 셀을 선택한 다음 채우기 핸들로 [E9] 셀까지 드래그합니다.

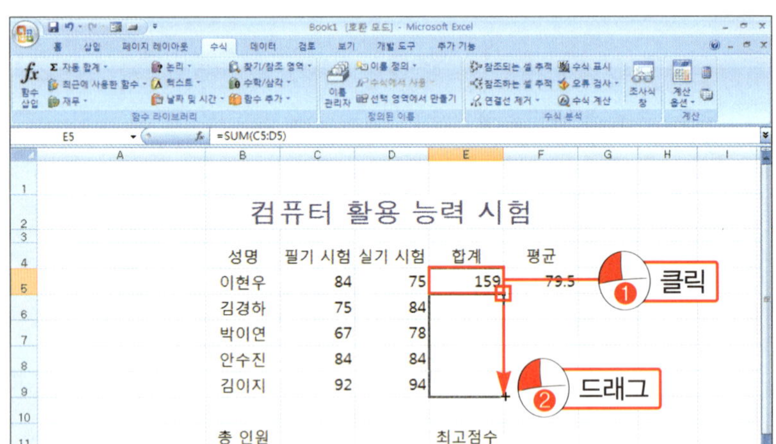

황금열쇠

채우기 핸들을 이용하면 합계 옆에 있는 값들로 자동 계산됩니다.

6 같은 방법으로 [F5] 셀을 선택하고 채우기 핸들로 [F9] 셀까지 드래그해서 값을 채웁니다.

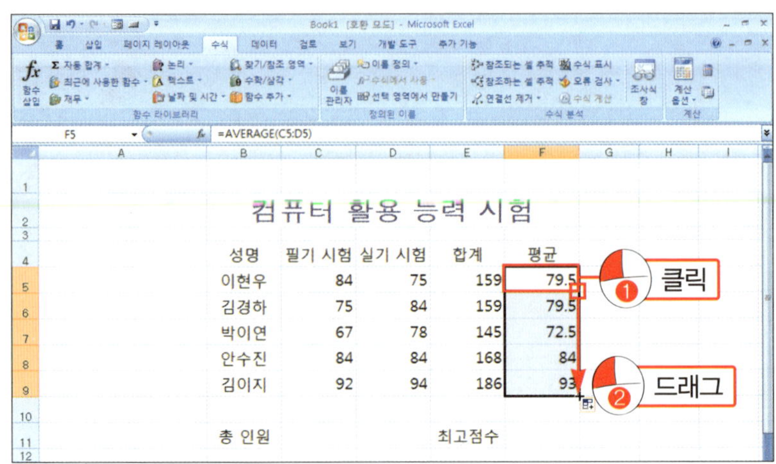

2 숫자 개수와 최댓값 계산하기

[숫자 개수]는 선택한 영역에 숫자가 있는 셀의 개수를 구하는 함수이고, [최대값]은 선택한 영역에서 가장 높은 수를 구하는 함수입니다. 여기서는 [자동 합계]를 이용하여 [숫자 개수]와 [최대값]을 구해 보겠습니다.

1 [C11] 셀을 클릭한 다음 [수식] 탭의 [함수 라이브러리] 그룹에서 [자동 합계] 내림 단추를 클릭한 다음 [숫자 개수]를 선택합니다.

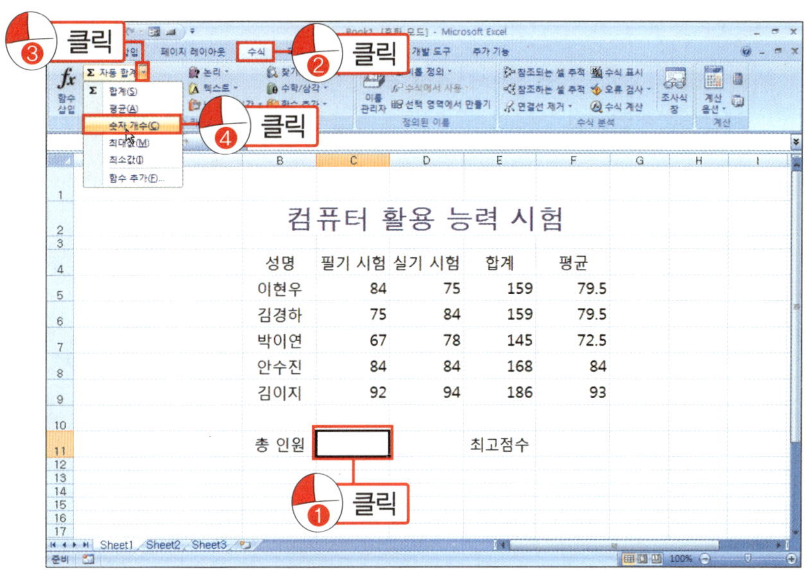

2 [C5]~[C9] 셀까지 마우스로 드래그해서 영역을 지정한 다음 Enter 를 누릅니다.

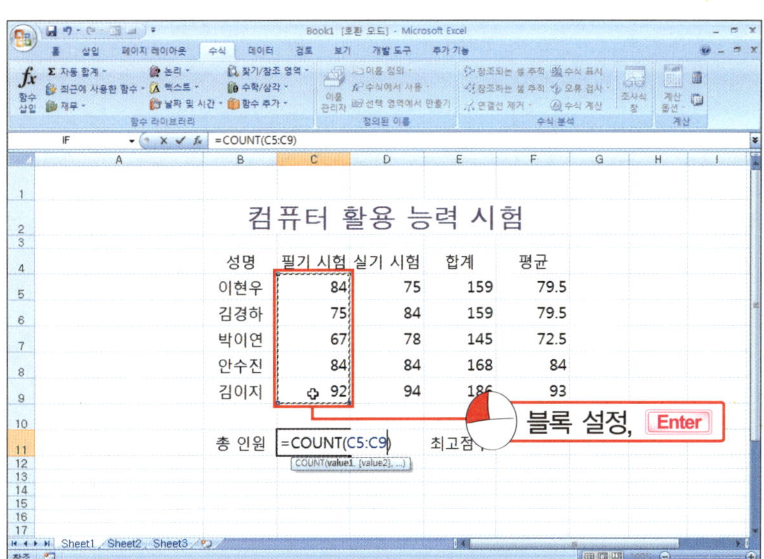

황금열쇠

[숫자 개수]는 숫자가 있는 셀만 계산하므로 빈 셀이나 문자가 포함된 셀이 블록 설정된 영역에 있어도 값은 변하지 않습니다.

3 [F11] 셀을 클릭한 다음 [수식] 탭의 [함수 라이브러리] 그룹에서 [자동 합계] 내림 단추를 클릭하고 [최대값]을 선택합니다.

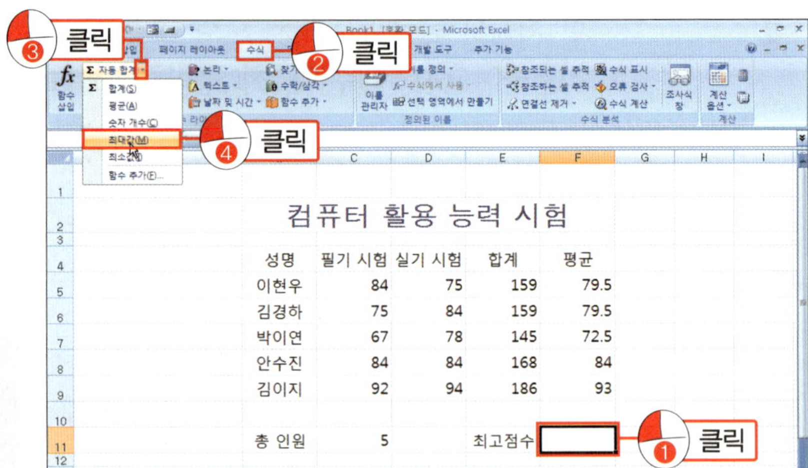

화금열쇠

[최소값]은 선택한 영역에서 가장 낮은 수를 구하는 함수입니다.

4 [F5]~[F9] 셀까지 마우스로 드래그해서 영역을 지정한 다음 Enter 를 누릅니다.

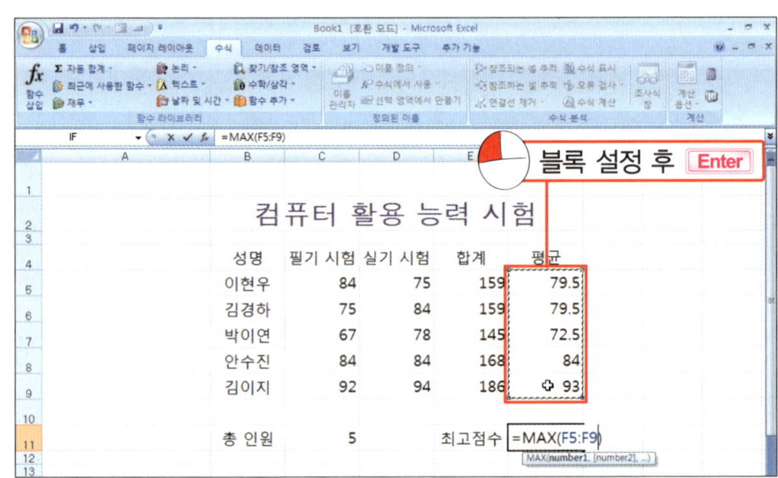

5 가장 높은 평균 점수가 표시 됩니다.

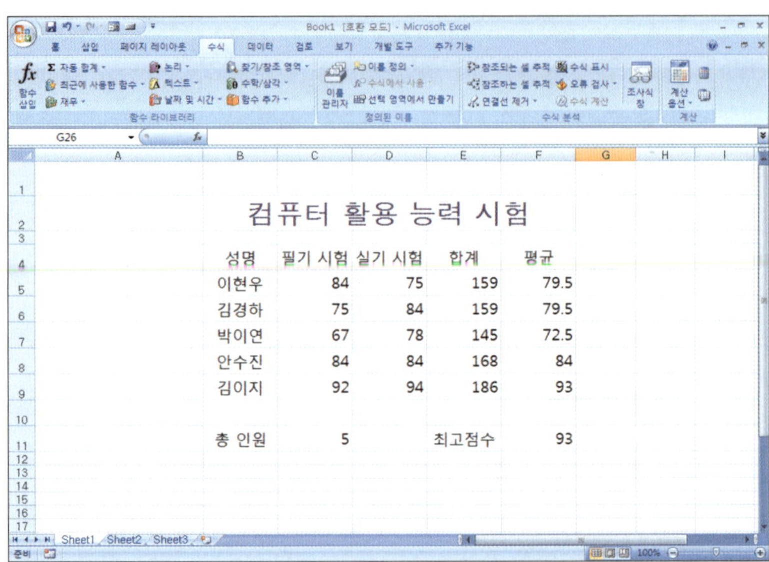

3 셀 스타일로 표 꾸미기

[셀 스타일]을 이용하면 보다 쉽게 셀 모양을 꾸밀 수 있습니다. 여기서는 셀 스타일을 이용하여 앞에서 작성한 표를 꾸며 보겠습니다.

1 [B5] 셀부터 [B9] 셀까지 블록 설정한 다음 [홈] 탭의 [스타일] 그룹에서 [셀 스타일]을 클릭합니다.

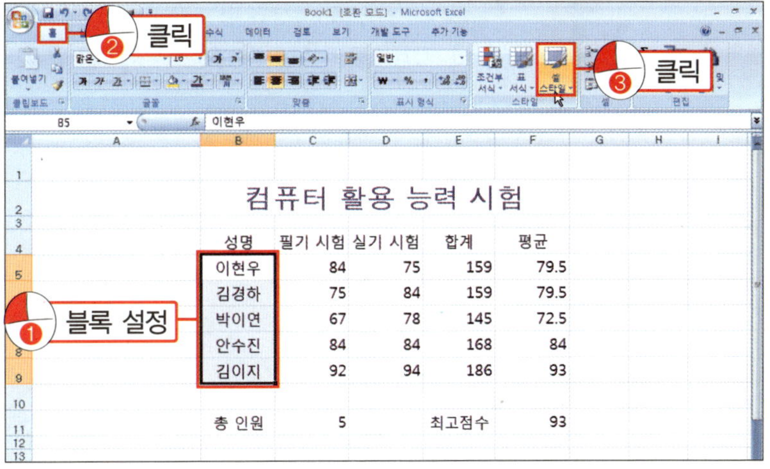

2 셀 스타일 목록이 나타나면 [데이터 및 모델]-[입력]을 선택합니다.

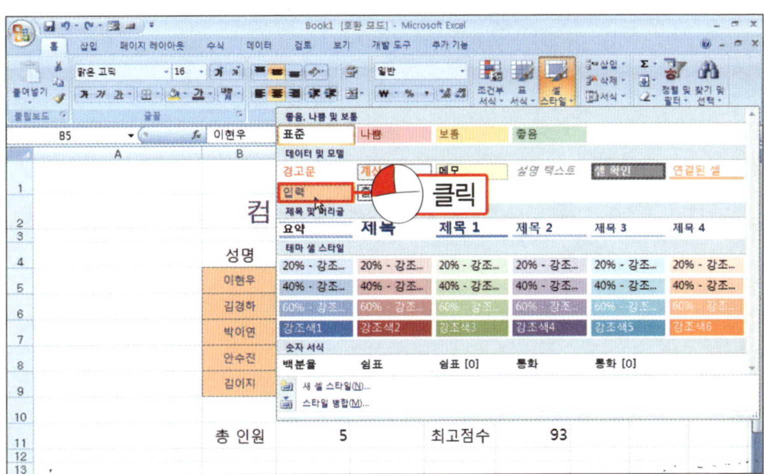

황금열쇠

셀 스타일 목록에 마우스 포인터를 위치하면 설정될 내용이 미리 보여집니다.

3 같은 방법으로 셀 영역을 지정한 다음 스타일을 설정해서 꾸밉니다.

- [B4]~[F4] 셀 : 셀 스타일(메모)
- [B11], [E11] 셀 : 셀 스타일(입력)
- [C5]~[F9], [C11], [F11] 셀 : 셀 스타일(출력)

월   일   점수

1 엑셀 2007을 실행한 후 다음과 같이 문서를 작성하고 [자동 합계]를 이용하여 '평균', '실행 횟수', '최고 점수', '최소 점수'를 구해 보세요.

조건

- 글꼴 속성 : 제목 – HY엽서M(26pt, 굵게) 본문 – 맑은 고딕([B4]~[G4] 셀 : 12pt, [B5]~[G5] 셀 : 18pt)
- [B2]~[G2] 셀까지 병합하고 가운데 맞춤
- [B4]~[G4] 셀 : 채우기 색(노랑)
- [B7]~[B9] 셀 : 셀 스타일(강조색 3)

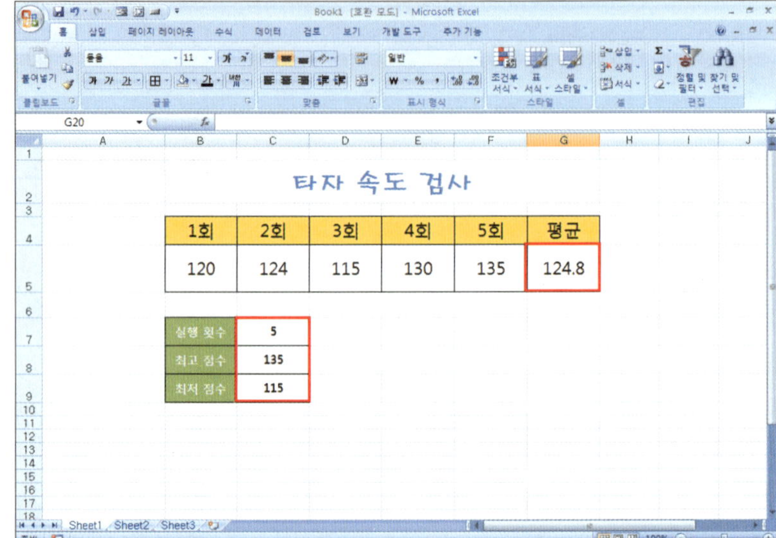

2 셀 스타일을 이용하여 제목과 표를 다음과 같이 꾸며 보세요.

조건

- 제목 셀 스타일 : 보통
- [B4]~[G4] 셀 : 강조색 2
- [B5]~[G5] 셀 : 20% – 강조색 2
- [B7]~[B9] 셀 : 강조색 5
- [C7]~[C9] 셀 : 20% – 강조색 5

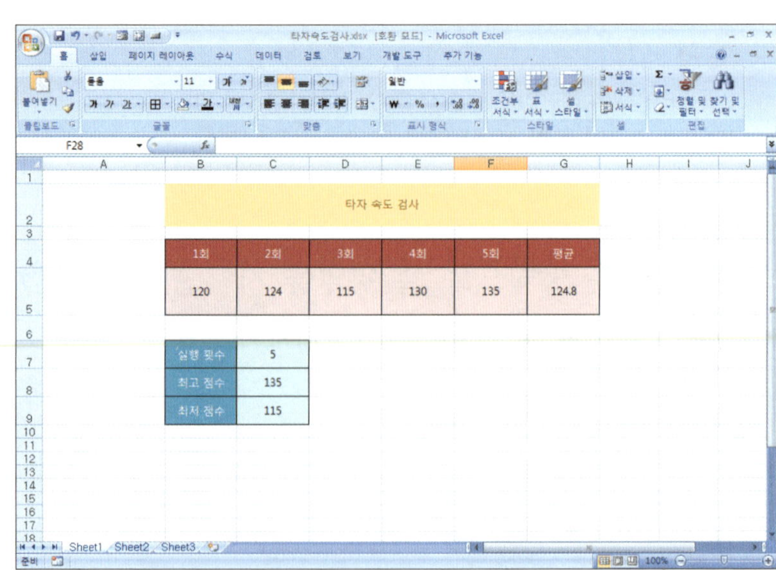

엑셀 2007에서 셀 주소를 표시하는 방법에는 상대 참조 주소와 절대 참조 주소가 있답니다. 채우기 핸들로 값을 채울 경우 상대 주소는 채우기 핸들로 이동되는 위치에 따라 참조되는 주소가 움직이지만 절대 참조는 참조되는 주소의 위치가 고정되지요. 여기서는 절대 참조와 순위를 구해주는 [RANK] 함수를 이용하여 인기투표 문서를 만들어 볼까요?

1 절대 참조로 득표 비율 계산하기
2 RANK 함수로 인기 순위 구하기

이름	득표수	득표 비율	인기순위
김태하	10	20%	3
구혜정	6	12%	5
장동수	13	26%	1
현진	9	18%	4
전지연	12	24%	2
합계	50		

1 절대 참조로 득표 비율 계산하기

셀 주소를 선택하고 F4 를 누르면 절대 참조로 주소가 바뀝니다. 여기서는 절대 참조를 이용하여 인기투표의 득표 비율을 계산해 보겠습니다.

1 엑셀 2007을 실행한 후 다음과 같이 작성합니다.

- 제목 : 글꼴 속성(HY엽서M, 26pt), 글꼴 색(주황, 강조 6, 25% 더 어둡게/황록색, 강조 3, 25% 더 어둡게/파랑, 강조 1, 40% 더 밝게), [B2]~[E2] 셀까지 병합하고 가운데 맞춤
- 본문 : 글꼴 속성(맑은 고딕, 16pt), 표제목, 이름 항목만 가운데 맞춤, 글꼴 색 – [B4]~[E4] 셀만 흰색, 배경 1
- [B4]~[E4] 셀 : 채우기 색(황록색, 강조 3, 25% 더 어둡게)
- [B5]~[B9], [D10], [E10] 셀 : 채우기 색(황록색, 강조 3, 60% 더 밝게)
- [B10] 셀 : 채우기 색(황록색, 강조 3, 40% 더 밝게)

황금열쇠

[C10] 셀은 [C5] 셀부터 [C9] 셀까지의 값을 자동 합계로 계산합니다.

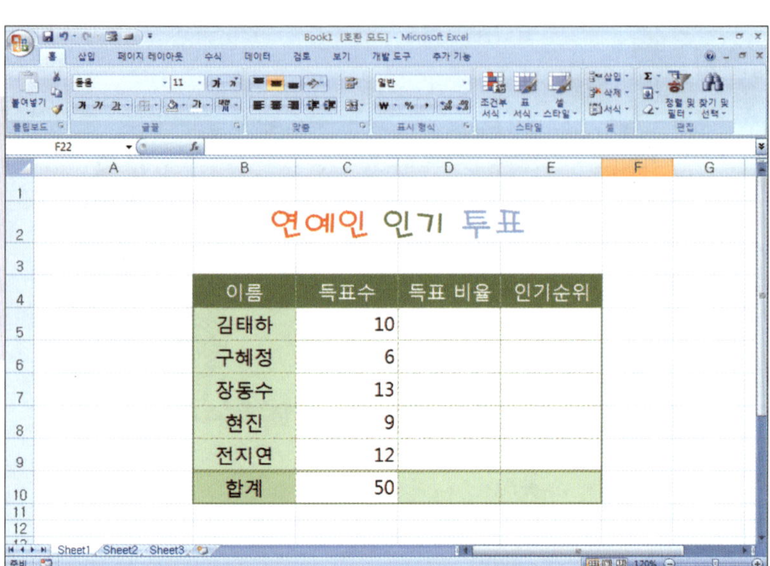

2 [D5] 셀을 클릭한 다음 '=C5/C10'을 입력하고 Enter 를 누릅니다.

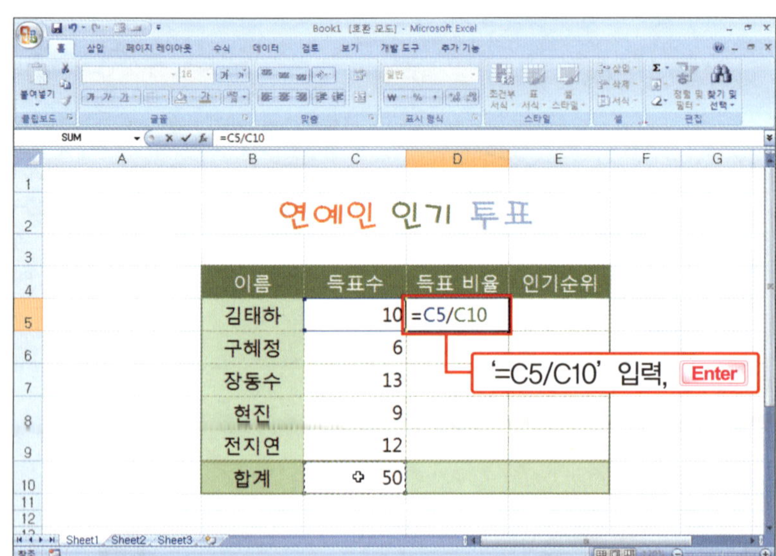

황금열쇠

득표 비율은 득표수를 합계로 나누어 구합니다.

3 채우기 핸들로 [D9] 셀까지 채웁니다.

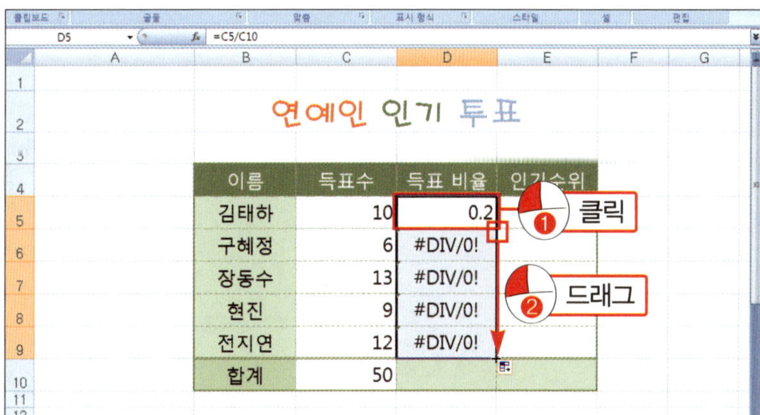

화금열쇠

자동 채우기로 채우면 [C10] 셀 위치가 값이 없는 [C11], [C12], [C13], [C14] 셀로 이동되므로 오류가 발생됩니다.

4 [D5] 셀을 클릭한 다음 주소 입력줄에서 'C10' 위에 커서를 위치시킵니다.

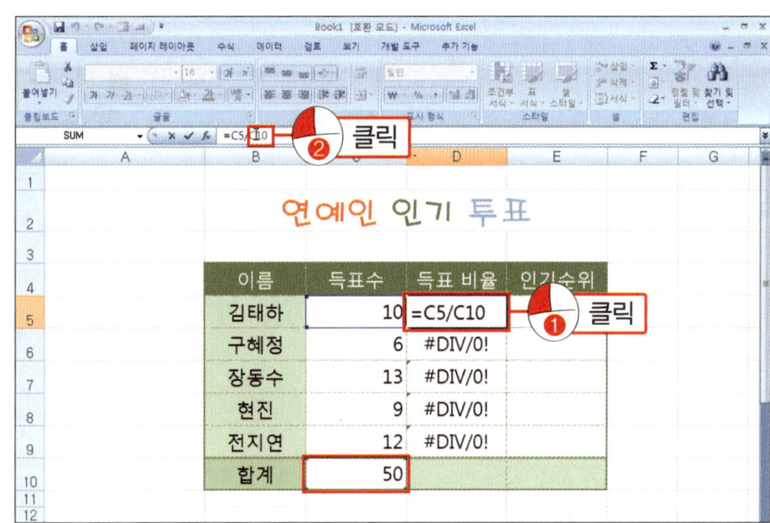

화금열쇠

열 번호와 행 번호로 표시하는 주소를 상대 참조 주소라고 합니다.

5 F4 를 눌러 셀 주소를 절대 참조 주소로 바꾼 후 Enter 를 누릅니다.

화금열쇠

열 번호 또는 행 번호에 '$'를 직접 입력하거나 F4 를 누르면 절대 참조 주소로 바뀌어 해당 열과 행이 고정됩니다.

6 다시 채우기 핸들로 [D9] 셀까지 값을 채웁니다.

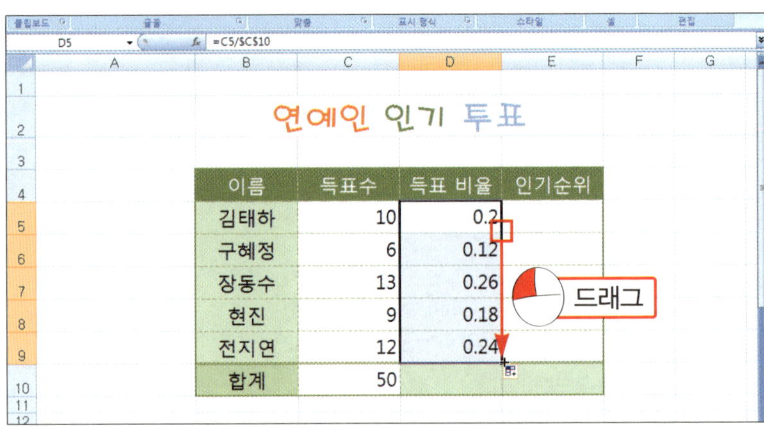

7 [D5]~[D9] 셀 영역을 블록 설정한 다음 [홈] 탭의 [표시 형식] 그룹에서 % [백분율 스타일]을 클릭합니다.

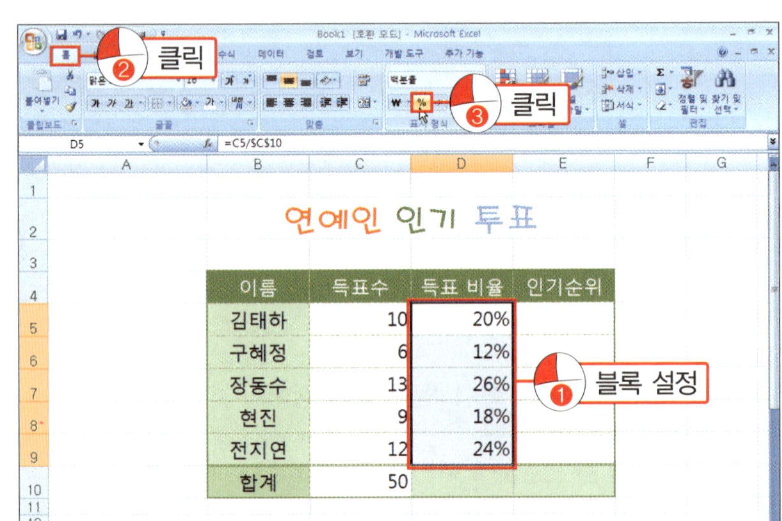

황금열쇠

[백분율 스타일]을 클릭하면 값에 100을 곱하여 백분율로 표시합니다.

보물상자

절대 참조

절대 참조를 하면 채우기 핸들을 사용해도 참조된 셀의 주소가 변하지 않습니다. 인접한 셀에 수식을 입력할 때 절대 참조를 하려면 F4 를 눌러 고정시킬 셀 앞에 '$'를 표시합니다.

- A1 : 상대 주소를 참조하여 핸들로 채울 경우 참조되는 행과 열의 위치가 이동합니다.
- $A$1 : 열과 행을 모두 고정시킵니다.
- A$1 : 행만 고정시킵니다.
- $A1 : 열만 고정시킵니다.

2 RANK 함수로 인기 순위 구하기

[RANK]는 수 목록에서 특정 수의 순위를 매겨주는 함수입니다. 높은 순 또는 낮은 순 중에서 선택하여 순위 결정 방법을 정렬합니다. 여기서는 [RANK] 함수를 사용하여 득표 비율이 높은 순대로 순위를 매겨 보겠습니다.

1 [E5] 셀을 클릭한 다음 [수식] 탭의 [함수 라이브러리] 그룹에서 [함수 추가]를 클릭한 다음 [통계]-[RANK]를 선택합니다.

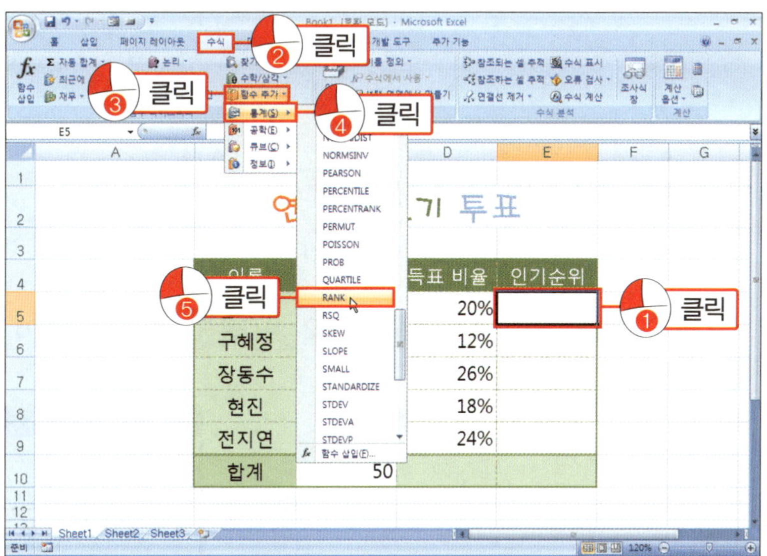

2 [함수 인수] 대화 상자에서 [Number] 항목을 선택한 다음 [D5] 셀을 선택합니다.

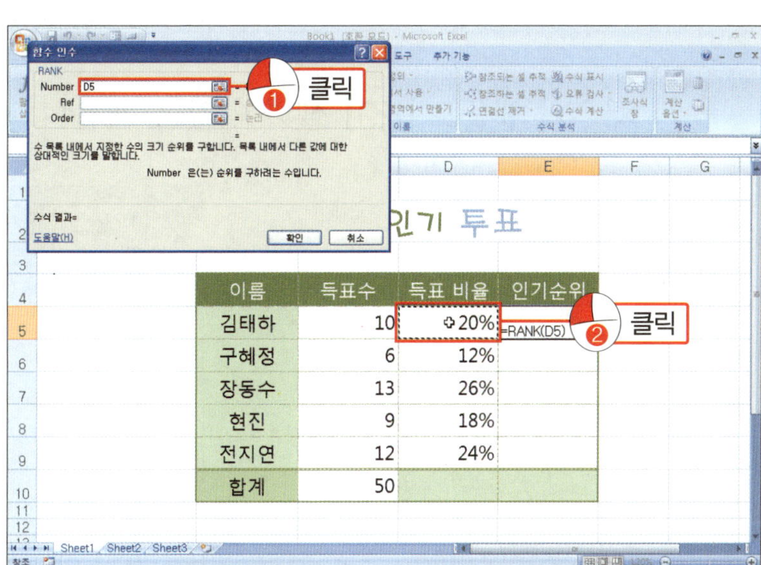

황금열쇠

[Number]에는 순위를 매길 대상을 선택합니다.

3 [Ref] 항목을 선택한 다음 [D5] 셀부터 [D9] 셀까지 마우스로 드래그한 다음 'D5'와 'D9'를 각각 클릭한 후 F4 를 눌러 절대 주소로 변경합니다.

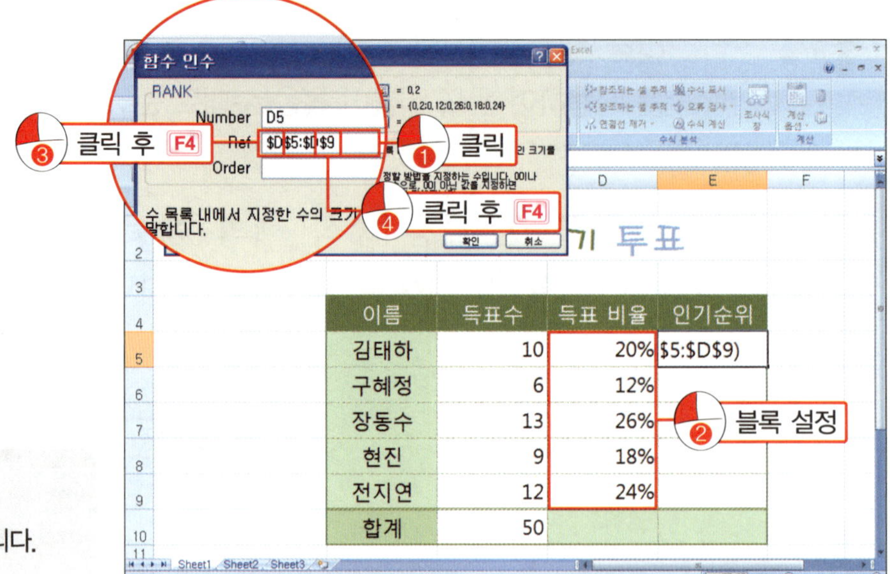

황금열쇠

[Ref]에는 순위를 매길 목록을 선택합니다.

4 [Order] 항목에 '0'을 입력한 다음 [확인]을 클릭합니다.

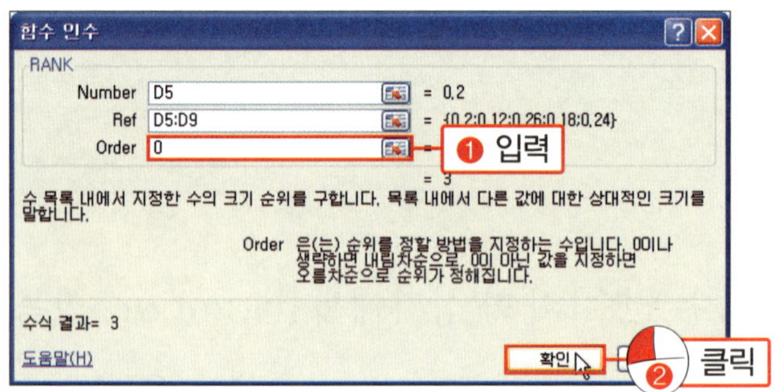

황금열쇠

[Order]에 '0'을 입력하면 높은 순으로 순위를 매기고, '1'을 입력하면 낮은 순으로 순위를 매깁니다.

5 채우기 핸들로 [E9] 셀까지 값을 채웁니다.

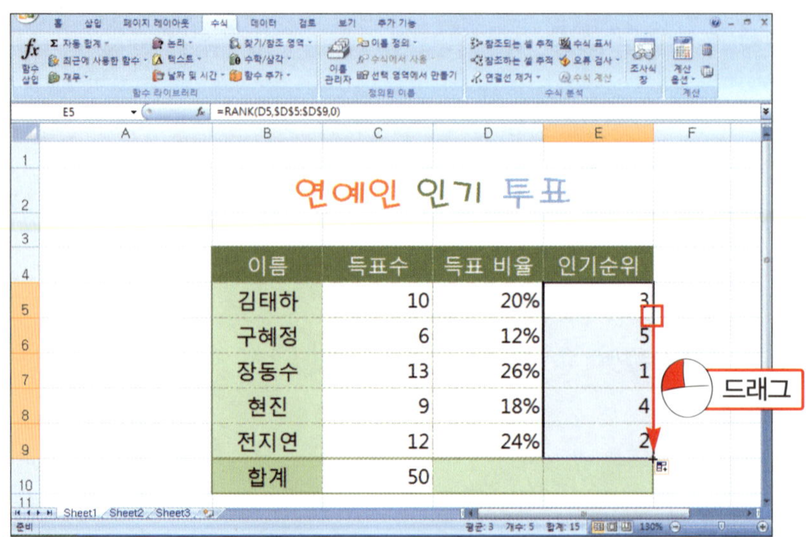

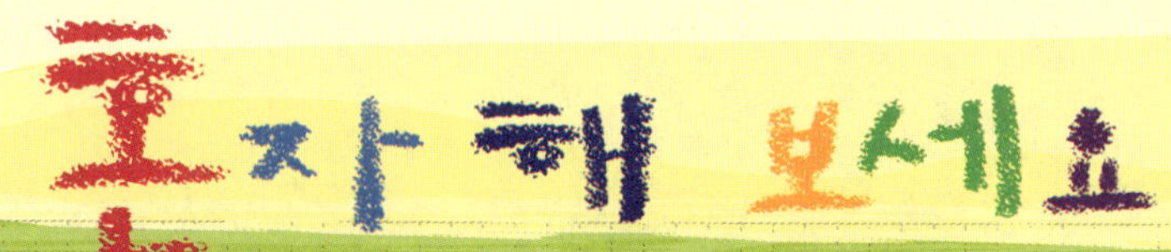 

1 엑셀 2007을 실행한 후 다음과 같이 문서를 작성한 다음 조건에 맞게 '합계', '비율', '순위'를 계산해서 채워 보세요.

 **조건**

- 글꼴 : 휴먼매직체(제목 – 36pt, 본문 – 22pt), 제목 글꼴 색(바다색, 강조 5)
- [B4]~[E4] 셀 : 채우기 색(황록색, 강조 3, 25% 더 어둡게), 글꼴 색(흰색, 배경 1)
- [B5]~[B9] 셀 : 채우기 색(바다색, 강조 5, 80% 더 밝게), 글꼴 색(황록색, 강조 3, 25% 더 어둡게)
- [B10]~[C10] 셀 : 채우기 색(파랑, 강조 1, 80% 더 밝게), 글꼴 색(황록색, 강조 3, 25% 더 어둡게)
- [C5]~[C10] 셀 : 글꼴 색(주황, 강조 6, 25% 더 어둡게)
- 합계는 자동 합계로 계산할 것
- 비율과 순위는 채우기 핸들로 채울 것

용돈 지출 내역 분석

품목	지출 횟수	비율	순위
학용품	3	20%	3
간식	5	33%	1
도서 구매	1	7%	5
장난감 구매	2	13%	4
차비	4	27%	2
합계	15		

2 엑셀 2007을 실행한 후 다음과 같이 문서를 작성하고 조건에 맞게 순위를 채워 보세요.

 **조건**

- 글꼴 : 제목 – 궁서체(28pt) 본문 – 맑은 고딕(14pt)
- '순위'는 '시간(초)'가 작은 순으로 순위를 매길 것
- 제목 글꼴 색 : 주황, 강조 6, 25% 더 어둡게
- 채우기 색 : [B4]~[F4] 셀(노랑), [B5]~[B6] 셀(진한 파랑, 텍스트 2, 80% 더 밝게)

100미터 달리기

이름	박학기	김건수	최태진	이하연
시간(초)	23	20	19	22
순위	4	2	1	3

이름	참가번호	학년	반	번호	합격결과
박영수	50216	5	02	16	합격
최진영	60532	6	05	32	불합격
이경호	50307	5	03	07	합격
한아름	40624	4	06	24	합격
홍이정	60133	6	01	33	불합격

1 원하는 텍스트만 가져오기

[LEFT], [MID], [RIGHT]는 지정한 셀에 텍스트의 일부를 가져와서 표시하는 함수입니다. 이 함수들과 참가번호 정보를 이용하여 학년, 반, 번호 정보를 표시해 보겠습니다.

1 엑셀 2007을 실행한 후 다음과 같이 문서를 작성합니다.

- 제목 : HY엽서M(24pt), 글꼴 색(바다색, 강조 5, 50% 더 어둡게), 채우기 색(진한 파랑, 텍스트 2, 80% 더 밝게)
- 본문 : 맑은 고딕(14pt)
- 채우기 색 : [4] 행(노랑), [B5]~[B9] 셀(바다색, 강조 5, 80% 더 밝게), [B11] 셀(주황, 강조 6, 25% 더 어둡게)
- 표 스타일 : 선 색(주황, 강조 6, 25% 더 어둡게), [B4]~[G9] 셀 (▭ – 바깥쪽 테두리, ▦ – 안쪽 테두리), [C11]~[D11] 셀 (▭ – 바깥쪽 테두리)

시험 정보 표시하기

이름	참가번호	학년	반	번호	합격결과
박영수	50216				합격
최진영	60532				불합격
이경호	50307				합격
한아름	40624				합격
홍이정	60133				불합격

합격 정보

2 [D5] 셀을 클릭한 다음 [수식] 탭의 [함수 라이브러리] 그룹에서 [텍스트]를 클릭하고 [LEFT]를 선택합니다.

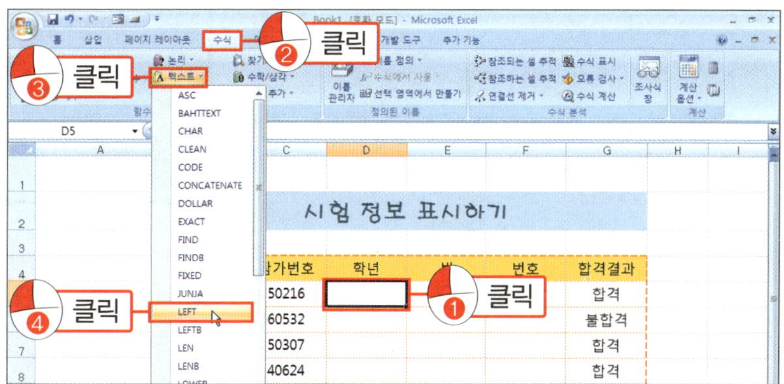

황금열쇠

[LEFT]는 맨 왼쪽의 텍스트부터 지정한 개수만큼 텍스트를 가져오는 함수입니다.

3 [함수 인수] 대화 상자가 나타나면 [Text] 항목에 'C5'를 입력하고, [Num_chars] 항목에 '1'을 입력한 다음 [확인]을 클릭합니다.

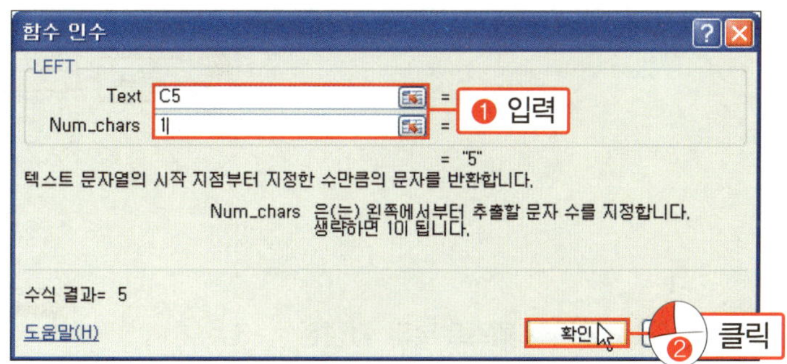

황금열쇠

[Text]에는 텍스트를 가져올 셀 주소를 입력하고 [Num_chars]에는 가져올 텍스트 개수를 입력합니다.

4 [E5] 셀을 클릭한 다음 [수식] 탭의 [함수 라이브러리] 그룹에서 [텍스트]를 클릭하고 [MID]를 선택합니다.

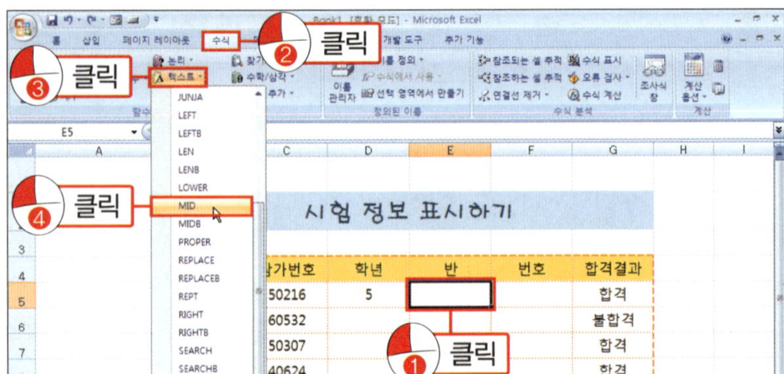

황금열쇠

[MID]는 텍스트의 지정한 위치에서부터 지정한 텍스트 개수만큼 가져오는 함수입니다.

5 [함수 인수] 대화 상자가 나타나면 [Text] 항목에 'C5'를 입력하고 [Start_num] 항목과 [Num_chars] 항목에 각각 '2'를 입력한 다음 [확인]을 클릭합니다.

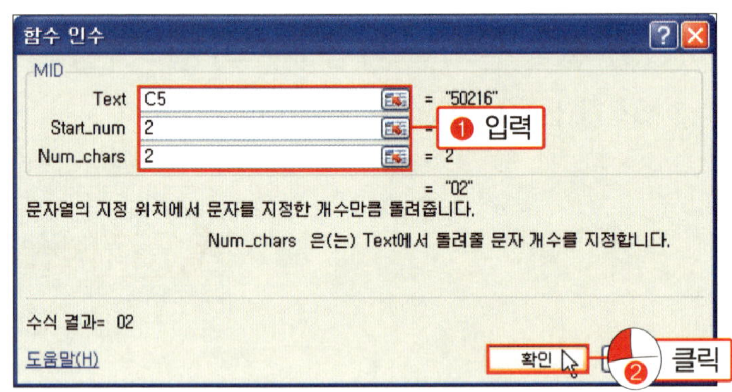

황금열쇠

[Start_num]에는 텍스트를 가져올 위치를 입력하고 [Num_chars]에는 가져올 텍스트 개수를 입력합니다.

6 [F5] 셀을 클릭하고 [수식] 탭의 [함수 라이브러리] 그룹에서 [텍스트]를 클릭하고 [RIGHT]를 선택합니다.

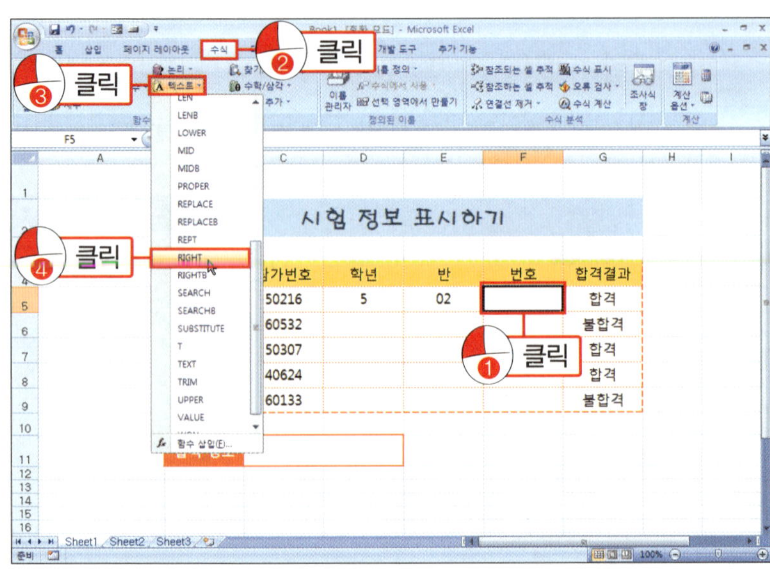

황금열쇠

[RIGHT]는 맨 오른쪽의 텍스트부터 지정한 텍스트 개수만큼 가져오는 함수입니다.

7 [함수 인수] 대화 상자가 나타나면 [Text] 항목에 'C5'를 입력하고 [Num_chars] 항목에 '2'를 입력한 다음 [확인]을 클릭합니다.

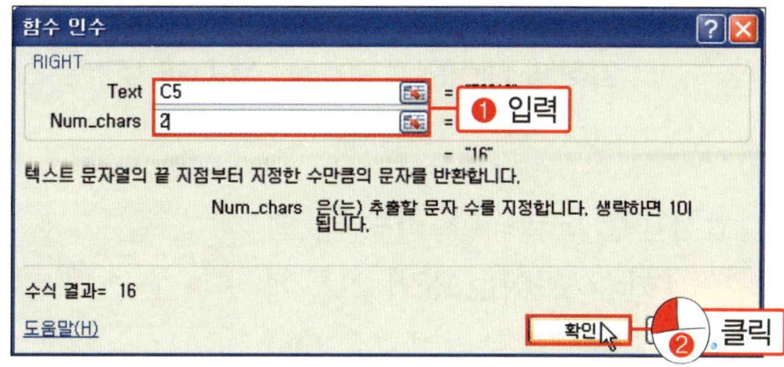

8 채우기 핸들로 드래그하여 결과값을 표시합니다.

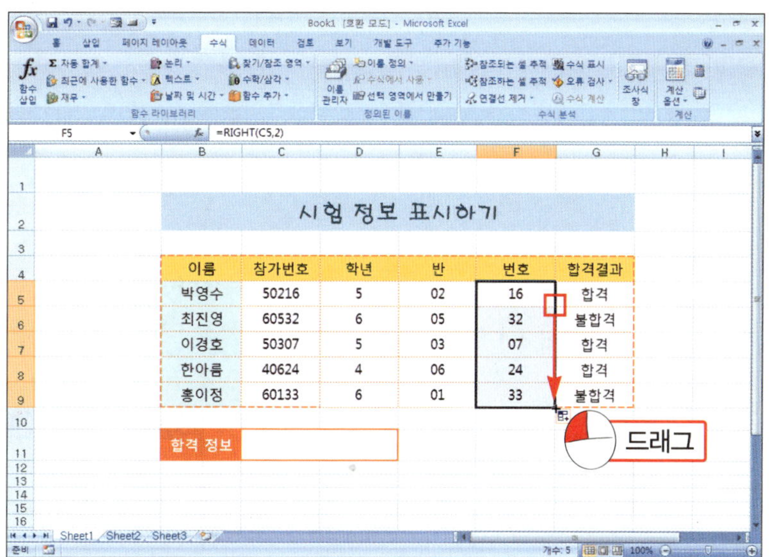

보물상자

텍스트 위치 확인하기

[LEFT]는 텍스트 왼쪽부터, [RIGHT]는 텍스트 오른쪽에서부터 [Num_chars]에 입력한 개수만큼 텍스트를 가져옵니다. [MID]는 [Start_num]에 입력한 텍스트 번호에 있는 텍스트부터 [Num_chars]에 입력한 개수만큼 텍스트를 가져옵니다. 위에서 사용된 함수를 정리하면 다음과 같습니다.

텍스트	5	0	2	1	6
텍스트 번호	1	2	3	4	5
LEFT					
MID					
RIGHT					

2 셀 내용 합쳐서 표시하기

[CONCATENATE]는 선택한 셀에 입력된 데이터들을 결합해서 표시하는 함수입니다. 여기서는 [CONCATENATE] 함수를 이용하여 이름과 합격결과 셀에 입력된 데이터를 합쳐서 표시해 보겠습니다.

1 [C11] 셀을 클릭하고 [수식] 탭의 [함수 라이브러리] 그룹에서 [텍스트]를 클릭하고 [CONCATENATE]를 선택합니다.

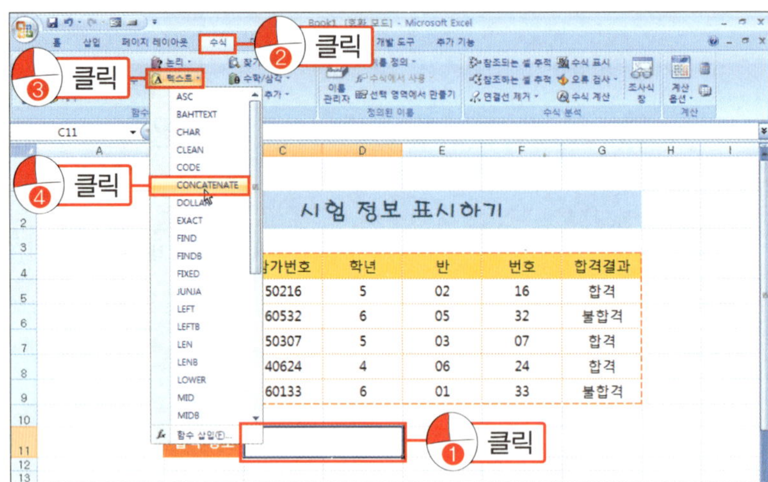

2 [Text1] 항목에 커서를 놓고 [B6] 셀을 클릭해서 셀 주소를 입력한 다음 [Text2] 항목에 커서를 놓고 [G6] 셀을 클릭해서 셀 주소를 입력한 후 [확인]을 클릭합니다.

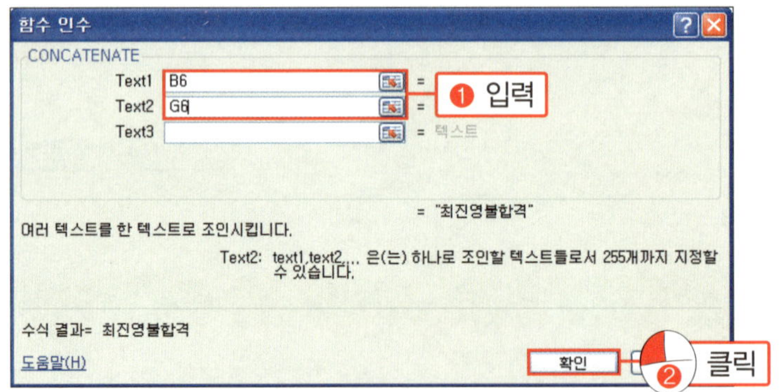

황금열쇠

여러 개의 셀을 추가해서 등록할 수 있습니다.

3 [C11] 셀에 선택한 두 개의 셀의 값이 연결되어 표시됩니다.

확인

월   일   점수

1 엑셀 2007을 실행한 후 다음과 같이 문서를 작성하고 조건에 맞게 생년월일을 채워보세요.

조 건

- '이름', '주민등록번호', '생년월일' 영역은 셀 병합
- 글꼴 : 맑은 고딕(제목 – 24pt, 본문 – 16pt), 제목 글꼴 색(자주, 강조 4)
- 채우기 색 : [B4]~[F5] 셀(노랑), [B6]~[B10] 셀(연한 녹색)
- '년'은 [LEFT] 함수, '월'은 [MID] 함수, '일'은 [RIGHT] 함수를 사용할 것

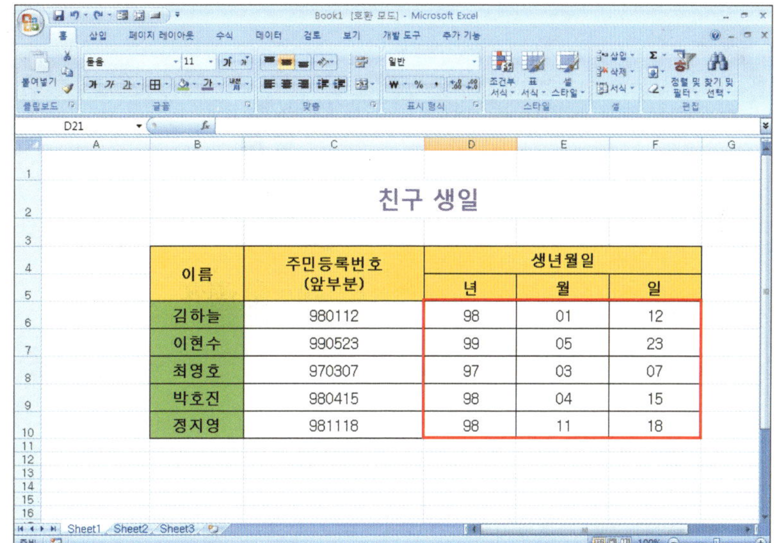

2 엑셀 2007을 실행한 후 다음과 같이 작성하고 [CONCATENATE] 함수를 사용해서 [C10] 셀을 채우세요.

조 건

- 제목 : 휴먼매직체(24pt), 글꼴 색(자주, 강조 4), 병합하고 가운데 맞춤
- 표 : 맑은 고딕(14pt, [B4] 셀과 [B6] 셀만 굵게), 글꼴 색([C4], [D4], [G4], [I4] – 흰색, 배경1) 선 스타일(──, 모든 테두리), 가운데 맞춤
- 채우기 색 : [C4] – 빨강, [D4] – 주황, 강조 6, [E4] – 노랑, [F4] – 녹색, [G4] – 연한 파랑, [H4] – 진한 파랑, 텍스트 2, [I4] – 자주, 강조 4, 40% 더 밝게
- [B10]~[F10] 셀 : 맑은 고딕(16pt), [C10]~[D10], [E10]~[F10] 셀 병합

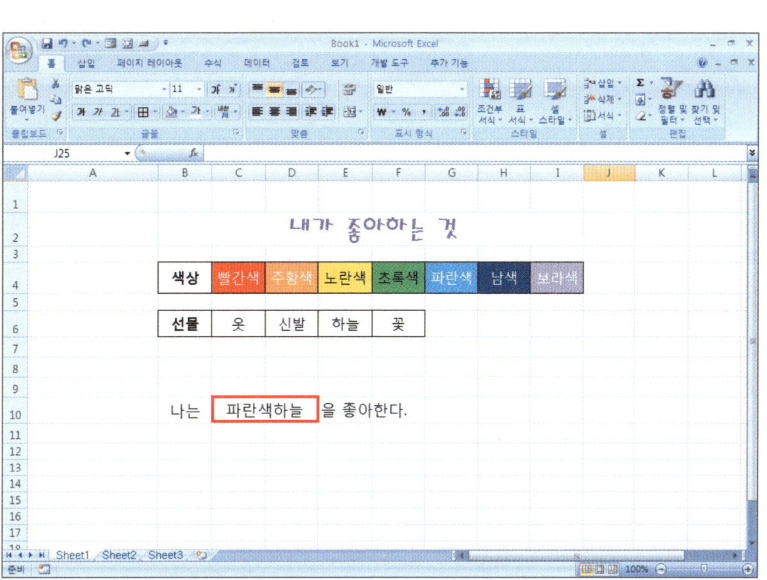

오늘의 날짜가 표시되는 문서 만들기

엑셀 2007에서는 여러 개의 함수를 함께 사용하여 값을 구할 수 있답니다. 이러한 함수를 중첩함수라고 하는데 중첩함수는 수식을 여러 번 입력해야 하는 수고를 덜어 줍니다. 이제부터 중첩함수를 사용하여 오늘의 날짜 정보를 표시하는 방법과 반올림하여 평균값에 표시하는 방법에 대해서 배워 볼까요?

1. 오늘의 월과 일자 표시하기
2. 평균을 반올림해서 표시하기

1  오늘의 월과 일자 표시하기

오늘의 날짜 정보를 표시하는 [TODAY] 함수로 구한 값에서 [MONTH] 함수로 월 정보를, [DAY] 함수로 일 정보를 가져와서 각 셀에 월과 일자를 표시해 보겠습니다.

1 엑셀 2007을 실행한 후 다음과 같이 문서를 작성하고 [B2] 셀을 클릭한 다음 [수식] 탭의 [함수 라이브러리] 그룹에서 [날짜 및 시간]-[TODAY]를 선택합니다.

- 제목 : 글꼴 속성(HY엽서M, 24pt), 글꼴 색(바다색, 강조 5/주황, 강조 6, 25% 더 어둡게/빨강/황록색, 강조 3, 25% 더 어둡게), [F2]~[H2] 셀 병합
- 본문 : 글꼴 속성(과목 – 돋움, 20pt 점수 – 맑은 고딕, 20pt), 가운데 맞춤
- [B4]~[H4] 셀 : 글꼴 색(흰색, 배경 1), 채우기 색(진한 파랑, 텍스트 2, 40% 더 밝게)
- 표 : 선 색(진한 파랑, 텍스트 2, 40% 더 밝게), 선 스타일 (▭ – 바깥쪽 테두리, ▭ – 안쪽 테두리)

[TODAY]는 오늘의 날짜 정보를 표시하는 함수입니다.

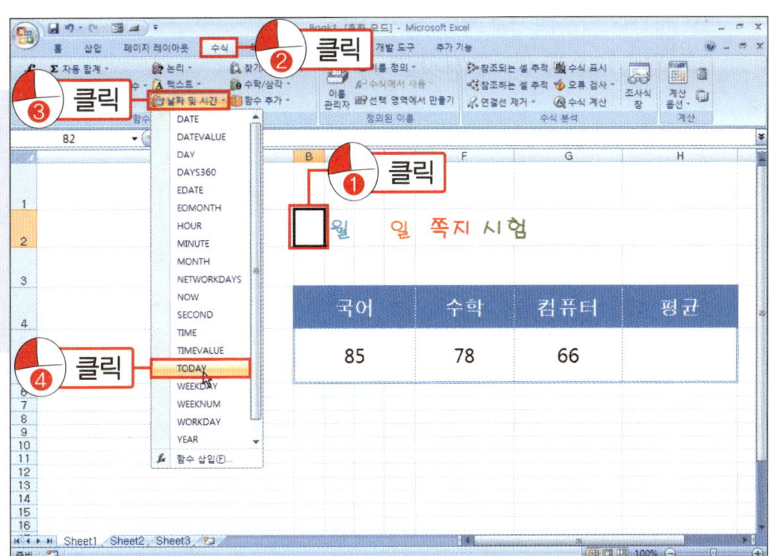

2 '인수가 필요없다'는 메시지 창이 나타나면 [확인]을 클릭합니다.

3 [B2] 셀의 너비를 넓히면 오늘의 '연-월-일'이 표시됩니다.

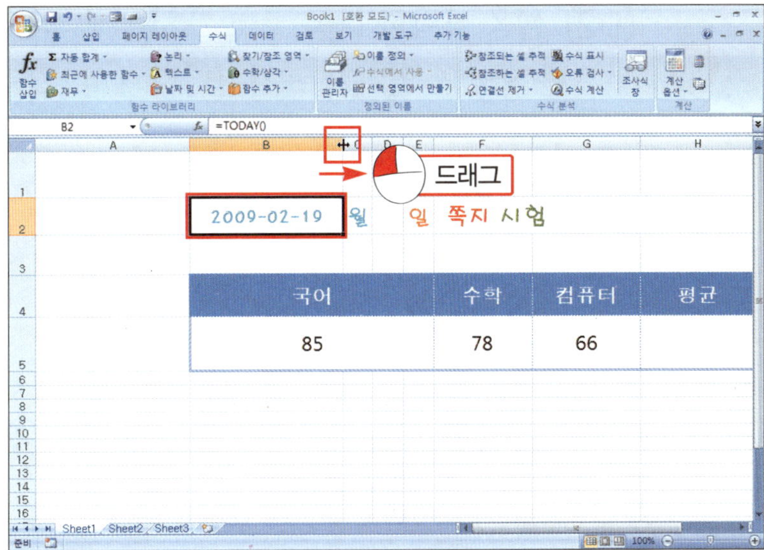

4 주소 표시줄에서 '=MONTH(TODAY( ))' 라고 계산식을 고친 다음 **Enter** 를 누릅니다.

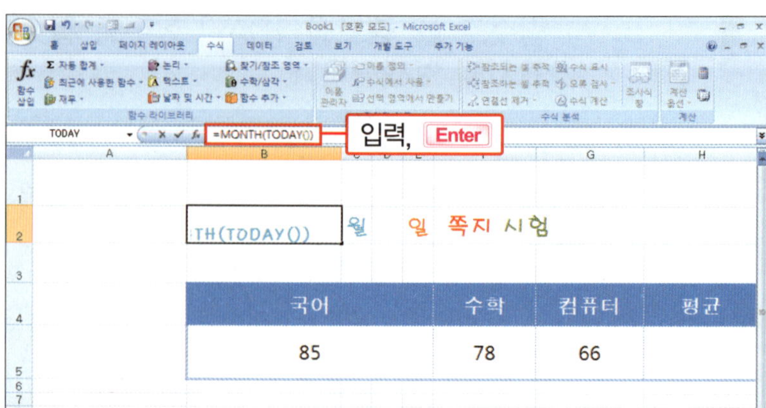

황금열쇠

[MONTH] 함수는 'MONTH(날짜 정보)' 형식 으로 입력하여 월 정보를 표시합니다.

5 [홈] 탭의 [표시 형식] 그룹에서 [표시 형식]의 내림 단추를 클릭한 다음 [일반]을 선택하면 이번 달이 표시됩니다.

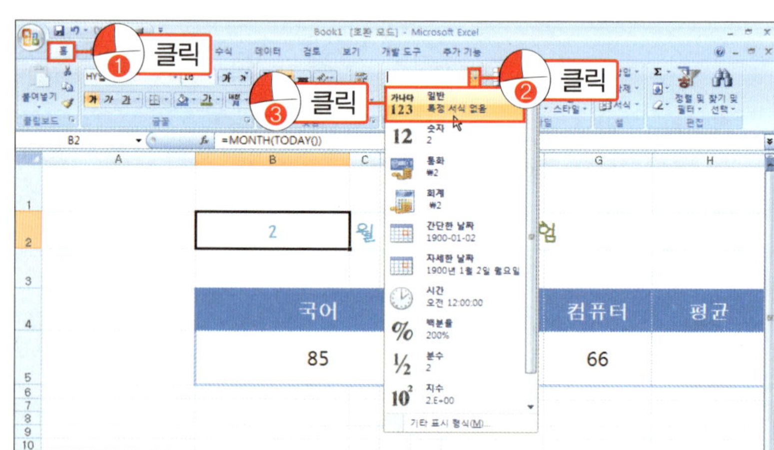

황금열쇠

날짜를 표시하여 표시 형식이 날짜로 변경되 었기 때문에 다시 [일반]으로 변경해 줍니다.

6 [D2] 셀을 클릭한 다음 주소 표시줄에 '=DAY(TODAY( ))'를 입력하고 **Enter** 를 누르면 오늘의 일자가 표시됩니다.

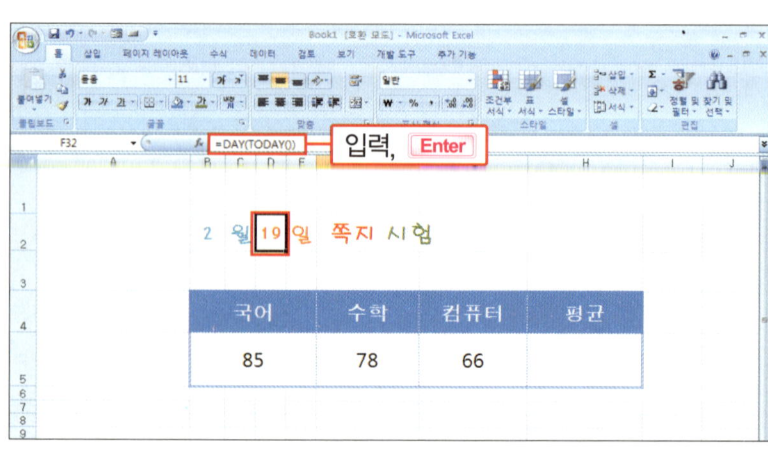

황금열쇠

[DAY] 함수는 'DAY(날짜 정보)' 형식으로 입력하여 일 정보를 표시합니다.

2 평균을 반올림해서 표시하기

평균값을 계산할 때 [AVERAGE] 함수를 이용하면 복잡한 수가 나올 수 있습니다. 이때 [ROUND] 함수로 특정 자릿수를 반올림하여 근사값을 구하면 수치를 간단하게 만들 수 있습니다. 엑셀에서 반올림하는 방법을 알아보겠습니다.

1 [H5] 셀을 클릭한 다음 [수식] 탭의 [함수 라이브러리] 그룹에서 [함수 추가]를 클릭하고, [통계]-[AVERAGE]를 선택합니다.

황금열쇠

[AVERAGE] 함수는 [자동 합계]-[평균]과 기능이 같습니다.

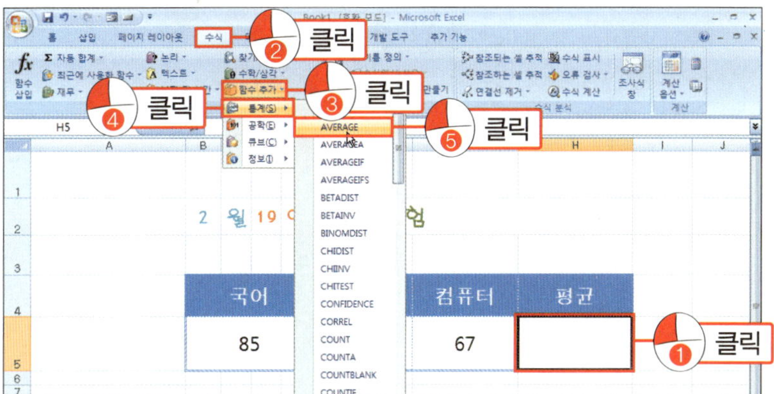

2 [Number1] 항목에 [B5] 셀부터 [G5] 셀까지 마우스로 드래그해서 선택한 다음 [확인]을 클릭합니다.

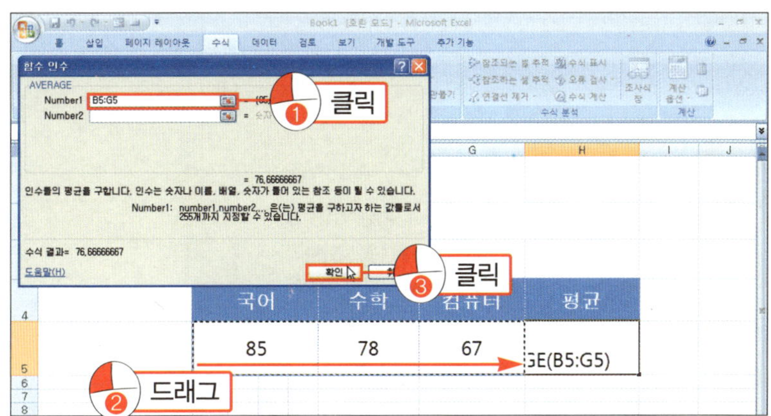

3 소수점이 있는 평균이 표시됩니다.

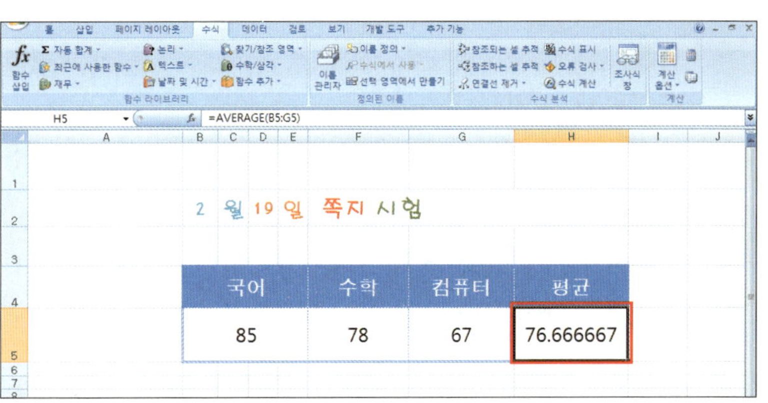

황금열쇠

자동 합계로 평균을 구하면 소수점 한 자리만 표시되지만 [AVERAGE] 함수를 이용하면 여러 소수점 자리까지 표시됩니다.

4 [H5] 셀을 선택하고 주소 표시줄에서 계산식을 '=ROUND(AVERAGE(B5:G5),0)' 라고 고친 후 **Enter** 를 누릅니다.

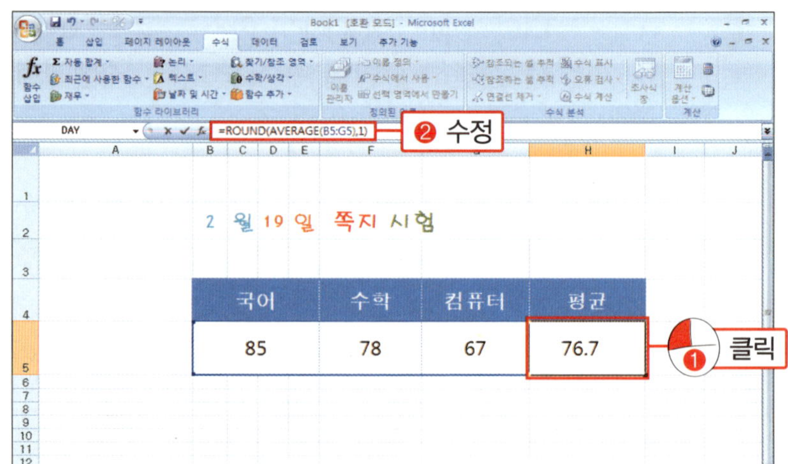

🔍 **황금열쇠**

[ROUND]는 'ROUND(숫자,반올림 자릿수)' 형식으로 입력하여 입력한 자릿수에서 반올림 해주는 함수입니다.

5 평균값이 반올림되어 표시됩니다.

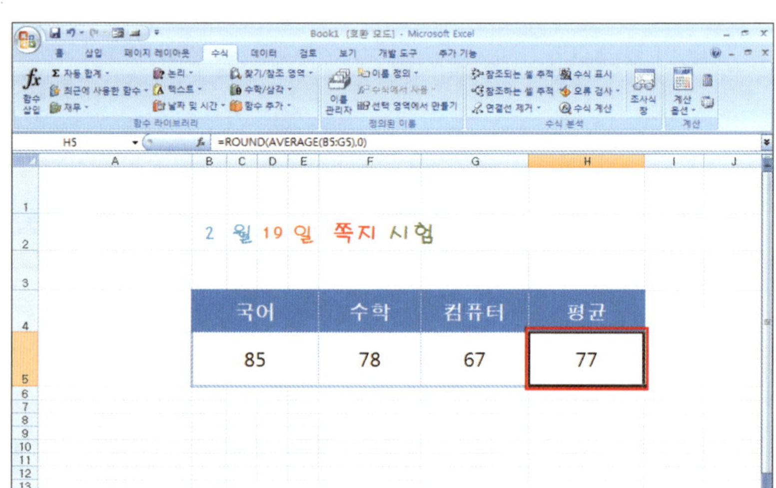

🔍 **황금열쇠**

반올림이란 반올림 자릿수가 5 이상이면 소수 점 자리를 지우고 윗 자리수에 1을 더해주는 것을 말합니다.

보물상자

근사값을 구하는 함수

다음은 'ROUND( )' 함수처럼 근사값을 구하는데 사용하는 함수들입니다.

- INT(숫자) : 숫자에서 소수점 자리를 지우고 가장 가까운 정수로 바꿉니다.
- ROUNDDOWN(숫자, 자릿수) : 지정한 자릿수에서 내림을 합니다.
- ROUNDUP(숫자, 자릿수) : 지정한 자릿수에서 올림을 합니다.

혼자해 보세요

월   일   점수

1 엑셀 2007을 실행한 후 다음과 같이 문서를 작성하고 조건에 맞게 [C3] 셀을 채우세요.

 **조 건**

- 글꼴 서식 : HY엽서M, 20pt, 글꼴 색(황록색, 강조 3), [C3] 셀 글꼴 색 (주황, 강조6)
- [C2] 셀은 [날짜], [C3] 셀은 [일반] 표시 형식으로 설정할 것
- [C2] 셀에 이번 달에 생일인 친구나 가족 생일을 작성할 것
- [C3] 셀에 [DAY]와 [TODAY] 함수를 이용하여 오늘 날짜를 구한 다음 [C2] 셀에 입력한 날짜까지 남은 일 수를 표시할 것

2 엑셀 2007을 실행한 후 다음과 같이 문서를 작성하고 조건에 맞게 [C4]~[E7] 셀까지 채워 보세요.

 **조 건**

- 글꼴 : 제목 – 맑은 고딕(16pt, 굵게), 본문 – 돋움(22pt)
- 채우기 색 : 제목(파랑, 강조 1), [B4]~[E4] 셀(파랑, 강조 1, 80% 더 밝게), [B5]~[B7] 셀(노랑)
- [C4]~[E4] 셀의 숫자를 0자리에서 반올림, 올림, 내림하여 각 셀을 채울 것

숫자	2.4756	7.514	5.7
반올림	2	8	6
올림	3	8	6
내림	2	7	5

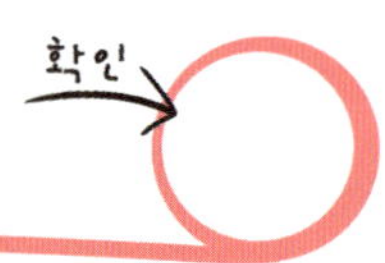

복습해 보세요

월   일   점수

1 엑셀 2007을 실행한 후 조건에 맞게 다음과 같이 작성해 보세요.

 **조건**

- 글꼴 : HY엽서M(제목 – 24pt, 표 내용 – 14pt), [B11]~[E11] 셀 – 돋움(12pt)
- 셀 스타일 : [B4]~[H4] 셀(강조색 4), [B5]~[B9] 셀(20% – 강조색 3), [C5]~[H9] 셀(출력)
- '학년'은 '참가번호'의 맨 왼쪽에 있는 숫자를 가져와 표시할 것
- '평균'은 [자동 합계]의 [평균]으로 계산하고 반올림 함수를 이용하여 소수점 자리를 반올림해서 표시할 것
- '순위'는 평균 점수가 높은 순으로 순위를 매길 것([RANK] 함수)

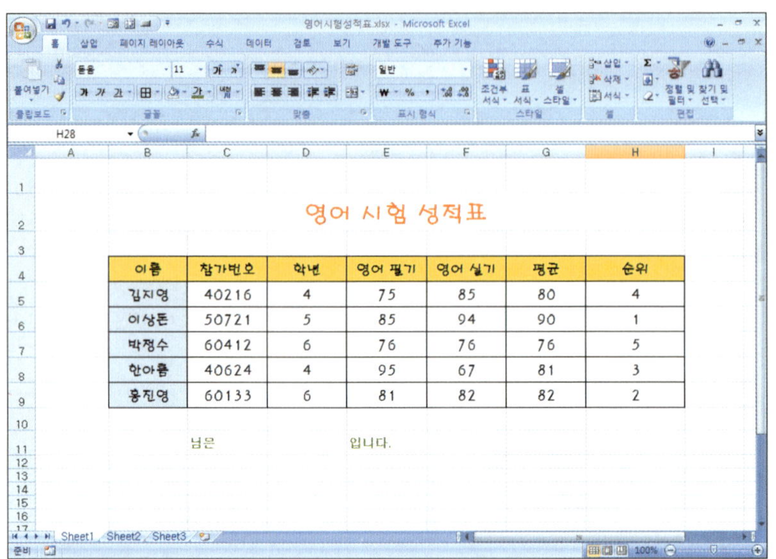

2 셀 스타일을 이용하여 표를 꾸미고 [D11] 셀에 함수를 이용해서 조건에 맞게 다음과 같이 표시해 보세요.

 **조건**

- 표 스타일 : 표 제목 – 강조색 4, 이름 항목 – 20% 강조색 3, 표 내용 – 출력
- [D11] 셀에 함수만을 이용해서 내용을 표시할 것([CONCATENATE] 함수)
- [B11]~[E11] 셀 스타일 : 글꼴(돋움체), 12pt, 글꼴 색(황록색, 강조 3, 25% 더 어둡게)

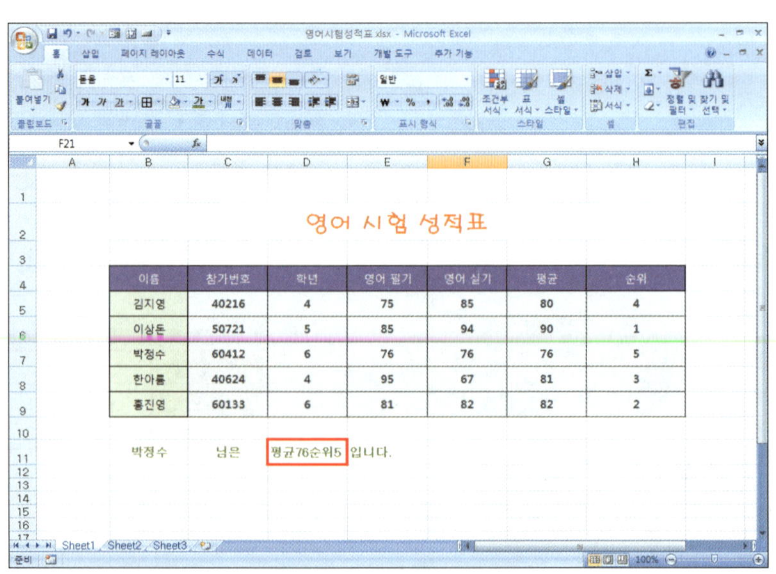

13 성적 합격자 발표 문서 작성하기

조건을 설정할 수 있는 IF문은 설정된 조건이 맞을 경우와 맞지 않을 경우에 따라 다른 결과를 실행할 수 있답니다. 그리고 조건부 서식을 이용하면 입력된 데이터의 수치를 조건에 따라 색이나 아이콘으로 표시할 수 있지요. 이제부터 조건문과 조건부 서식을 이용하여 성적 합격자 발표 문서를 작성해 볼까요?

1 조건문으로 합격자 표시하기
2 데이터 크기를 색과 아이콘으로 표시하기
3 조건에 따라 서식 바꾸기

1 조건문으로 합격자 표시하기

IF문을 이용하여 평균값이 80점 이상이면 '합격', 그렇지 않으면 '불합격'이라고 표시해 보겠습니다.

1 엑셀 2007을 실행한 후 다음과 같이 문서를 작성한 다음 [H5] 셀을 클릭하고, [수식] 탭의 [함수 라이브러리] 그룹에서 [논리]-[IF]를 선택합니다.

• 제목 : 휴먼옛체(28pt, 굵게), 글꼴 색(주황, 강조 6/바다색, 강조 5/황갈색, 배경 2, 25% 더 어둡게), 병합하고 가운데 맞춤
• 본문 : 맑은 고딕(16pt), 가운데 맞춤
• 표 스타일 : 표 제목 – 강조색 3, 선 스타일(⬜ – 바깥쪽 테두리, ⬜ – 안쪽 테두리), 선 색(황록색, 강조 3)

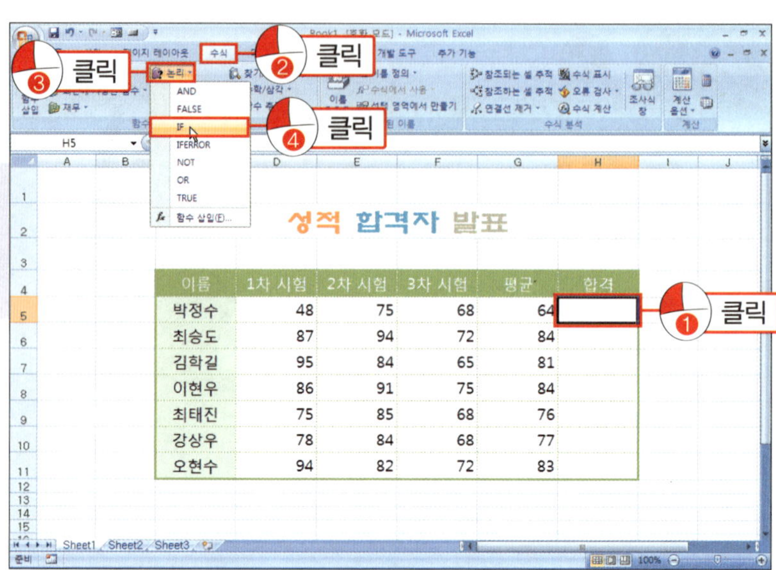

🔑 **황금열쇠**

평균은 [G5] 셀에 '=ROUND(AVERAGE(D5: F5),0)'을 입력한 후 [G11] 셀까지 채우기 핸들로 채웁니다.

2 [Logical_test]에 'G5>80'을 입력하고 [Value_if_true]에 '합격', [Value_if_false]에 '불합격'을 입력한 다음 [확인]을 클릭합니다.

🔑 **황금열쇠**

[Logical_test]에 조건을 입력하고 [Value_if_true]에는 조건이 맞을 경우, [Value_if_false]에는 조건이 맞지 않을 경우 실행할 내용을 입력합니다.

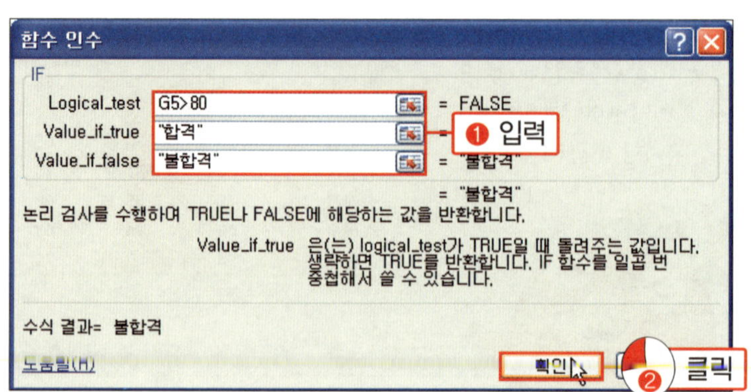

3 [H5] 셀을 선택한 다음 채우기 핸들로 [H11] 셀까지 채웁니다.

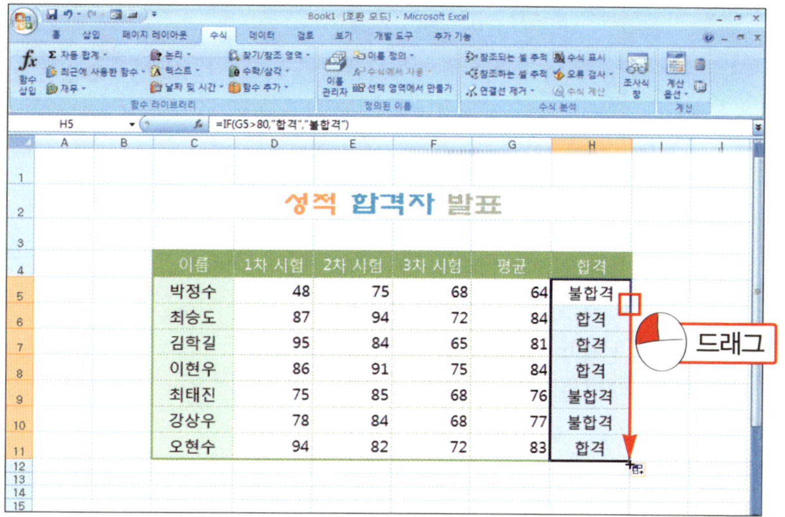

2 데이터 크기를 색과 아이콘으로 표시하기

[조건부 서식]은 특정 조건에 해당하는 셀이 강조 표시되므로 원하는 사항을 한 눈에 알아볼 수 있습니다. 여기서는 시험 점수의 값을 색과 아이콘으로 표시해 보겠습니다.

1 [D5] 셀부터 [D11] 셀까지 블록 설정한 다음 [홈] 탭의 [스타일] 그룹에서 [조건부 서식]–[데이터 막대]에서 [파랑 데이터 막대]를 선택합니다.

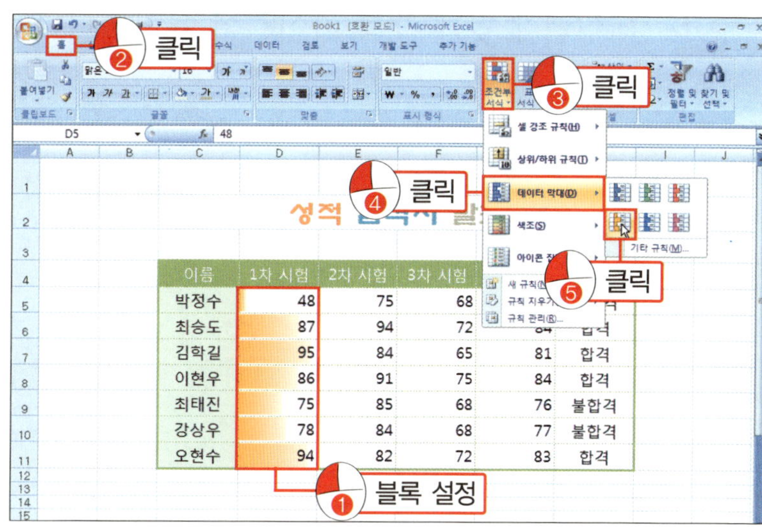

황금열쇠

[데이터 막대]는 데이터 크기를 셀에 그래프로 표시합니다.

2 [E5] 셀부터 [E11] 셀까지 블록 설정한 다음 [홈] 탭의 [스타일] 그룹에서 [조건부 서식]-[색조]에서 [빨강-노랑 색조]를 선택합니다.

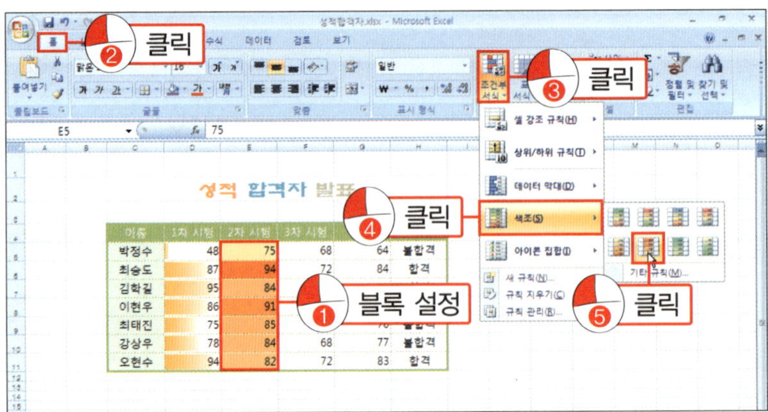

🔑 **황금열쇠**

[색조]는 데이터 크기를 셀 배경색의 흐리고 진함으로 표시합니다.

3 [F5] 셀부터 [F11] 셀까지 블록 설정한 다음 [홈] 탭의 [스타일] 그룹에서 [조건부 서식]을 클릭하고 [아이콘 집합]에서 [5방향 화살표(컬러)]를 선택합니다.

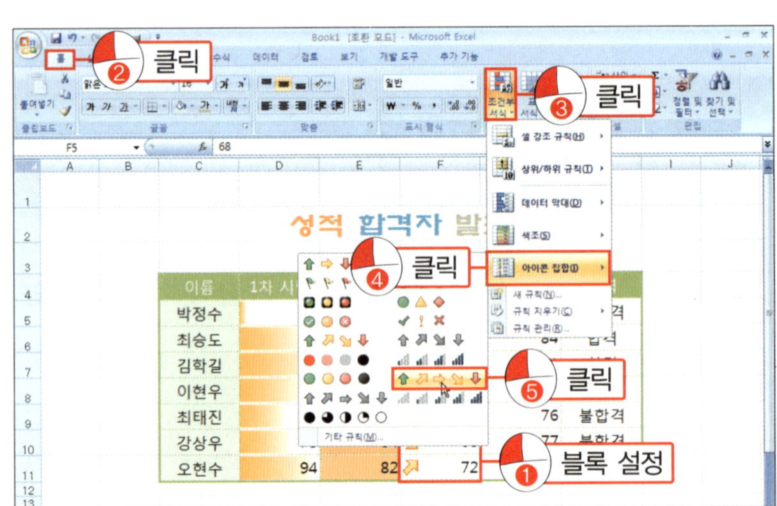

🔑 **황금열쇠**

[아이콘 집합]은 데이터를 백분율로 분석한 후 아이콘 개수만큼 영역을 분류하여 해당 아이콘 으로 표시합니다.

4 데이터에 맞게 색과 아이콘이 표시됩니다.

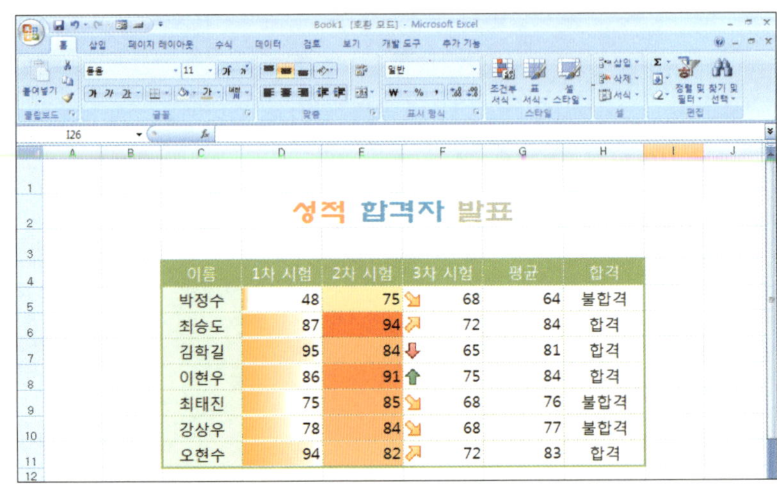

3 조건에 따라 서식 바꾸기

[조건부 서식]을 이용하면 사용자가 원하는 조건에 따라 다양한 서식을 설정할 수 있습니다. 여기서는 [조건부 서식]을 이용하여 평균이 상위 10%인 셀과 합격이라고 표시된 셀에만 서식을 변경해 보겠습니다.

1 [G5] 셀부터 [G11] 셀까지 블록 설정한 다음 [홈] 탭의 [스타일] 그룹에서 [조건부 서식]–[상위/하위 규칙]–[상위 10%]를 선택합니다.

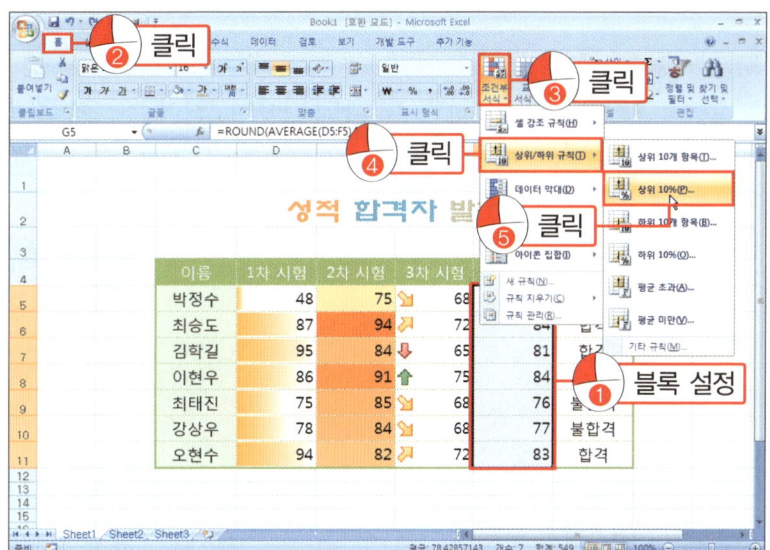

황금열쇠

데이터 중 상위(하위) 10%, 상위(하위) 10개, 평균 초과(미만)들을 기준으로 조건을 설정할 수 있습니다.

2 [상위 10%] 대화 상자가 나타나면 [적용할 서식]의 내림 단추를 클릭한 다음 [진한 녹색 텍스트가 있는 녹색 채우기]를 선택하고 [확인]을 클릭합니다.

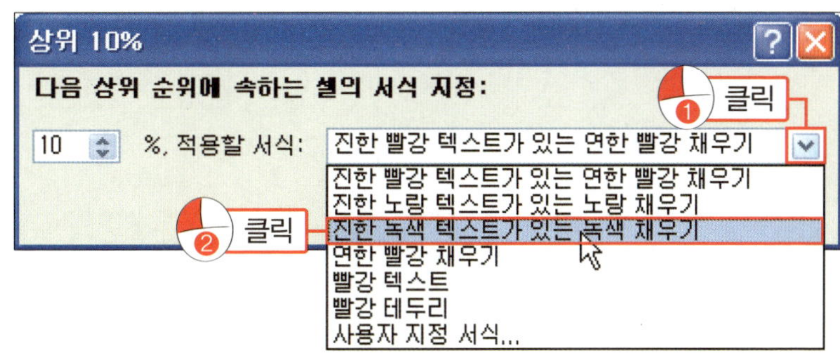

황금열쇠

'10' 대신 서식을 지정할 백분율 영역을 직접 입력할 수 있습니다.

3 [H5] 셀부터 [H11] 셀까지 블록 설정한 다음 [홈] 탭의 [스타일] 그룹에서 [조건부 서식]을 클릭하고 [셀 강조 규칙]-[같음]을 선택합니다.

황금열쇠

[셀 강조 규칙]은 사용자가 직접 조건 값을 지정하고, 속성을 변경할 때 사용합니다.

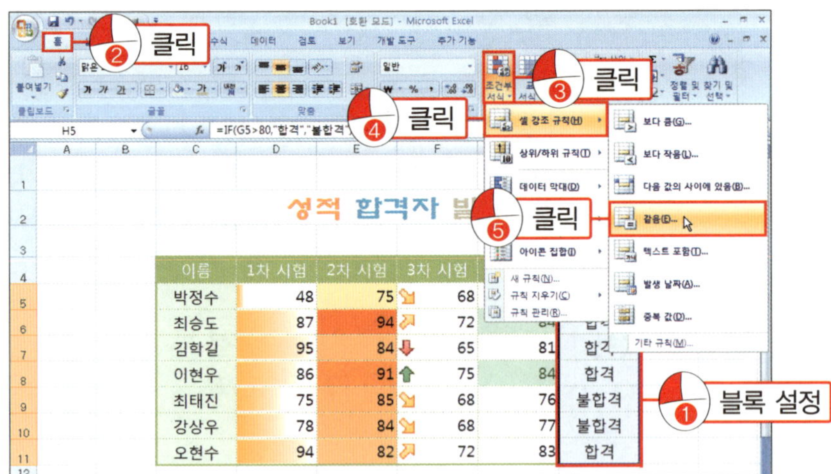

4 [같음] 대화 상자가 나타나면 [값]에는 '합격'을 입력하고 [적용할 서식]의 내림 단추를 클릭한 다음 [진한 노랑 텍스트가 있는 노랑 채우기]를 선택하고 [확인]을 클릭합니다.

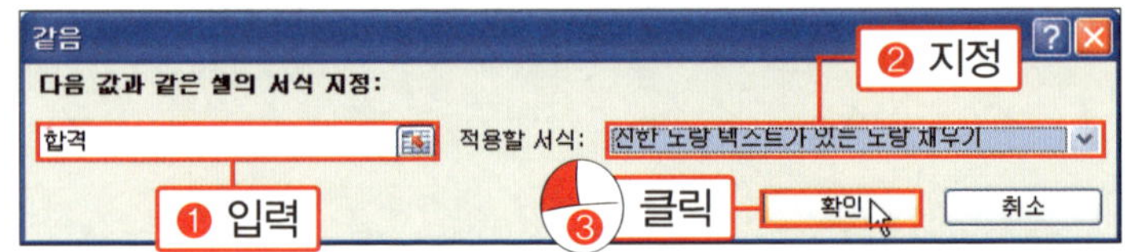

5 조건에 해당하는 셀의 속성이 변경됩니다.

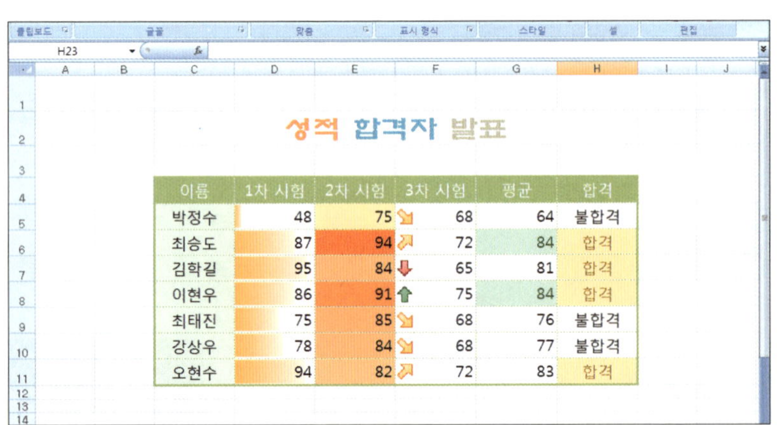

보물상자

조건부 서식 수정하기

[조건부 서식]을 클릭하고 [규칙 관리]를 선택하면 조건부 서식에 사용된 내용을 확인하거나 고칠 수 있는 [조건부 서식 규칙 관리자] 대화 상자에서 등록된 서식을 더블 클릭한 후 조건과 서식을 수정할 수 있습니다.

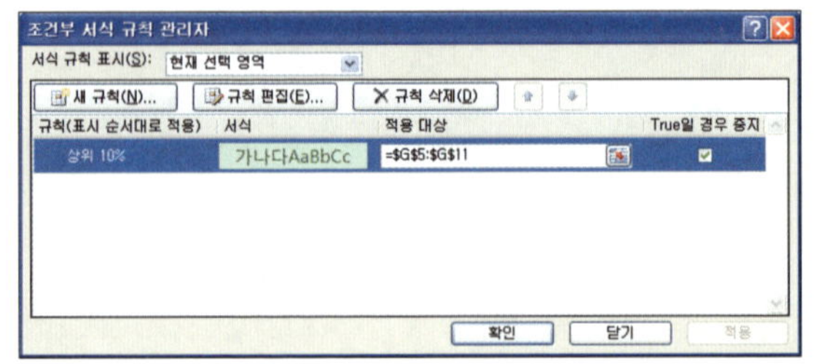

1 엑셀 2007을 실행한 후 다음과 같이 문서를 작성한 다음 조건에 맞게 [F6] 셀부터 [J12] 셀까지 채워 보세요.

 **조 건**

- 제목 : 휴먼옛체(28pt, 굵게), 글꼴 색(황록색, 강조 3, 25% 더 어둡게)
- 표 : 맑은 고딕(14pt), 채우기 색(노랑), 가운데 맞춤
- [F6]~[F12] 셀 : 1차 시험 점수가 10점을 초과하면 1, 아니면 0 표시
- [G6]~[G12] 셀 : 2차 시험 점수가 70점을 초과하면 1, 아니면 0 표시
- [H6]~[H12] 셀 : 3차 시험 점수가 70점을 초과하면 1, 아니면 0 표시
- 총점수 : 취득점수의 1~3차 점수를 자동합계로 계산
- 합격결과 : 총점수가 3점이면 '합격' 아니면 '불합격' 표시

2 다음 조건에 맞게 조건부 서식을 설정해 보세요.

 **조 건**

- '시험 점수'는 [데이터 막대]-[파랑 데이터 막대]로 표시할 것
- '취득점수'는 [색조]-[녹색-노랑 색조]로 표시할 것
- '총점수'는 [아이콘 집합]-[4등급]로 표시할 것
- '합격결과'는 '합격'일 경우 '진한 빨강 텍스트가 있는 연한 빨강 채우기'로 설정할 것

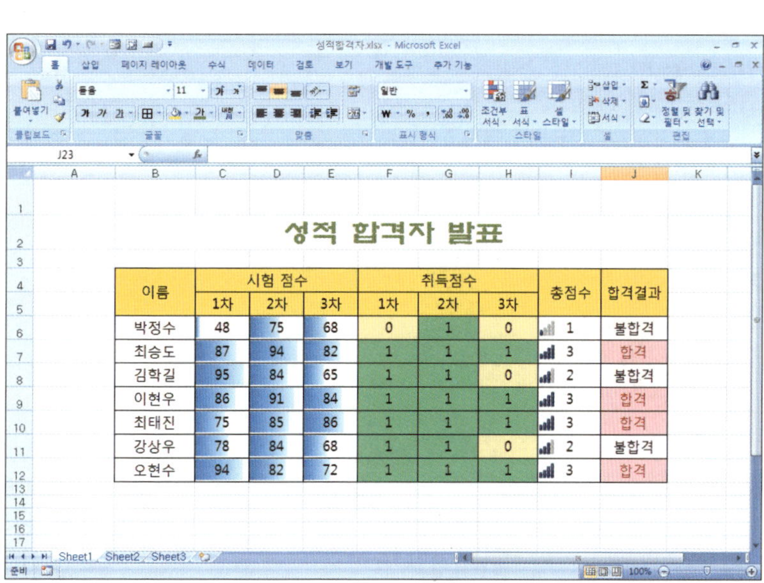

14 꼴찌 3명만 재시험 보기

IF문 조건에 순위를 매겨주는 [RANK] 함수를 사용하면 원하는 순위를 얻은 데이터에만 다양한 결과를 실행할 수 있습니다. 그리고 목표값 찾기를 통해 원하는 점수를 얻기 위해 필요한 값을 얻을 수 있지요. 여기서는 이러한 기능을 이용하여 성적 결과 중 꼴찌 3명만 재시험을 보라는 메시지가 나타나게 만들어 볼까요?

1 하위 3명만 재시험 메시지 표시하기

2 목표값 찾기

=IF(RANK(F7,$F$5:$F$12,1)<3,"재시험","통과")

학급 성적표

이름	국어	수학	영어	평균	재시험보기
박기태	84	67	68	73	재시험
최용국	85	94	97	92	통과
이민아	94	73	66	78	통과
주영훈	73	68	84	75	재시험
김지영	64	94	67	75	재시험
박건영	84	75	84	81	통과
조영미	94	91	94	93	통과
안형주	68	82	85	78	통과

하위 3명만 재시험 메시지 표시하기

IF문에 다른 함수를 추가해서 중첩 함수를 작성할 수 있습니다. 여기서는 [RANK] 함수로 점수가 낮은 3명을 골라내고, IF문으로 점수가 낮은 3명일 경우에 '재시험', 아니면 '통과'라고 표시해 보겠습니다.

1 엑셀 2007을 실행한 후 다음과 같이 문서를 작성하고 [G5] 셀을 클릭한 다음 [수식] 탭의 [함수 라이브러리] 그룹에서 [논리]–[IF]를 선택합니다.

- 제목 : 돋움(24pt, 굵게), 글꼴 색(빨강, 주황, 바다색, 강조 5, 40% 더 밝게/진한 파랑, 텍스트 2, 40% 더 밝게/녹색)
- 본문 : 맑은 고딕(14t), 표 제목 – 굵게, 글꼴 색(흰색, 배경 1)
- 표 스타일 : 채우기 색(표 제목 – 연한 파랑, 이름 항목 – 파랑, 강조 1, 80% 더 밝게), 가운데 맞춤
- 선 스타일(▭ – 바깥쪽 테두리, ▭ – 안쪽 테두리), 선 색 (파랑)

황금열쇠

평균은 [F5] 셀에 '=ROUND(AVERAGE(C5: E5),0)'를 입력한 후 채우기 핸들로 [F12] 셀까지 채웁니다.

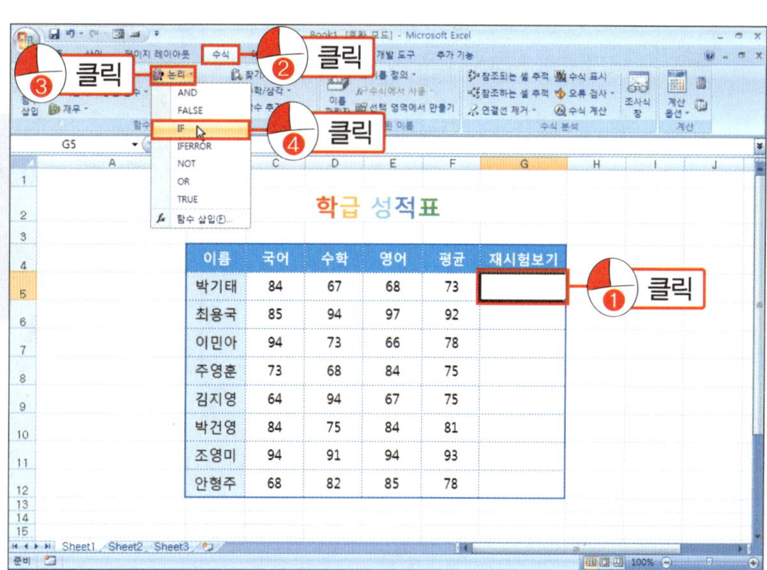

2 [Logical_test]에 '<3'을 입력하고 [Value_if_true]에 '재시험', [Value_if_false]에 '통과'를 입력합니다.

황금열쇠

조건이 3이하면 '재시험', 그렇지 않으면 '통과'라고 조건을 설정합니다.

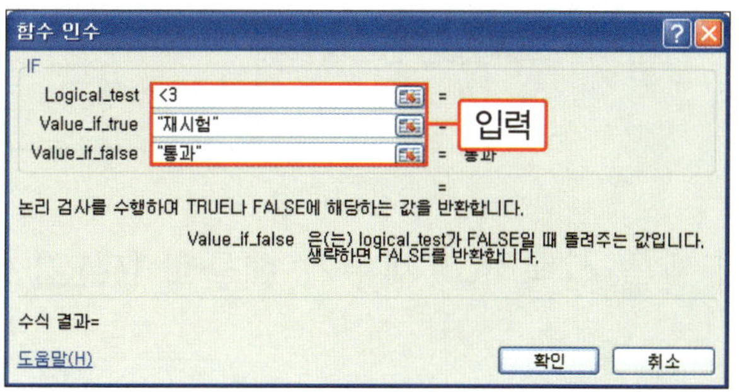

3 ‘〈3’ 앞에 커서를 위치시키고 [이름 상자]의 내림 단추를 클릭한 다음 [함수 추가]를 선택합니다.

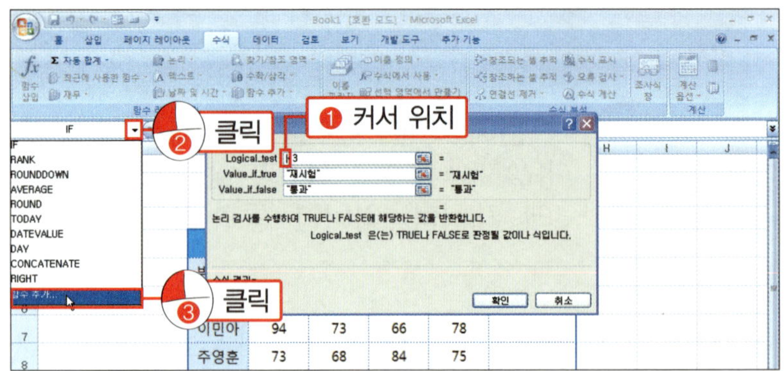

4 [함수 마법사]가 열리면 [범주 선택]에 [모두]를 선택하고 [함수 선택]에 [RANK]를 선택한 다음 [확인]을 클릭합니다.

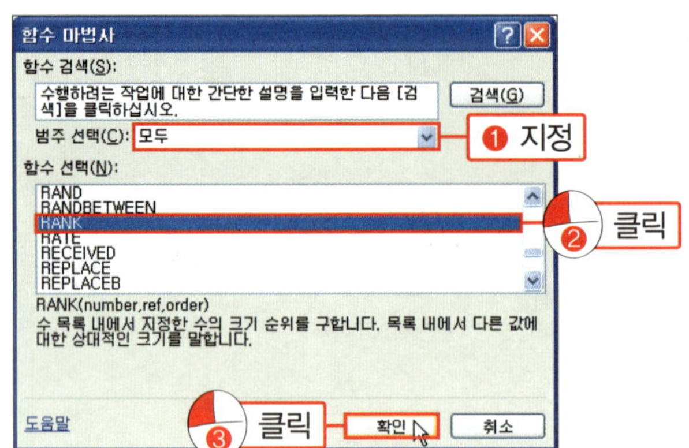

5 [함수 인수] 대화 상자가 나타나면 [Number]에 ‘F5’를 입력, [Ref]에 ‘$F$5:$F$12’를 입력, [Order]에 ‘1’을 입력하고 [확인]을 클릭합니다.

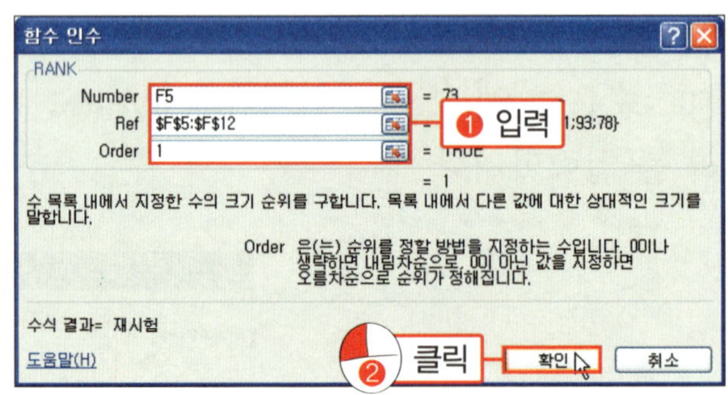

🔔 **황금열쇠**

[Ref]는 절대 참조로 입력하고, [Order]를 ‘1’로 입력하면 수가 낮은 순으로 1,2,3… 번호가 매겨집니다.

6 [G5] 셀을 선택하고 채우기 핸들로 [G12] 셀까지 채웁니다.

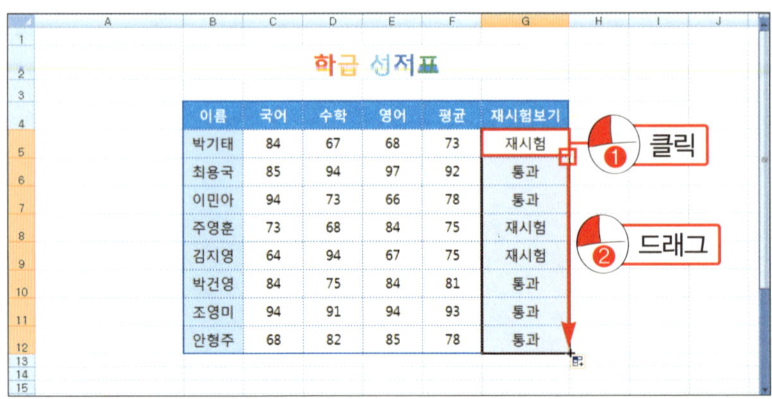

2 목표값 찾기

[목표값 찾기]는 특정 계산식 결과가 되기 위해서 참조되는 셀의 필요한 값을 알려 주는 도구입니다. 여기서는 [목표값 찾기] 도구를 이용하여 평균값이 '75'에서 '80'이 되기 위해서 필요한 수학 점수를 알아보겠습니다.

1 [데이터] 탭의 [데이터 도구] 그룹에서 [가상 분석]–[목표값 찾기]를 선택합니다.

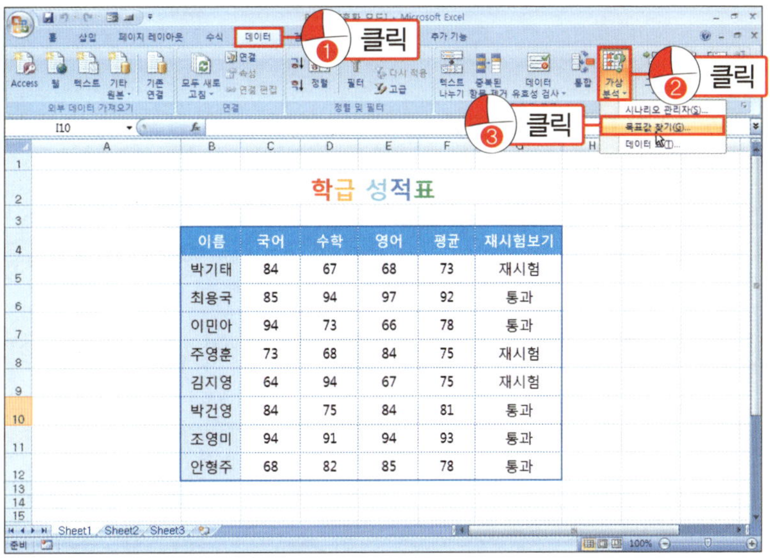

2 [목표값 찾기] 대화 상자가 나타나면 [수식 셀] 항목에 [F8] 셀을 클릭해서 선택합니다.

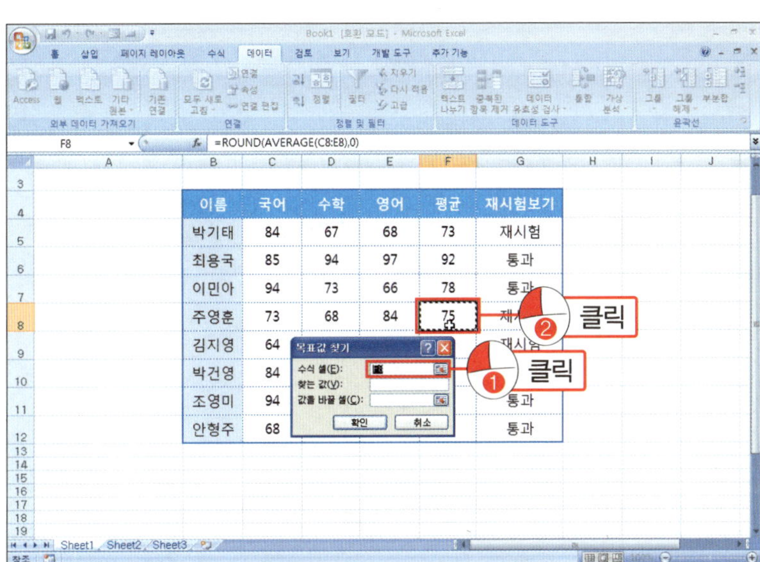

🔑 **황금열쇠**

[수식 셀]은 반드시 계산식이 있는 셀을 선택해야 합니다.

3 [찾는 값]에 '80'을 입력하고 [값을 바꿀 셀]에 [D8] 셀을 선택한 다음 [확인]을 클릭합니다.

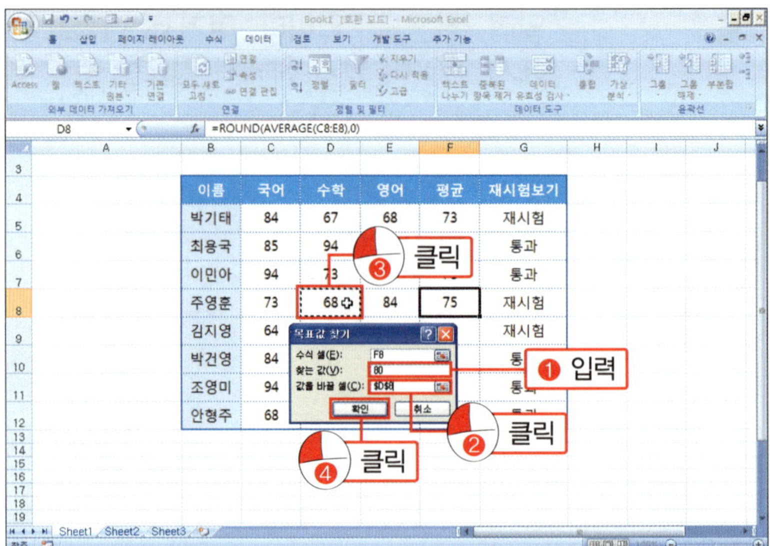

🎈**황금열쇠**

[수식 셀]의 값이 [찾는 값]이 되기 위해서 변경
되어야 할 값인 [값을 바꿀 셀]을 선택합니다.

4 [F8] 셀의 값이 '80'으로 바뀌고 '80'의 값이 되기 위한 [D8] 셀의 값도 변경
됩니다.

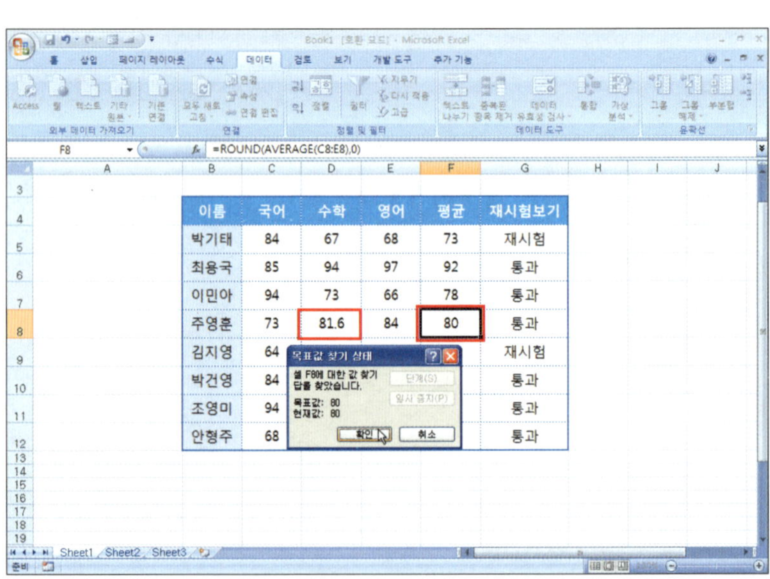

🎈**황금열쇠**

[취소]를 누르면 원래의 값으로 되돌아 갑니다.

1 엑셀 2007을 실행한 후 다음과 같이 문서를 작성하고 조건에 맞게 '재시험 보기'와 '평균'에 값을 채워 보세요.

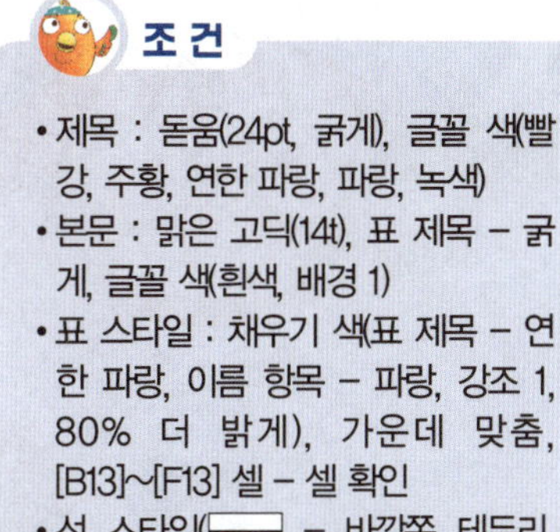

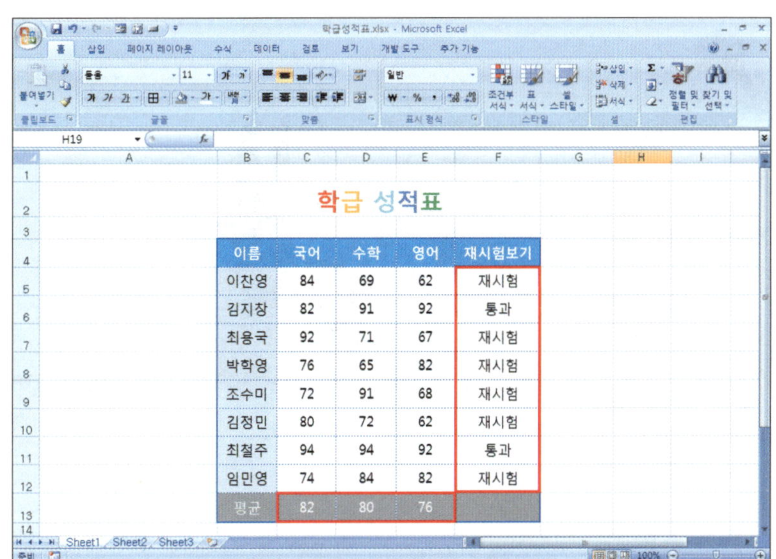

2 [목표값 찾기]를 사용하여 '영어' 평균 점수가 '80'이 되기 위해서 '김정민' 학생이 받아야 할 '영어' 점수를 구해 보세요.

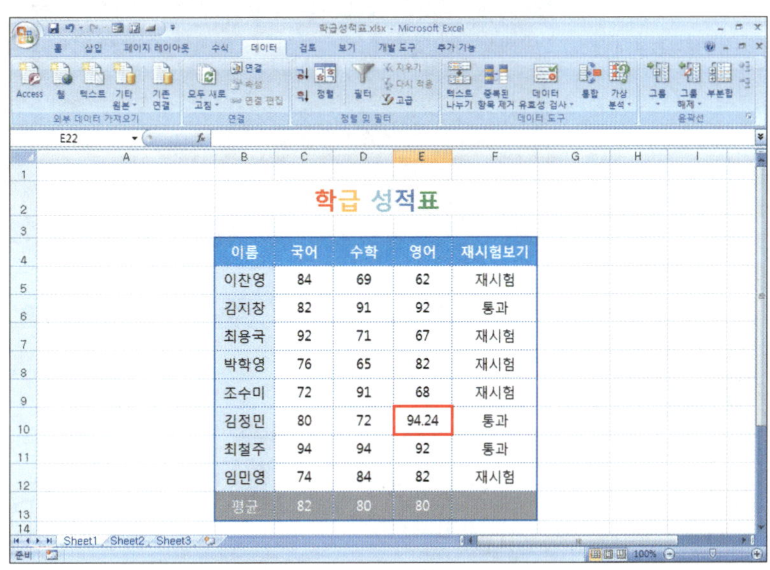

15 자료 검색이 가능한 동호회 명단 만들기

엑셀 2007에는 표를 쉽게 꾸밀 수 있도록 [표 서식] 도구를 제공하고 있답니다. 이 도구를 이용하면 표도 예쁘게 꾸밀 수 있고, 원하는 데이터를 검색할 수 있는 필터 기능도 사용할 수 있지요. 이제부터 동호회 명단을 표 서식으로 꾸민 다음 [자동 필터]와 [고급 필터]를 이용해서 원하는 데이터를 검색해 볼까요?

1 표 서식으로 표 꾸미기
2 자동 필터로 데이터 검색하기
3 고급 명령으로 검색하기

이름	성별	학년	좋아하는 색	취미	타자수
김형진	남	6	파랑	영화감상	85
박예인	여	5	핑크	독서	124
조진수	남	4	노랑	운동	115
이진아	여	6	빨강	독서	98
장진영	여	5	핑크	영화감상	110
최정현	남	6	초록	운동	105
강상진	남	4	주황	독서	125
오정예	여	5	보라	독서	97

1 표 서식으로 표 꾸미기

표 서식을 이용하면 표를 예쁘고 손쉽게 꾸밀 수 있습니다. 여기서는 동호회 명단 표를 표 서식으로 꾸며 보겠습니다.

1 엑셀 2007을 실행한 후 다음과 같이 문서를 작성합니다.

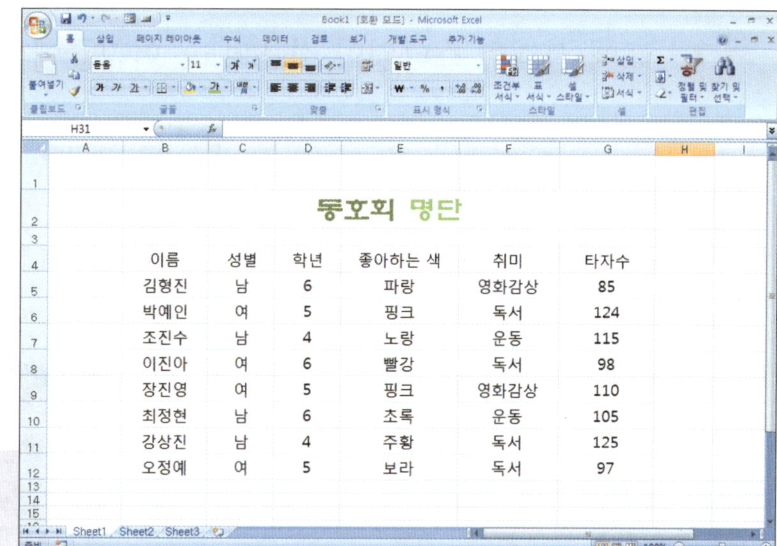

- 제목 : 휴먼옛체(28pt), 글꼴 색(황록색, 강조 3, 25% 더 어둡게, 연한 녹색), 병합하고 가운데 맞춤
- 본문 : 맑은 고딕(16pt), 가운데 맞춤

2 표를 블록 설정한 다음 [홈] 탭의 [스타일] 그룹에서 [표 서식]을 클릭하고 [표 스타일 어둡게 7]을 선택합니다.

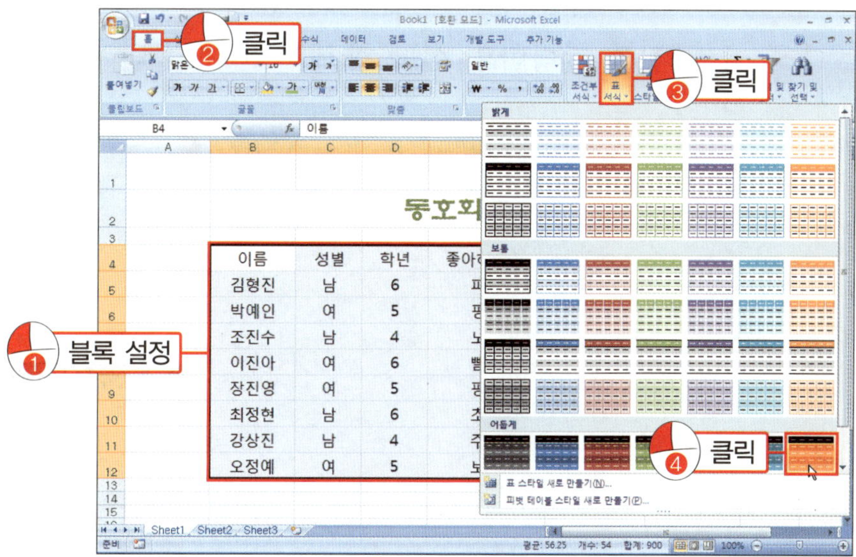

3 [표 서식] 대화 상자가 나타나면 [머리글 표함]이 체크되었는지 확인한 후 [확인]을 클릭합니다.

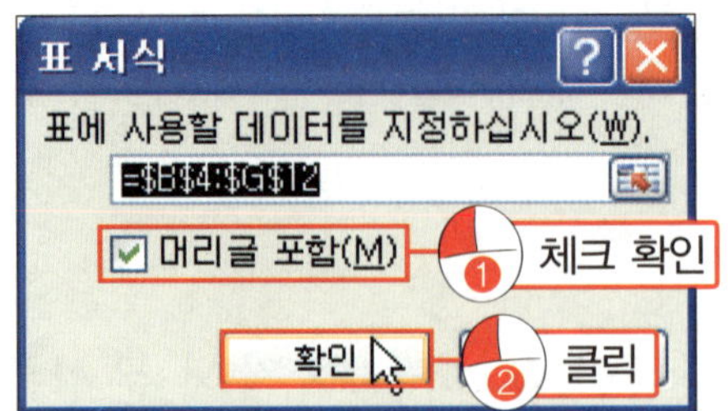

🎈황금열쇠

[머리글]이란 데이터를 구분하는 목록으로 보통 표의 첫 줄에 입력된 내용을 의미합니다.

4 표에 선택한 스타일이 적용되고, 머리글에 내림 단추(▼)가 표시됩니다.

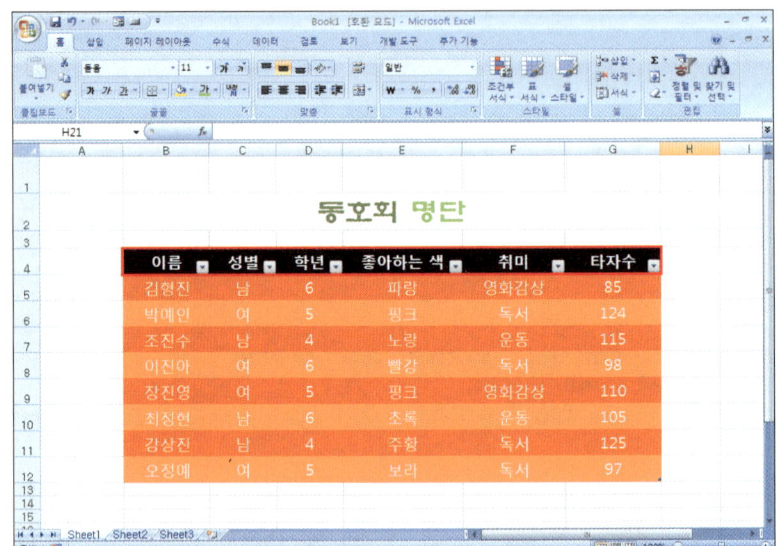

🎈황금열쇠

내림 단추는 데이터 검색에 사용하는 도구입니다.

5 표 위에 아무 셀이나 선택한 상태에서 [데이터] 탭의 [정렬 및 필터] 그룹에서 [필터]를 클릭하여 선택 해제하면 내림 단추가 사라집니다.

2 자동 필터로 데이터 검색하기

[표 서식]이나 [필터] 도구를 사용하면 셀 범위나 표에서 원하는 데이터를 쉽고 빠르게 찾을 수 있습니다. 여기서는 남자 중 타자수가 110 이상인 데이터만 표시해 보겠습니다.

1 표를 선택한 다음 [데이터] 탭의 [정렬 및 필터] 그룹에서 [필터]를 클릭합니다.

2 '성별' 머리글 아이콘을 클릭한 다음 [남] 항목만 선택한 후 [확인]을 클릭합니다.

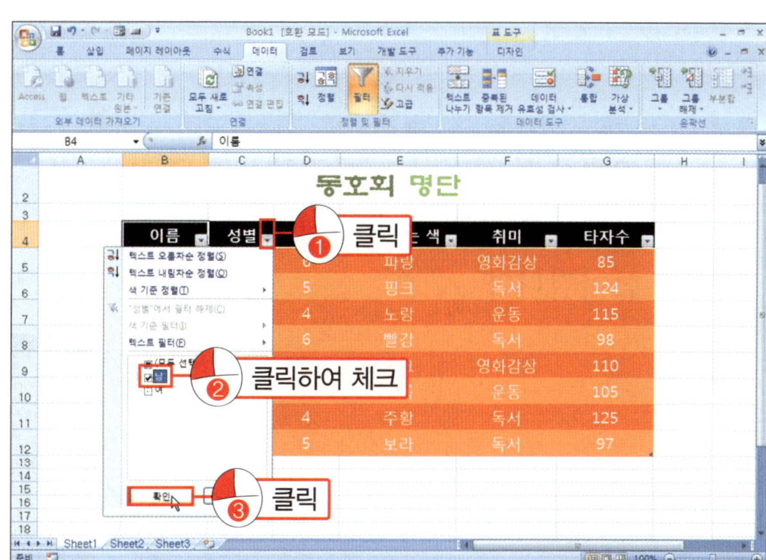

황금열쇠

[필터] 도구를 클릭하면 나타나는 내림 단추를 이용해서 검색하는 방법을 [자동 필터]라고 합니다.

3 '타자수' 머리글의 필터 아이콘을 클릭한 다음 [숫자 필터]-[보다 큼]을 선택합니다.

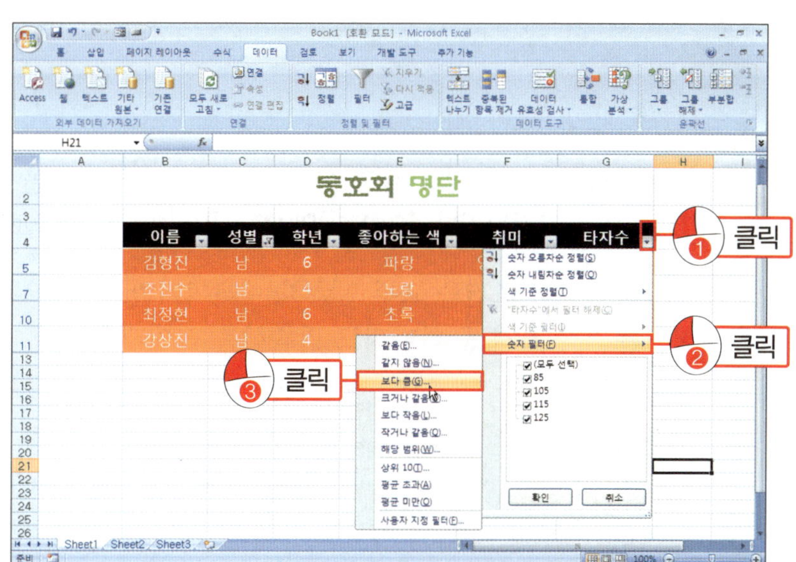

황금열쇠

[숫자 필터]에서 숫자 범위 검색에 알맞은 항목을 선택합니다.

4 [사용자 지정 자동 필터] 대화 상자가 나타나면 ' 〉 ', '110' 으로 입력한 후 [확인]을 클릭합니다.

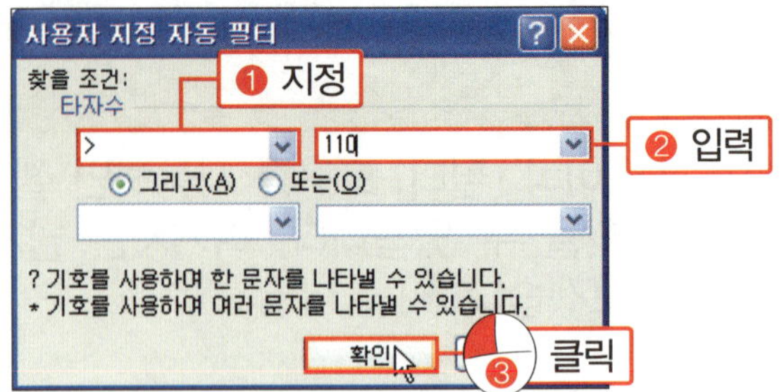

5 남자 중 타자수가 110 이상인 데이터만 표시됩니다.

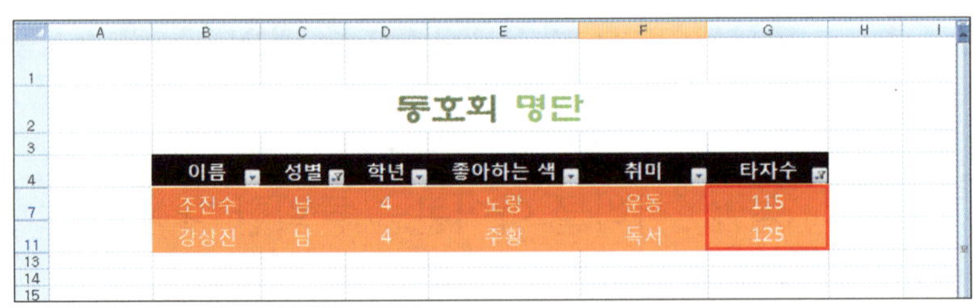

6 [데이터] 탭의 [정렬 및 필터] 그룹에서 [필터]를 클릭해서 선택 해제하면 원래의 상태로 돌아갑니다.

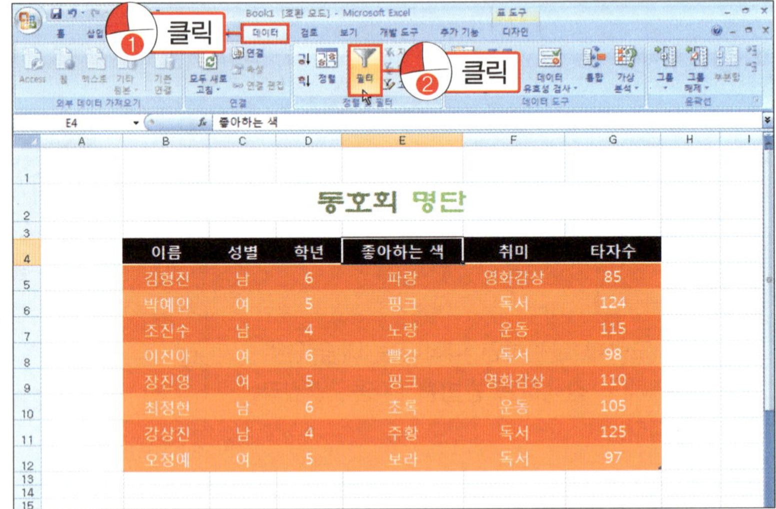

보물상자

[그리고]와 [또는]의 차이

[사용자 지정 자동 필터] 대화 상자에는 여러 개의 조건을 입력할 수 있습니다. 각 조건은 [그리고]나 [또는]으로 지정합니다. [그리고]와 [또는]의 역할을 알아보겠습니다.

- 그리고 : 각 조건을 모두 만족하는 데이터만 검색합니다.
- 또는 : 각 조건 중 하나라도 만족하는 데이터를 모두 검색합니다.

조건1	성별이 남자
조건2	취미가 독서
조건1 그리고 조건2	성별이 남자이고 취미가 독서인 데이터를 검색
조건1 또는 조건2	성별이 남자인 데이터와 취미가 독서인 데이터 모두 검색

3 고급 명령으로 검색하기

복잡한 조건을 사용하여 자료를 검색하려면 [고급] 명령을 사용합니다. 여기서는 [고급] 명령을 사용하여 5학년 여자이고 독서가 취미인 데이터와 타자 수가 120 이상인 데이터만 표시해 보겠습니다.

1 표 밑에 조건 내용을 다음과 같이 작성합니다.

글꼴 속성 : 돋움(11pt), 가운데 맞춤

황금열쇠

[그리고]로 검색할 내용은 같은 행에 입력하고 [또는]으로 검색할 내용은 다른 행에 입력합니다.

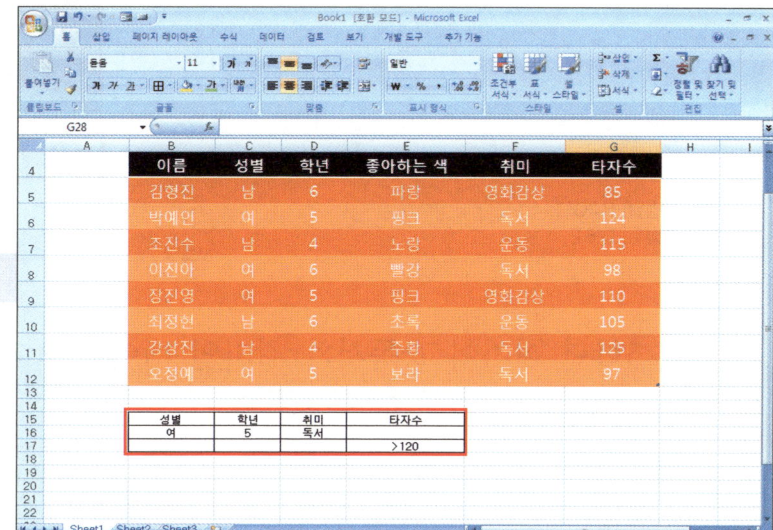

2 [데이터] 탭의 [정렬 및 필터] 그룹에서 [고급]을 클릭합니다.

황금열쇠

조건을 작성할 때는 머리글 이름을 같게 해야 합니다.

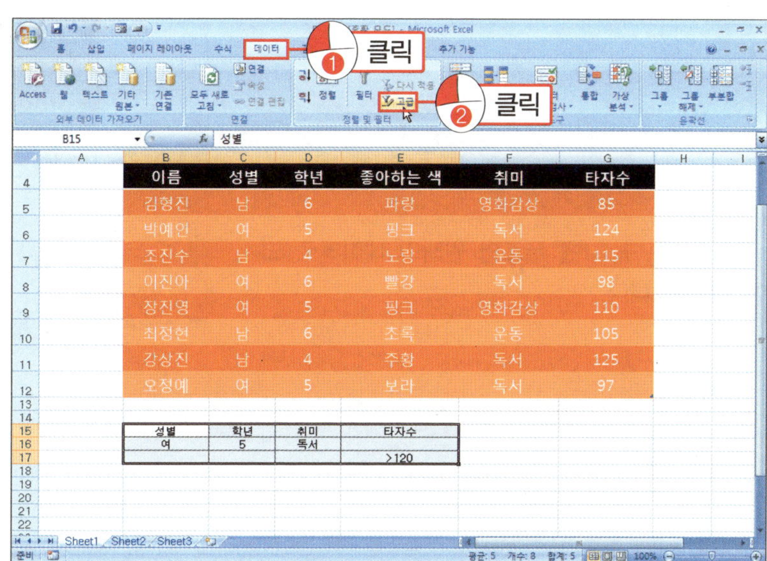

3 [목록 범위]에는 표 전체를 드래그해서 선택하고 [조건 범위]에는 조건 표 영역을 선택한 후 [확인]을 클릭합니다.

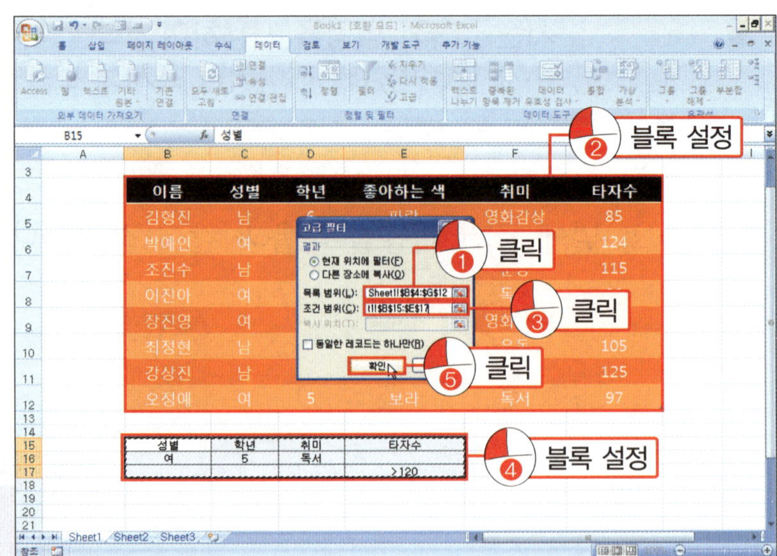

• [목록 범위] B4:G12
• [조건 범위] B15:E17

4 5학년 여자이고 독서가 취미인 데이터와 타자수가 120 이상인 데이터만 표시됩니다.

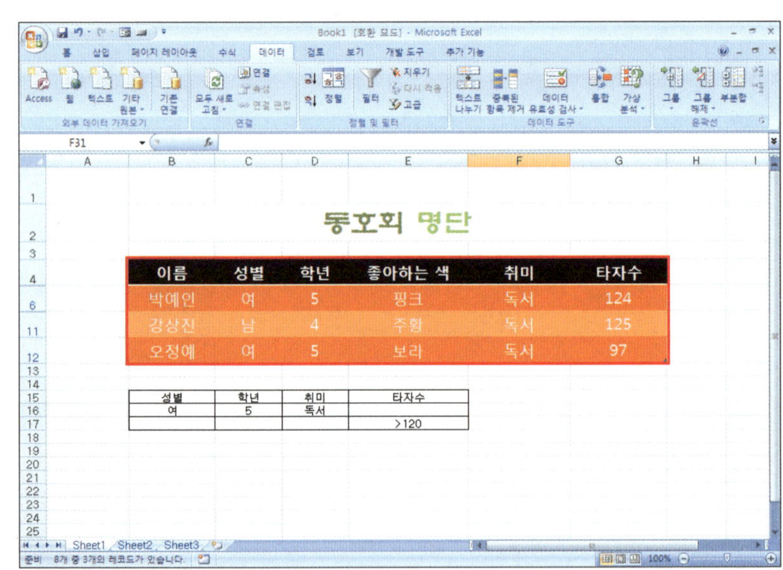

🔑 **황금열쇠**

Ctrl + Z 를 누르면 원래의 데이터로 되돌아갑니다.

1 엑셀 2007을 실행한 후 다음과 같이 문서를 작성하고 자동 필터를 이용하여 여자이고 별자리가 물병자리인 데이터를 표시해보세요.

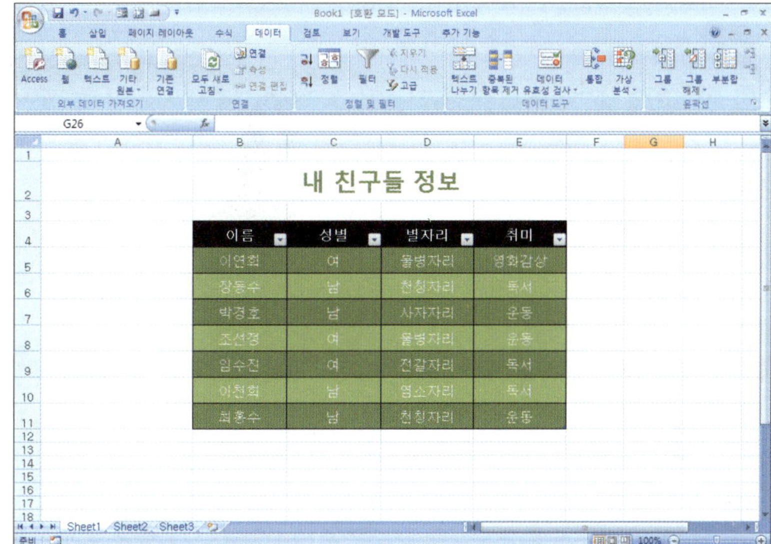

조건

- 제목 : 맑은 고딕(24pt, 굵게), 글꼴 색(황록색, 강조 3, 25% 더 어둡게), 병합하고 가운데 맞춤
- 본문 : 돋움(14pt)
- 표 서식 : 표 스타일 어둡게 4

2 [B14] 셀부터 [D16] 셀에 조건을 입력하고 [고급] 명령으로 조건을 실행하면 어떤 결과가 나타나는지 실행해 보세요.

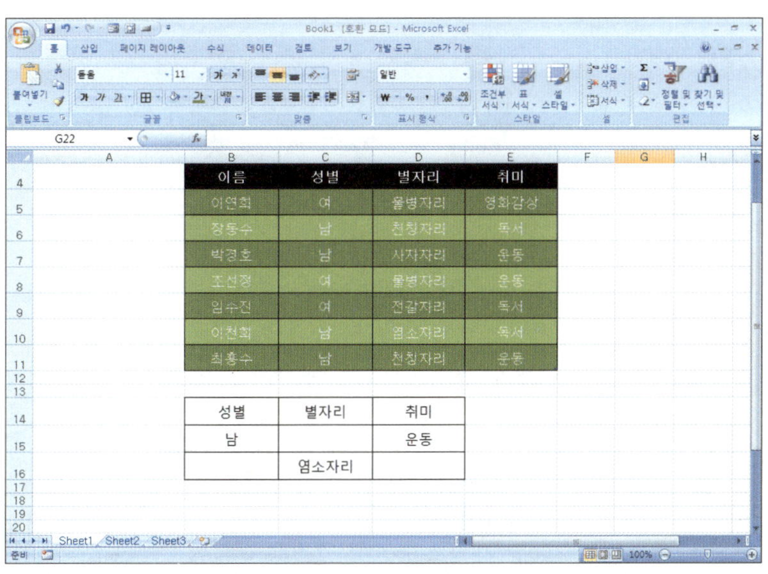

16 똑똑한 도서 출납부 만들기

표에서 항목별로 입력된 데이터를 [레코드]라고 부른답니다. 레코드가 많이 필요하고 계속해서 입력해야 하는 경우 [레코드 관리]를 이용하면 레코드별로 내용을 확인하고 손쉽게 데이터를 추가할 수 있지요. 이제부터 [정렬] 도구로 레코드를 정렬해 보고 [레코드 관리]로 데이터를 관리하는 방법을 배워 볼까요?

1 가나다 순으로 데이터 정렬하기
2 레코드 손쉽게 관리하기

[레코드 관리]를 이용하면 표에 입력된 데이터를 항목별로 정렬하기도 쉽고 추가하거나 삭제하기도 쉽네!

도서 출납부

이름   학년   반   번호   대여일
이지영   5   3   12   2009-07-30
김병수   6   5   34   2009-08-02
최창동   4   4   24   2009-08-05
박학기   6   6   34   2009-08-07
김건수   5   2   28   2009-08-09
이미연   6   4   24   2009-08-12   2009-08-19
정형진   5   5   15   2009-08-15   2009-08-22
박정현   4   6   21   2009-08-17   2009-08-24
안창수   5   4   35   2009-08-18   2009-08-25
이효정   6   3   45   2009-08-21   2009-08-28
홍석기   5   6   12   2009-08-07   2009-08-14

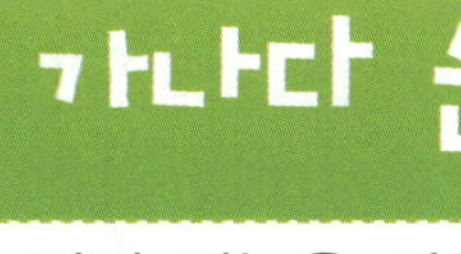

1 가나다 순으로 데이터 정렬하기

정렬 기능을 이용하여 가나다 순, 숫자가 큰 순 등으로 정렬할 수 있습니다. 여기서는 계산식으로 대여일에 반납 기간을 더해 반납 예정일을 작성한 후 이름을 가나다 순으로 정렬해 보겠습니다.

1 엑셀 2007을 실행한 후 다음과 같이 문서를 작성합니다.

• 제목 : 맑은 고딕(22pt, 굵게), 글꼴 색(주황, 강조 6, 25% 더 어둡게)
• 본문 : 맑은 고딕(12pt)
• 표 스타일 : 표 스타일 보통 10

황금열쇠

대여일은 '연도/월/일' 형식으로 입력합니다.

2 [G7] 셀을 클릭한 다음 '=F7+$G$4'를 입력하고 Enter 를 누릅니다.

황금열쇠

수식을 직접 입력하지 않고 셀을 클릭하여 영역을 선택할 경우 표 스타일을 적용하여 표를 꾸몄으므로 '[[#이행],[대여일]]+$G$4'로 표시됩니다.

3 [G7] 셀을 선택한 다음 채우기 핸들로 [G17] 셀까지 채웁니다.

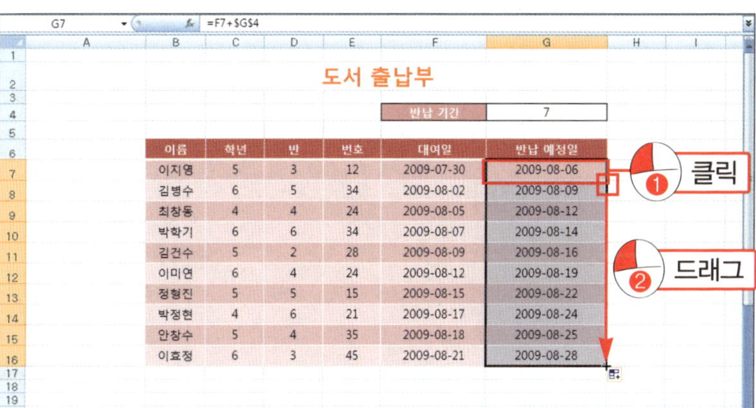

황금열쇠

'반납 기간'의 셀은 절대 참조 주소로 사용해야 합니다.

4 정렬할 데이터의 머리글인 [B6] 셀을 선택한 다음 [홈] 탭의 [편집] 그룹에서 [정렬 및 필터]를 클릭하고 [텍스트 오름차순 정렬]을 선택합니다.

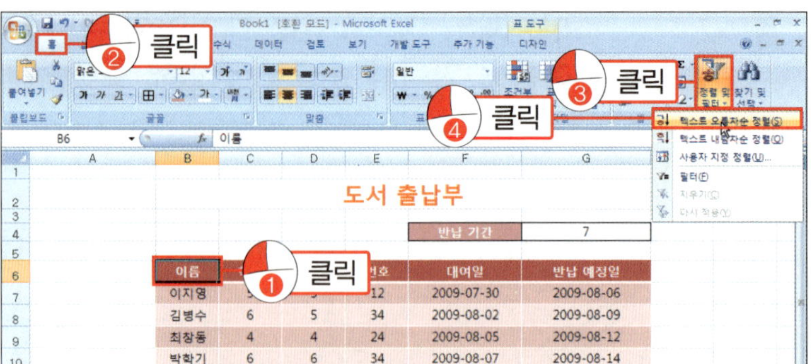

황금열쇠

[텍스트 내림차순 정렬]을 선택하면 가나다 반대 순서대로 정렬됩니다.

5 '이름' 항목을 기준으로 '가나다' 순으로 정렬됩니다.

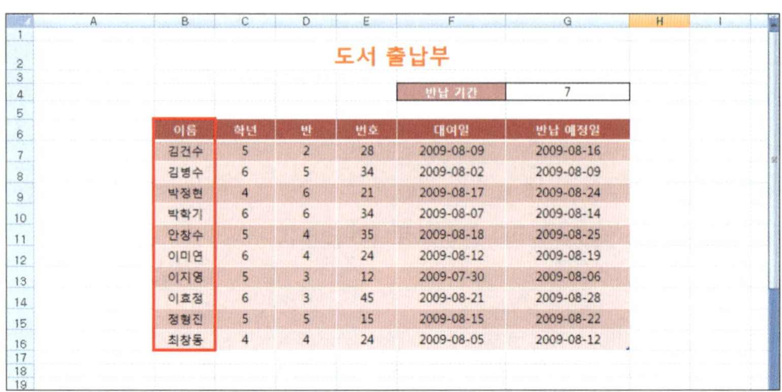

2 레코드 손쉽게 관리하기

[레코드 관리] 도구를 이용하면 레코드를 편리하게 관리할 수 있습니다. 여기서는 [레코드 관리] 도구로 레코드 검색 및 레코드를 추가하는 방법에 대해서 알아보겠습니다.

1 [빠른 도구 모음]의 내림 단추를 클릭한 다음 [기타 명령]을 선택합니다.

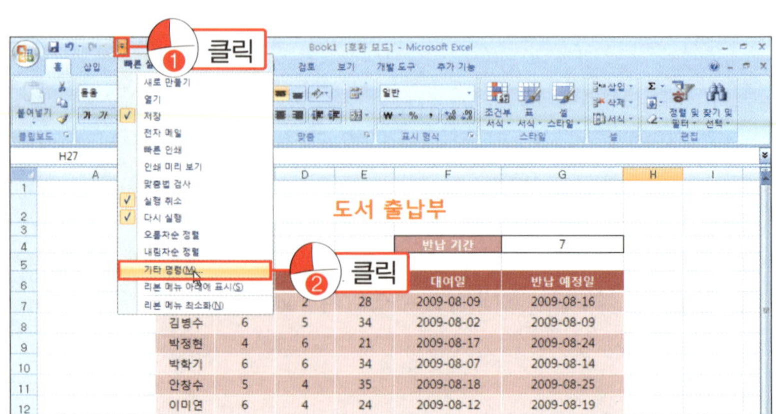

2 [다음에서 명령 선택]에서 [모든 명령]을 선택하고 [레코드 관리]를 찾아서 선택한 다음 [추가]를 클릭합니다.

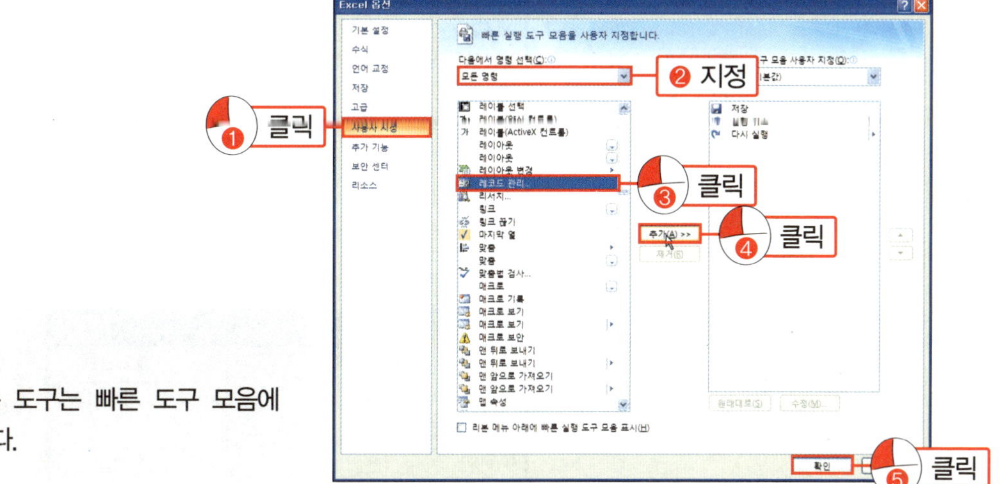

황금열쇠

리본 메뉴에 없는 도구는 빠른 도구 모음에 추가할 수 있습니다.

3 표를 선택한 다음 [빠른 도구 모음]에 등록된 [레코드 관리]를 클릭합니다.

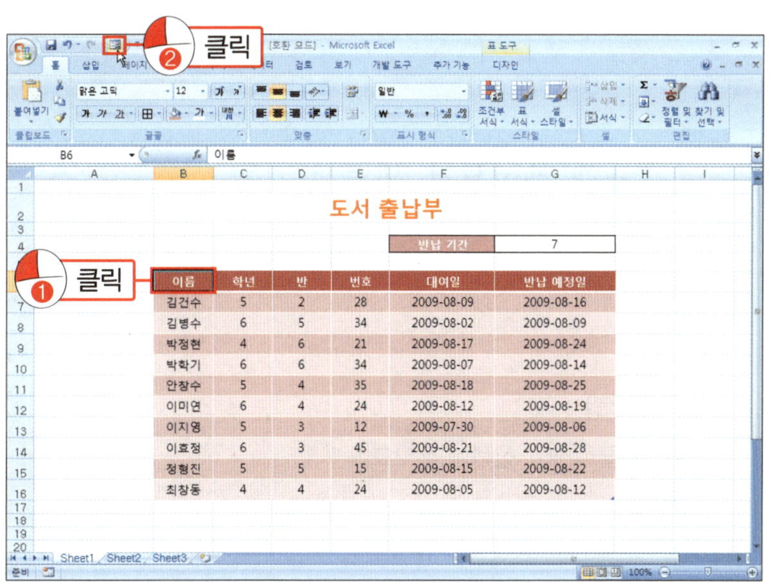

4 [이전 찾기]와 [다음 찾기]를 클릭해서 레코드별로 데이터를 확인할 수 있습니다.

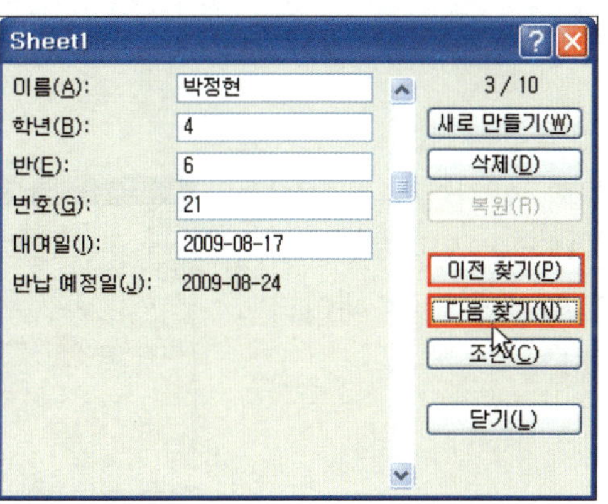

5 새로운 레코드를 추가하려면 [새로 만들기]를 클릭합니다.

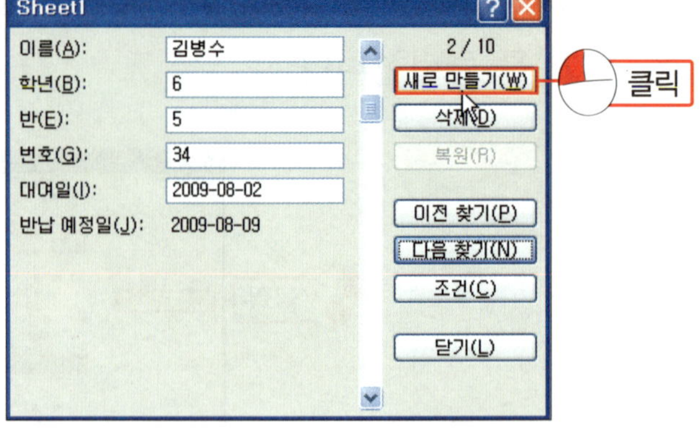

🎈 **황금열쇠**

레코드에서 내용을 고친 후 [새로 만들기]를 클릭하면 레코드가 수정됩니다.

6 새로운 데이터를 입력한 다음 [새로 만들기]를 클릭합니다.

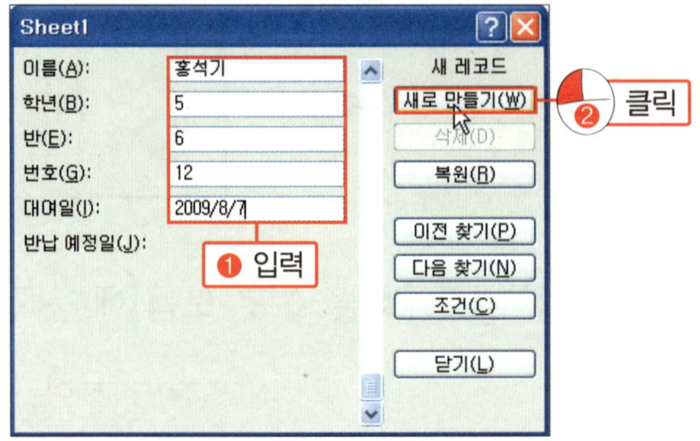

7 표에 레코드가 새로 추가됩니다.

🎈 **황금열쇠**

[삭제]를 클릭하면 선택한 레코드를 지울 수 있습니다.

보물상자

[레코드 관리]로 조건 검색하기

[레코드 관리] 내화 상자에서 [조건]을 클릭한 다음 조건 내용을 입력하고 [다음 찾기]를 클릭하면 조건에 맞는 데이터만 검색할 수 있습니다.

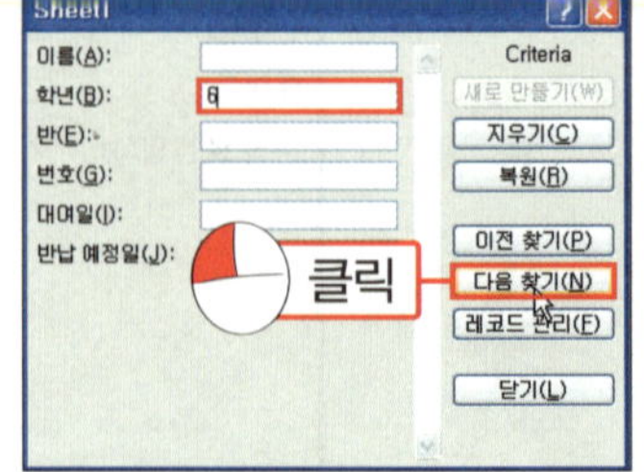

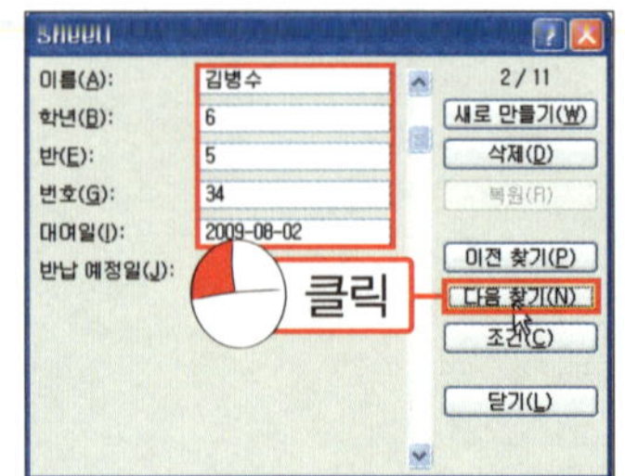

월   일   점수

1 엑셀 2007을 실행한 후 다음과 같이 문서를 작성한 다음 조건에 맞게 잔액이 자동으로 계산되도록 만들어 보세요.

 **조 건**

- 제목 : 맑은 고딕(24pt), 글꼴 색(바다색, 강조 5, 25% 더 어둡게)
- 본문 : 맑은 고딕(11pt), 채우기 색(표 제목 – 연한 녹색, 내용 항목 – 황록색, 강조 3, 80% 더 밝게)
- [E5] 셀에 수입에서 지출을 뺀 수를 표시할 것
- [E6] 셀에 [E5]+[C6]–[D6]을 계산한 값이 표시되도록 계산식을 작성한 다음 [E12] 셀까지 채우기 핸들로 채울 것

용돈기입장

내용	수입	지출	잔액
용돈	10000		10000
군것질		1000	9000
학용품		2000	7000
용돈	2000		9000
차비		1000	8000
저축		5000	3000

2 [레코드 관리] 도구를 이용하여 2개의 목록을 추가해 보세요.

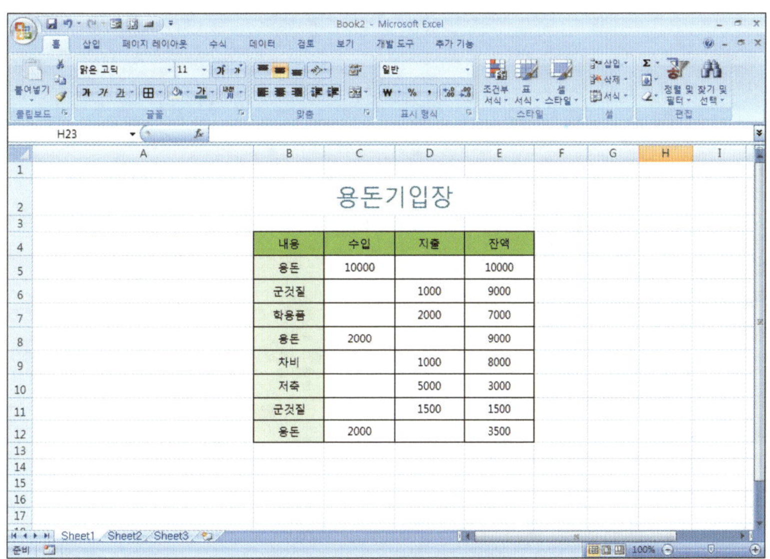

용돈기입장

내용	수입	지출	잔액
용돈	10000		10000
군것질		1000	9000
학용품		2000	7000
용돈	2000		9000
차비		1000	8000
저축		5000	3000
군것질		1500	1500
용돈	2000		3500

 **힌 트**

[레코드 관리]로 레코드를 추가하면 자동 채우기가 자동으로 설정되어 잔액을 계산해 줌

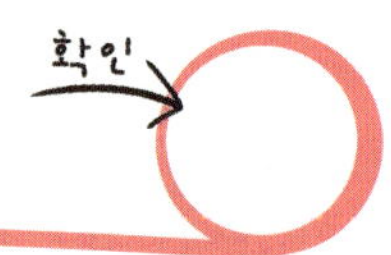

월   일   점수

1 엑셀 2007을 실행한 후 다음과 같이 문서를 작성하고 조건에 맞게 데이터와 속성을 설정해 보세요.

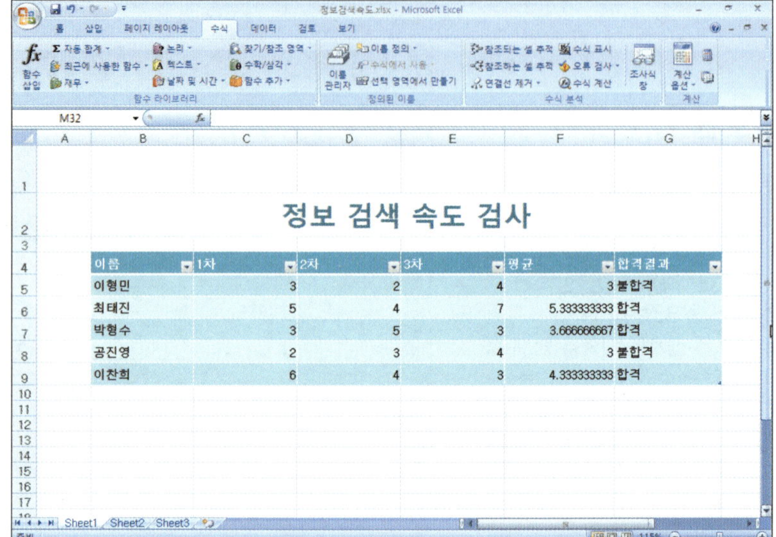

조건

- '평균'에 '1차', '2차', '3차'의 평균을 [AVERAGE] 함수를 이용하여 구할 것
- '합격결과'에 평균이 3이 넘으면 '합격', 아니면 '불합격'을 표시할 것
- 표 서식(표 스타일 보통 13)을 설정할 것
- 제목 서식 : 맑은 고딕, 24pt, 파랑

2 다음 조건에 맞게 내용을 수정해서 꾸며 보세요.

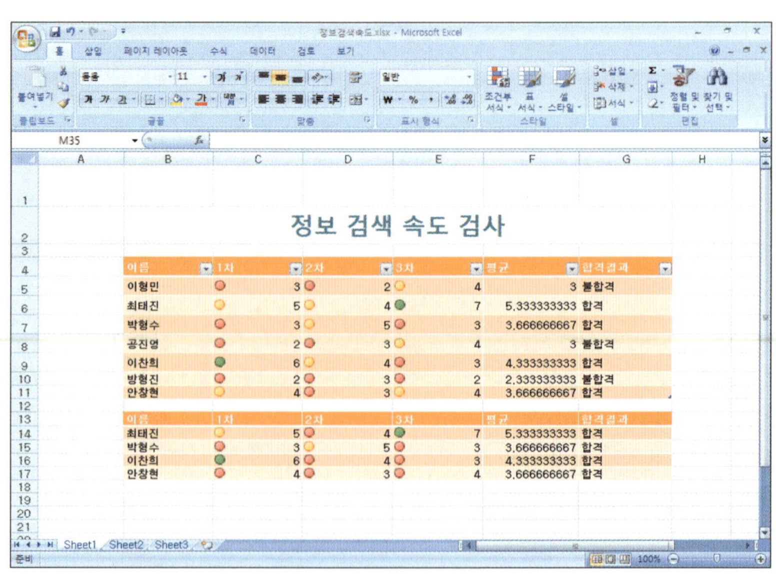

조건

- 표 서식(표 스타일 보통 14)을 변경할 것
- [레코드 관리] 도구를 이용하여 2개의 레코드 추가할 것
- [C5]~[E9] 셀에 [조건부 서식]-[아이콘 집합]-[3색 신호등(테두리 없음)]을 설정할 것
- 자동 필터를 이용하여 합격자 레코드만 표시하여 [B13] 셀에 복사하여 붙여 넣을 것

17
감사의 달, 5월 달력 만들기

엑셀 2007에는 워크시트를 꾸밀 수 있는 도구들이 많이 있답니다. 원하는 위치에 글을 입력하는 [텍스트 상자], 예쁜 글자를 입력하는 [워드아트(WordArt)], [그림]이나 [클립 아트]를 삽입해서 문서를 꾸밀 수 있지요. 이러한 다양한 도구들을 사용하여 5월 달력을 꾸며보고, 다양한 문서 보기 방법에 대해서 알아볼까요?

1 텍스트 상자 삽입하기
2 워드아트 글자 입력하기
3 그림과 클립 아트 삽입하기

[그림]과 [클립 아트]를 삽입하여 나만의 멋진 달력을 만들 수 있어!

감사의 달 5월

1 텍스트 상자 삽입하기

텍스트 상자는 원하는 위치에 텍스트 상자를 삽입하여 텍스트가 강조되도록 합니다. 여기서는 페이지 레이아웃 보기 상태에서 달력을 작성한 다음 텍스트 상자로 행사일을 적어보겠습니다.

1 엑셀 2007을 실행한 다음 [보기] 탭의 [통합 문서 보기] 그룹에서 [페이지 레이아웃]을 클릭한 후 다음과 같이 달력을 작성합니다.

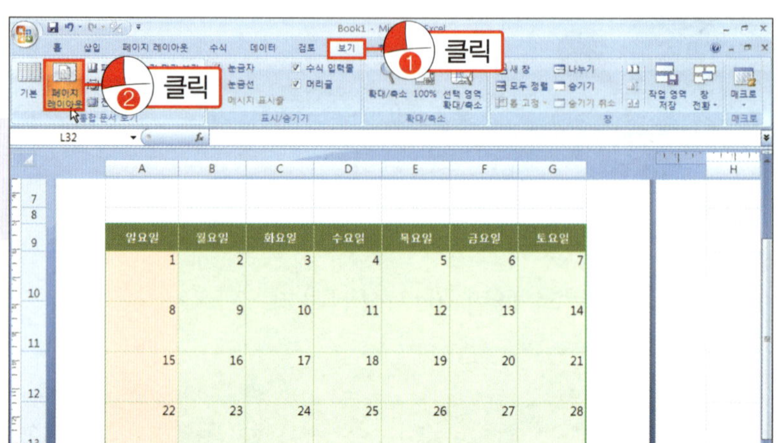

• 글꼴 : 맑은 고딕(요일 – 11pt, 날짜 – 12pt)
• 요일 : 강조색 4
• 날짜 : 채우기 색(월~토 – 황록색, 강조 3, 80% 더 밝게/일 – 주황, 강조 6, 80% 더 밝게)

화금열쇠

열 머리글에서 열 간격을 조절해서 화면에 나타나게 할 만큼의 열만 표시합니다.

2 [삽입] 탭의 [텍스트] 그룹에서 [텍스트 상자]를 클릭하고 [가로 텍스트 상자]를 선택합니다.

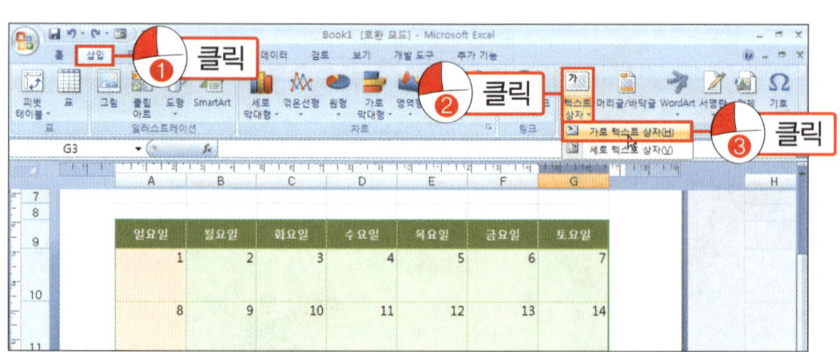

화금열쇠

[세로 텍스트 상자]는 세로 방향으로 글을 입력해주는 글상자입니다.

3 [A11] 셀을 클릭한 다음 마우스로 드래그해서 원하는 크기의 텍스트 상자를 만들고, 다음 글을 입력합니다.

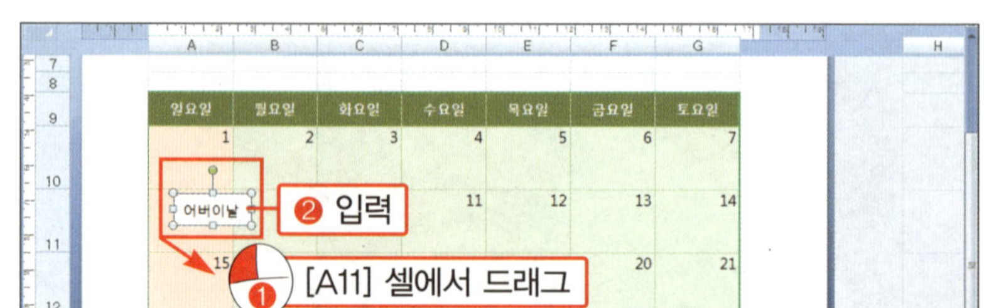

4 [서식] 탭의 [도형 스타일] 그룹에서 ▼[자세히]를 클릭한 다음 [보통 효과–강조 6]을
선택합니다.

5 텍스트 상자의 녹색 핸들을 마우스로 드래그해서 적당하게 회전시킵니다.

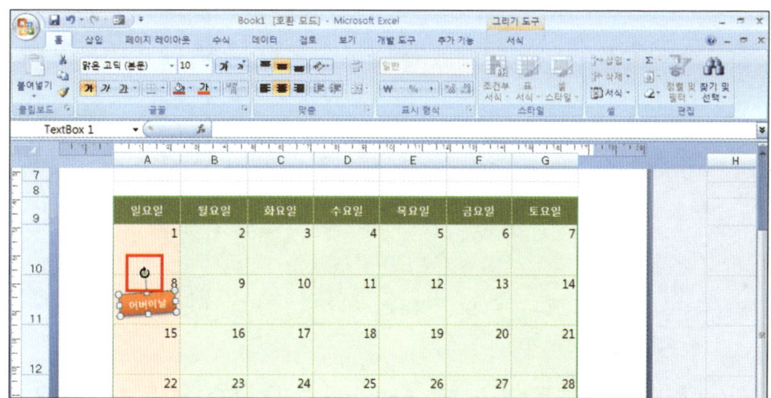

6 같은 방법으로 텍스트 상자를 추가합니다.

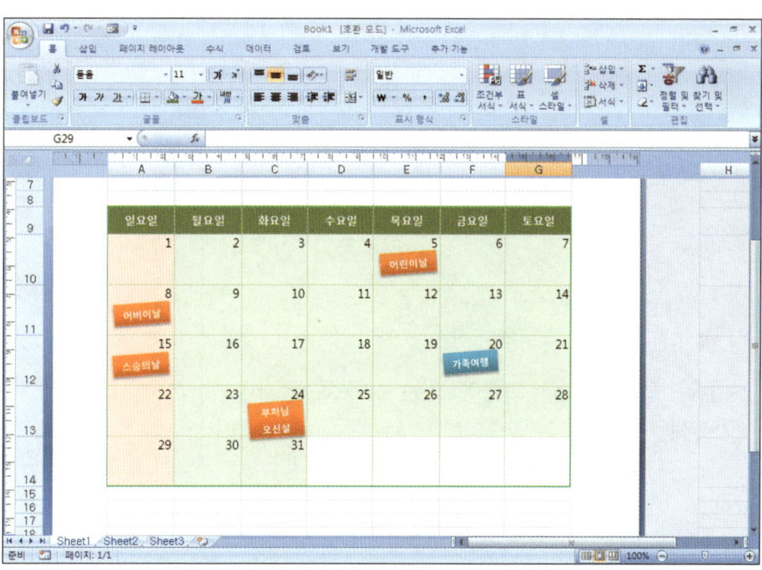

🔑 황금열쇠

Ctrl 을 누른 상태에서 텍스트 상자를 드
래그하면 텍스트 상자가 복사됩니다.

2 워드아트 글자 입력하기

[워드아트]는 글자에 다양한 장식 효과를 주는 도구로 제목 등의 텍스트를 두드러지게 보이도록 할 때 사용합니다. 여기서는 달력의 제목을 워드아트로 만들어 보겠습니다.

1 [삽입] 탭의 [텍스트] 그룹에서 [WordArt]를 클릭하고 [채우기 강조 2, 부드러운 무광택 입체]를 선택합니다.

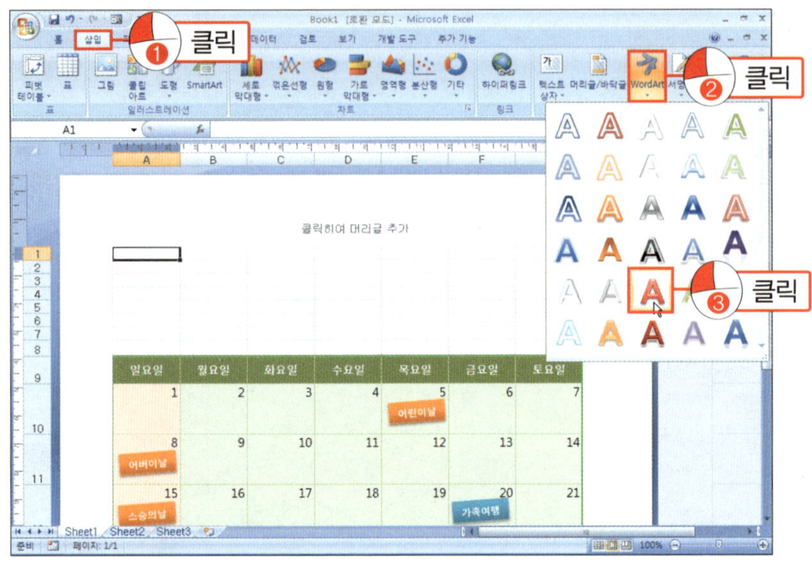

2 삽입된 텍스트 상자에 '감사의 달 5월'을 입력합니다.

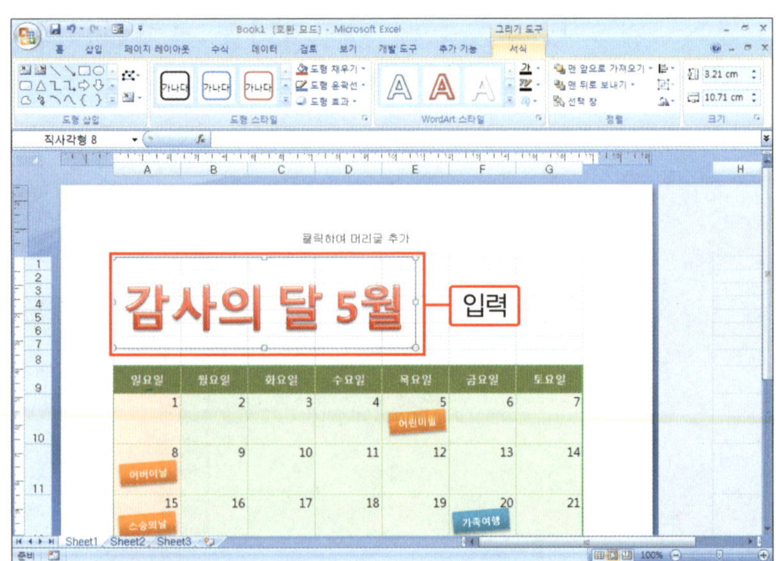

황금열쇠

[홈] 탭의 [글꼴] 그룹에 있는 도구로 글자 속성을 변경할 수 있습니다.

3 [그리기 도구]-[서식] 탭의 [WordArt 스타일] 그룹에서 [텍스트 효과]를 클릭하고 [반사]-[근접 반사, 터치]를 선택합니다.

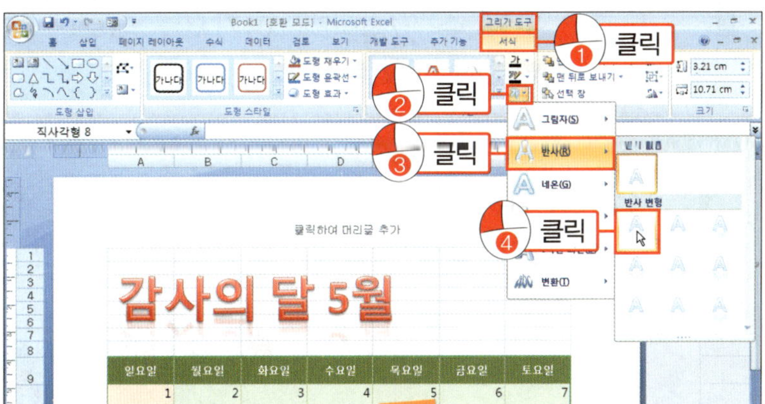

황금열쇠

[반사]는 글자 아래에 반사 이미지를 표시하는 효과입니다.

4 [그리기 도구]-[서식] 탭의 [WordArt 스타일] 그룹에서 [텍스트 효과]-[변환]-[물결 1]을 선택합니다.

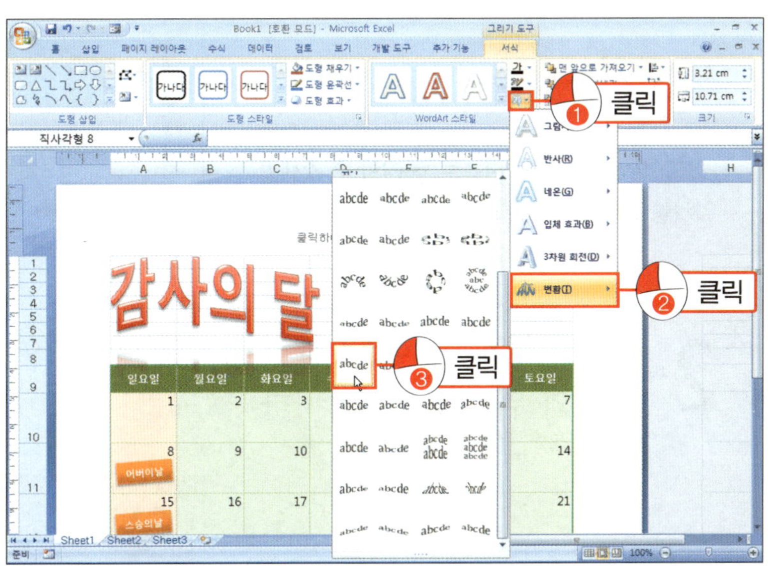

5 분홍색 조절점을 드래그해서 회전 각도를 조절합니다.

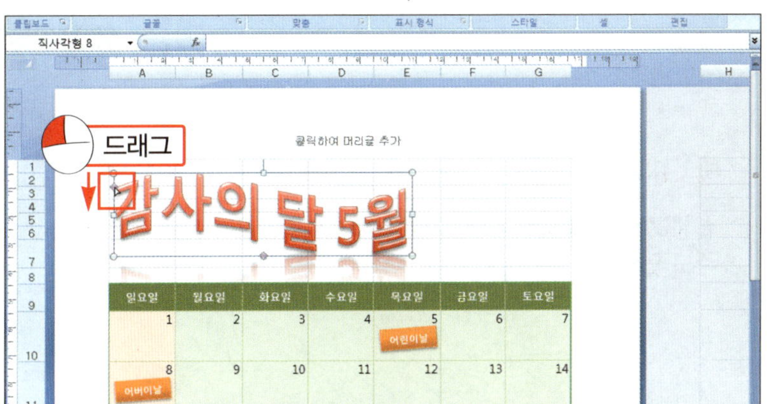

3 그림과 클립 아트 삽입하기

워크시트에 그림과 클립 아트를 삽입할 수 있으며 이것을 서식 도구로 예쁘게 꾸밀 수 있습니다. 여기서는 달력에 그림과 클립 아트를 삽입하여 서식을 변경해 보겠습니다.

1 [삽입] 탭의 [일러스트레이션] 그룹에서 [클립 아트]를 클릭하면 나타나는 [클립 아트] 작업 창의 [검색 대상]에 '불상'을 입력하고 [이동]을 클릭합니다.

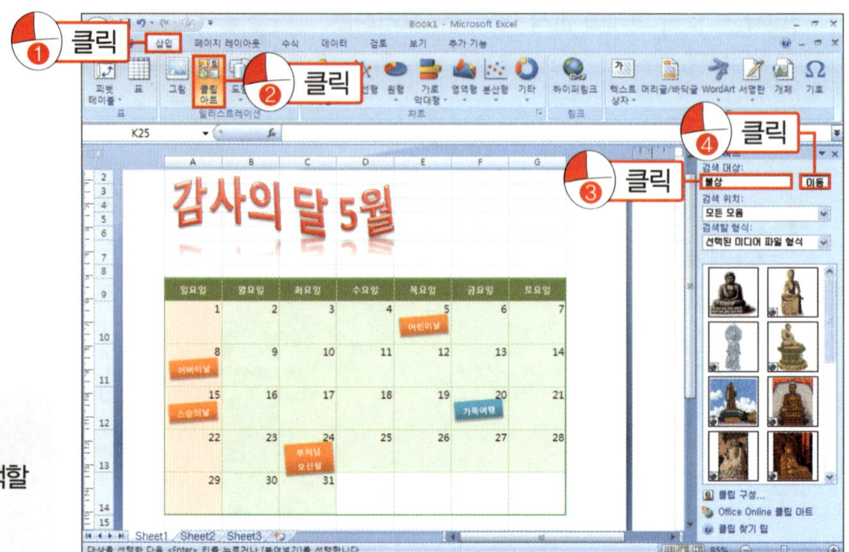

 **황금열쇠**

[검색 위치]의 내림 단추를 클릭하여 검색할 위치를 선택할 수 있습니다.

2 [불상, 불교, 조각물] 클립 아트를 클릭하여 문서에 삽입하고 조절점을 드래그하여 크기와 위치를 조절합니다.

황금열쇠

선택한 클립 아트를 문서로 드래그하여 삽입할 수도 있습니다.

3 [삽입] 탭의 [일러스트레이션] 그룹에서 [클립 아트]를 클릭하여 선택 해제하면
[클립 아트] 작업 창이 사라집니다.

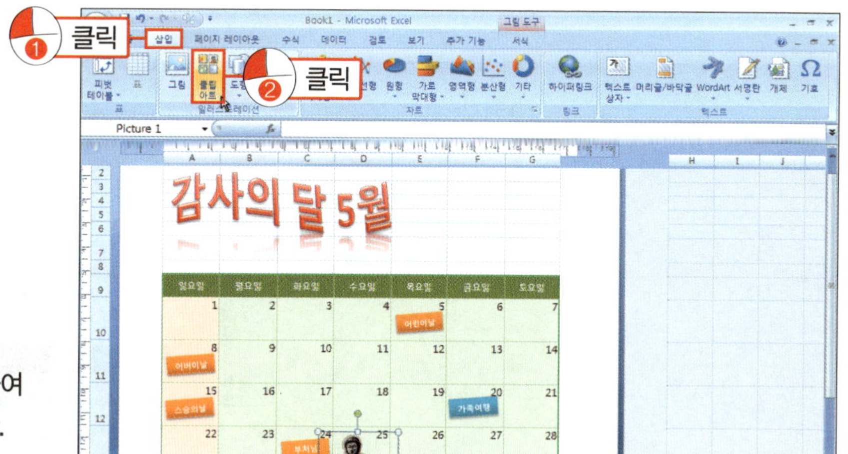

🎈한 금 열 쇠

[클립 아트] 작업 창의 [닫기]를 클릭하여
[클립 아트] 작업 창을 숨길 수도 있습니다.

4 [삽입] 탭의 [일러스트레이션] 그룹에서 [그림]을 클릭합니다.

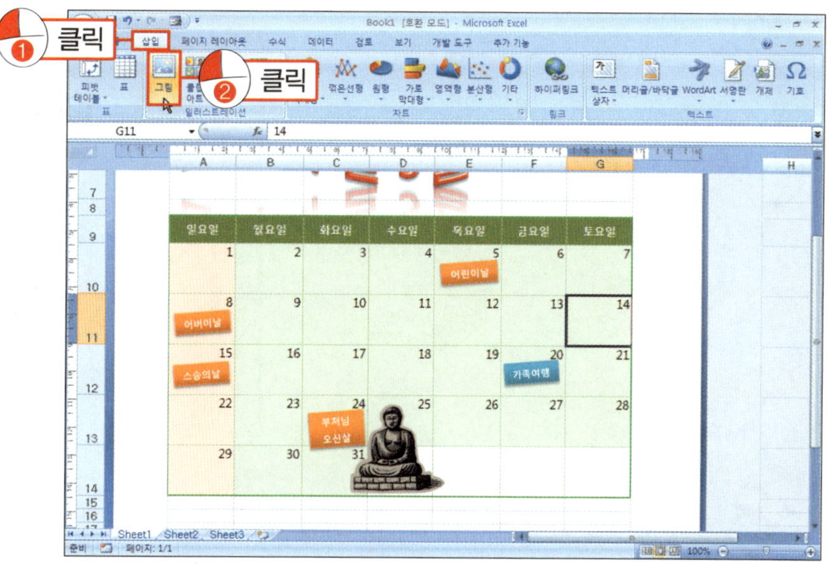

5 [그림 삽입] 대화 상자에서 [여행사진1]을 선택한 다음 [삽입]을 클릭합니다.

6 그림을 드래그해서 위치를 조절하고 조절점을 드래그해서 크기를 조절합니다.

7 [그림 도구]-[서식] 탭의 [그림 스타일] 그룹에서 [자세히]를 클릭한 다음 [회전, 흰색]을 선택합니다.

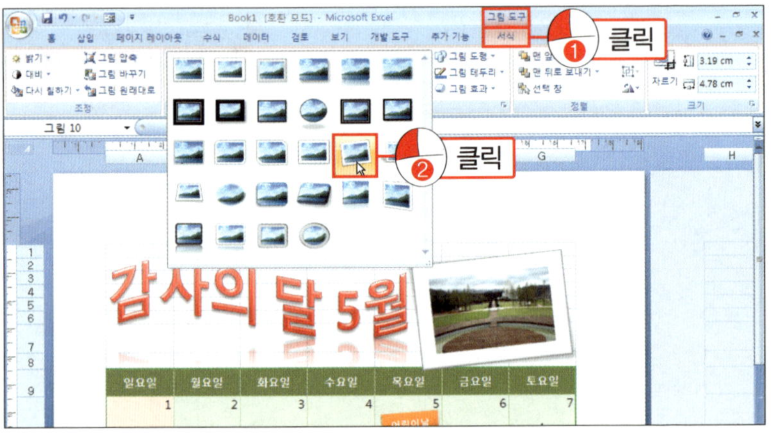

8 같은 방법으로 그림과 클립 아트를 삽입해서 꾸밉니다.

클립 아트 검색어 : 선물, 카네이션

1 엑셀 2007을 실행한 후 워드아트와 텍스트 상자를 삽입해서 다음과 같이 문서를 작성해 보세요.

 **조건**

- 워드아트 : WordArt 스타일(채우기 – 강조 6, 그라데이션 윤곽선 – 강조 6)을 설정
- [A6]~[G6] 셀 서식 : 맑은 고딕, 12 픽셀, 노랑
- 텍스트 상자를 추가하여 7개의 취미 목록을 만든 다음 도형 스타일을 설정할 것
- 도형 스타일 : 일(보통 효과 – 강조 2), 월(보통 효과 – 강조 6), 화/토 (보통 효과 – 강조 3), 수(보통 효과 – 강조 1), 목(보통 효과 – 강조 5), 금(보통 효과 – 강조 4)

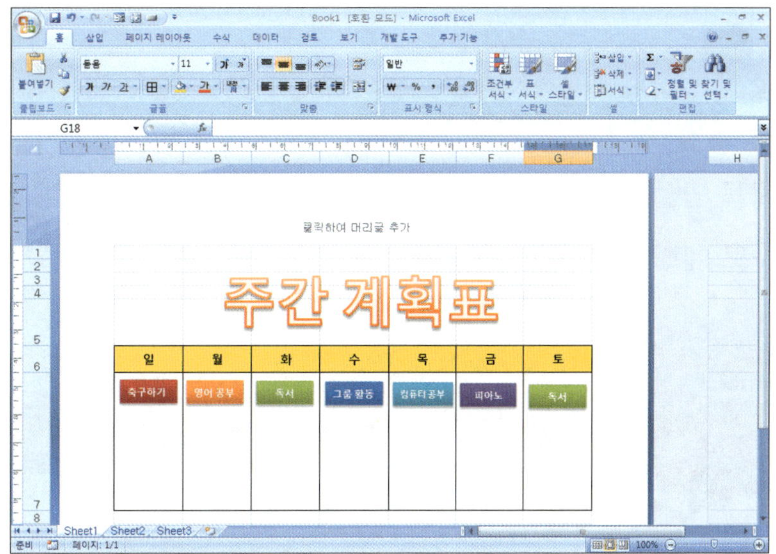

2 사진과 클립 아트를 삽입하고 워드아트를 변형해서 다음과 같이 꾸며 보세요.

 **조건**

- 워드아트 : 변환(역갈매기형 수장) 효과를 설정할 것
- 그림 : 그림 스타일(입체 타원, 검정)을 설정할 것
- 클립 아트 : 축구, 영어, 독서, 토론, 컴퓨터, 피아노로 검색하여 삽입

18 타자 속도 변화를 차트로 확인하기

표는 데이터를 기록하고 정리하기에는 적절하지만 데이터를 한 눈에 파악하기에는 어려움이 있답니다. 이러한 경우 차트를 사용하면 데이터를 비교하거나 데이터의 변화 모습을 시각적으로 보여 줄 수 있습니다. 여기서는 차트를 작성하고 차트와 차트 구성 요소를 예쁘게 꾸미는 방법에 대해서 알아볼까요?

1 차트 만들기
2 차트 예쁘게 꾸미기

구분	1차	2차	3차
나	120	126	145
동생	90	110	125

1 차트 만들기

차트를 만들려면 우선 데이터로 표를 작성해야 합니다. 여기서는 타자 속도 분석 데이터를 표로 작성한 후 묶은 세로 막대형 차트를 만들어 보겠습니다.

1 엑셀 2007을 실행한 후 다음과 같이 문서를 작성합니다.

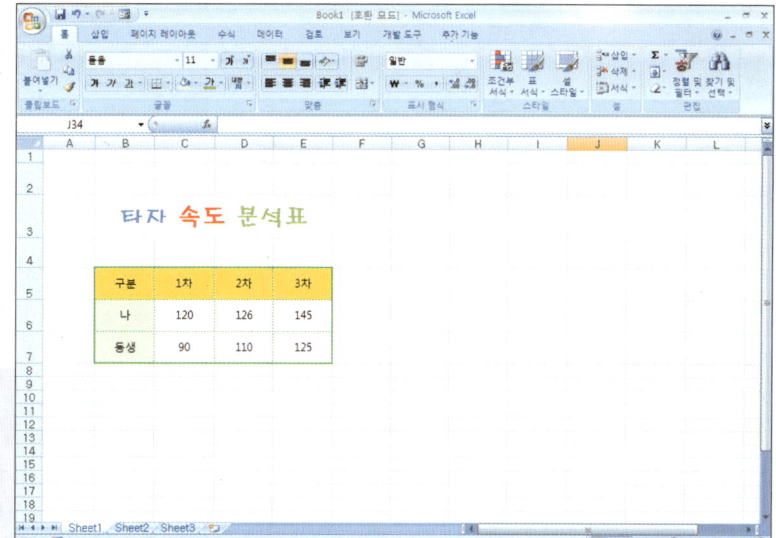

- 제목 : HY엽서M(24pt, 굵게), 글꼴 색(진한 파랑, 텍스트 2, 40% 더 밝게, 빨강, 황록색, 강조 3)
- 내용 : 맑은 고딕(11pt), 채우기 색(표 제목 – 노랑, 구분 항목 – 황록색, 강조 3, 80% 더 밝게)
- 표 : 선 색(녹색), 선 스타일(⬜ – 바깥쪽 테두리, ⬚ – 안쪽 테두리)

2 표를 블록 설정한 다음 [삽입] 탭의 [차트] 그룹에서 [세로 막대형]을 클릭하고 [묶은 세로 막대형]을 선택합니다.

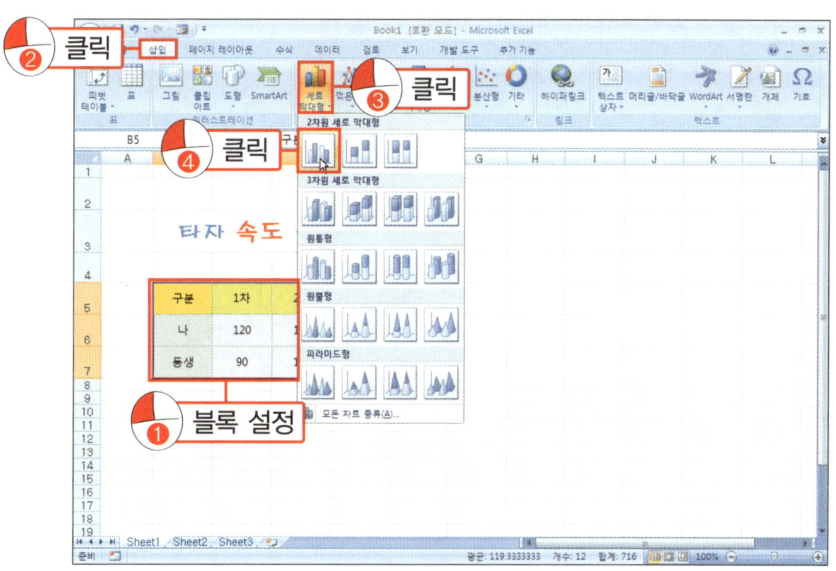

3 [차트 도구]–[디자인] 탭의 [차트 레이아웃] 그룹에서 [자세히]를 클릭한 다음 [레이아웃4]를 선택합니다.

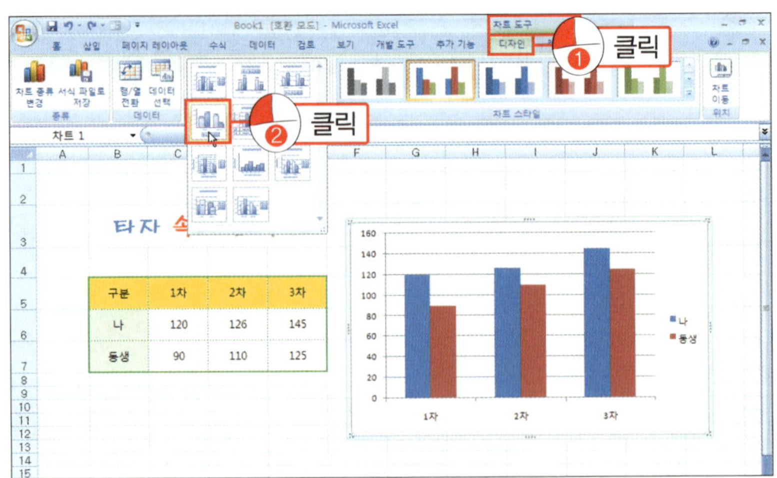

4 [차트 도구]–[디자인] 탭의 [차트 스타일] 그룹에서 [자세히]를 클릭한 다음 [스타일 26]을 선택합니다.

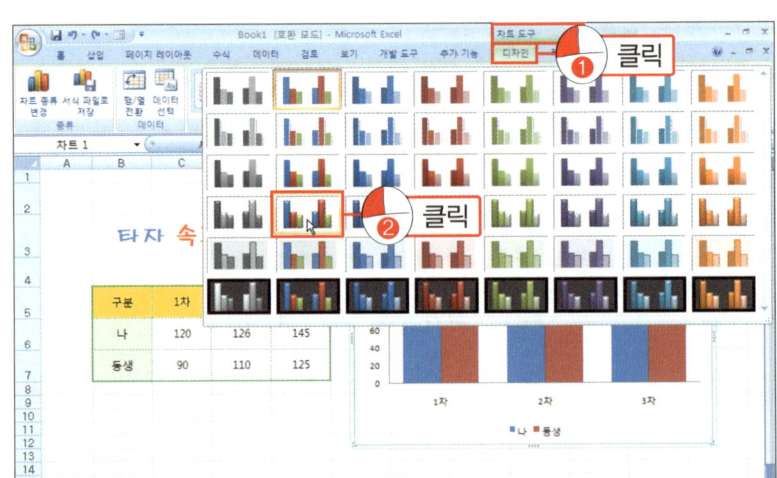

황금열쇠

[차트 종류 변경]을 클릭해서 원형, 분산형 등 다른 종류의 차트로 바꿀 수 있습니다.

5 차트를 마우스로 드래그해서 위치를 조절하고 차트의 조절 점을 드래그해서 크기를 조절 합니다.

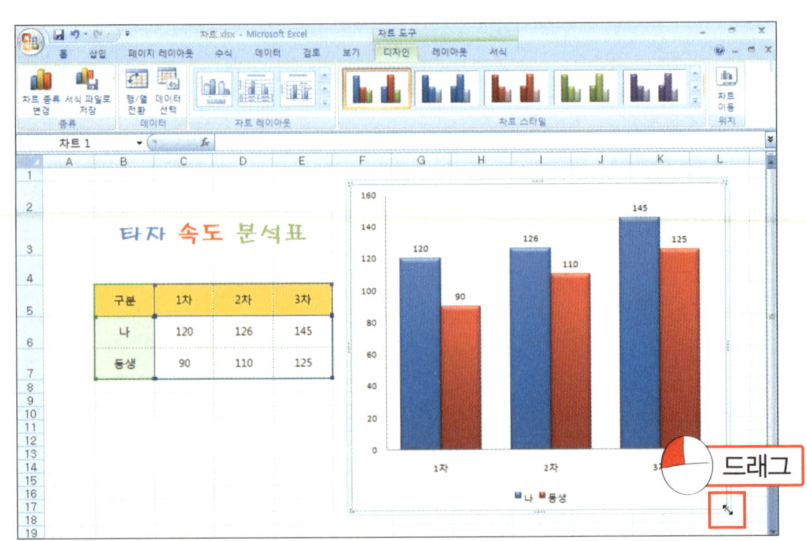

2 차트 예쁘게 꾸미기

차트에는 많은 구성 요소가 있습니다. 특정 구성 요소를 표시하거나 감출 수 있으며 각각의 요소를 예쁘게 꾸밀 수도 있습니다. 여기서는 앞에서 작성한 차트를 예쁘게 꾸며 보겠습니다.

1 차트를 선택한 다음 [차트 도구]-[레이아웃] 탭의 [레이블] 그룹에서 [데이터 표]를 클릭하고 [데이터 표 표시]를 선택합니다.

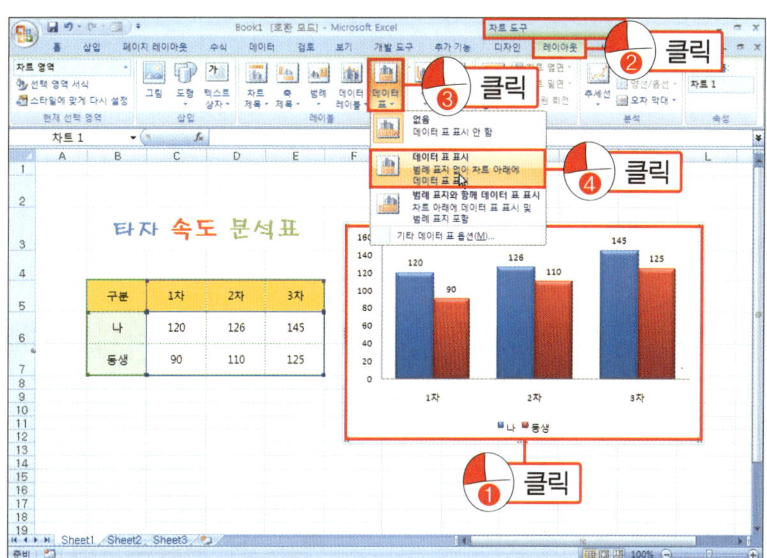

🔑 황금열쇠

[데이터 표]는 차트에 사용된 데이터를 표로 보여주는 도구입니다.

2 [차트 도구]-[레이아웃] 탭의 [축] 그룹에서 [눈금선]을 클릭하고 [기본 가로 눈금선]- [주 눈금선]을 선택합니다.

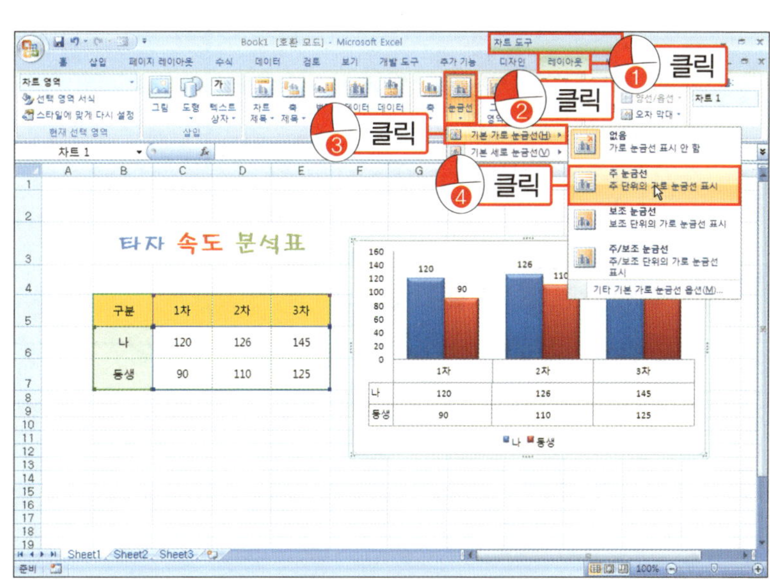

🔑 황금열쇠

[기본 세로 눈금선]에서는 세로 방향으로 눈 금선을 그릴 수 있습니다.

3 차트의 계열 막대를 클릭하고 [**현재 선택 영역**] 그룹에서 [**선택 영역 서식**]을 클릭합니다.

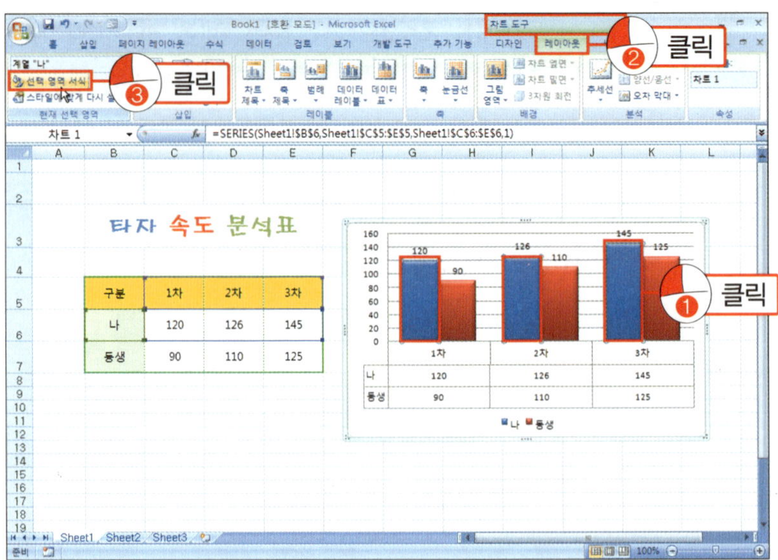

4 [**데이터 계열 서식**] 대화 상자가 나타나면 [**채우기**]에 [**채우기**]–[**단색 채우기**]를 선택한 다음 [색]을 클릭해서 [**황록색, 강조 3**]을 선택하고 [**닫기**]를 클릭합니다.

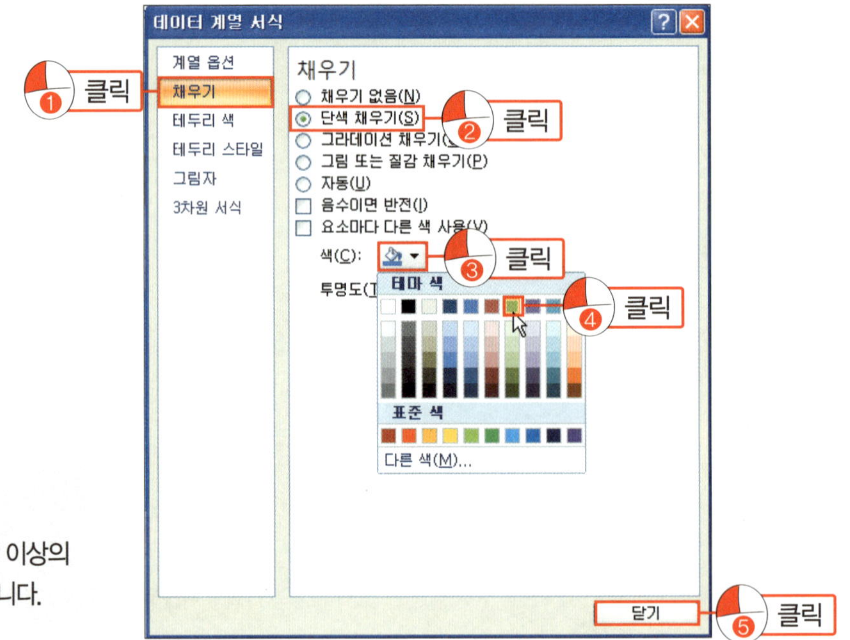

🎈**황금열쇠**

[**그라데이션 채우기**]를 선택하면 2가지 이상의 색으로 색이 번지는 효과를 줄 수 있습니다.

5 차트를 구성하는 목록을 클릭한 다음 [홈] 탭의 [글꼴] 그룹에서 [글꼴 크기]는 [11]로 설정하고 **가** [굵게]를 클릭합니다.

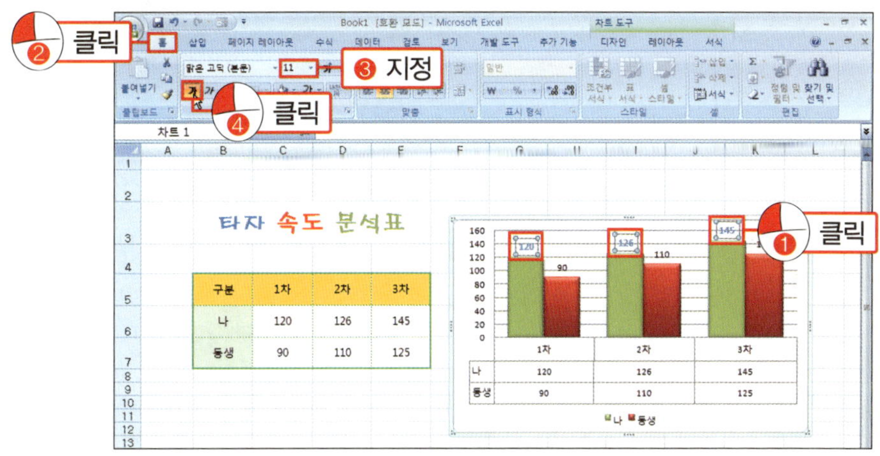

6 같은 방법으로 차트 구성 요소의 속성을 변경해서 꾸밉니다.

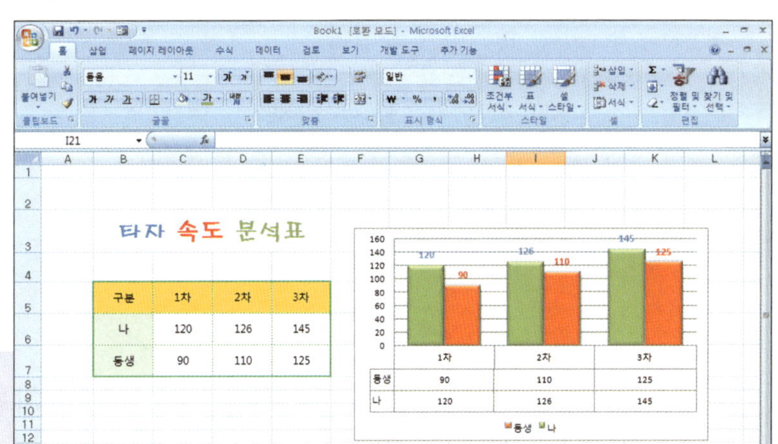

- 데이터 레이블 : 나(파랑, 강조 1), 동생(11pt, 빨강)
- 데이터 막대 : 동생(주황, 강조 6, 25% 더 어둡게)
- 데이터 표 : '나', '동생' 데이터 자리 이동

보물상자

차트 구성 요소

차트는 여러 가지의 요소로 구성되어 있습니다. 차트를 구성하는 요소의 이름에 대해서 알아보겠습니다.

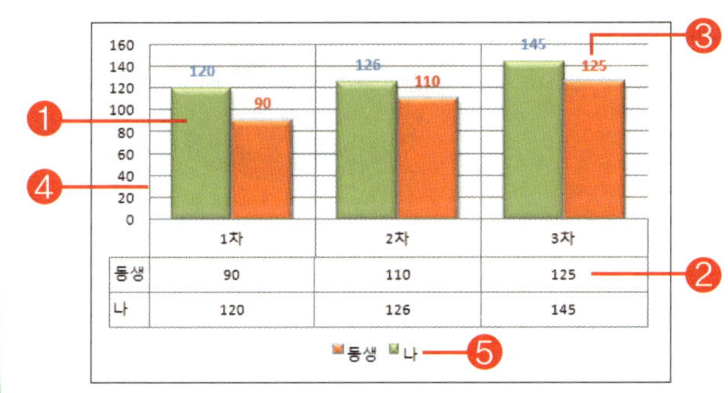

❶ 계열　　❷ 데이터 표
❸ 데이터 레이블　　❹ 눈금선
❺ 범례

월 　 일 　 점수

1 엑셀 2007을 실행한 후 다음과 같이 데이터를 작성하고 다음과 같은 모양의 [묶은 원뿔형(가로)] 모양의 차트를 만들어 보세요.

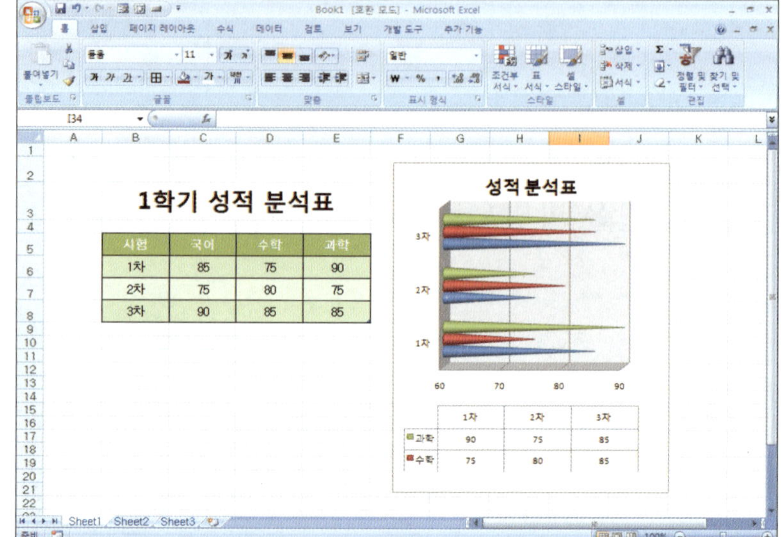

조건

- 제목 : 맑은 고딕(24pt, 굵게)
- 표 : 돋움(12pt), 표 스타일 보통 11
- 차트 : 차트 스타일 34, 가로 막대형 (묶은 원뿔형(가로)), 차트 제목(차트 위), 범례 표시와 함께 데이터 표 표시, 눈금선(기본 세로 눈금선 – 주 눈금선), 축(기본 축 표시)

2 다음과 같이 데이터를 작성하고 [3차원 쪼개진 원형] 모양의 차트로 만들어서 꾸며 보세요.

 **조건**

- 제목 : 돋움(22pt), 글꼴 색(주황, 강조 6, 25% 더 어둡게)
- 표 : 돋움(14pt), 글꼴 색(흰색 배경 1), 채우기 색([C5] 셀 – 황록색, 강조 3, 50% 더 어둡게, 이름 항목 – 노랑)
- 차트 : 스타일 10, 종류 – 원형(3차원 쪼개진 원형), 레이아웃 1, 차트 제목 – 차트 위

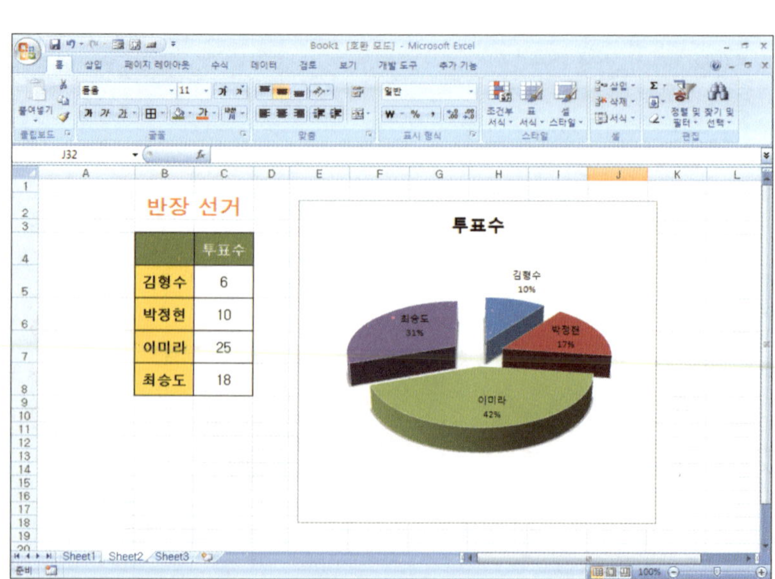

학급 임원 조직도 만들기

도형으로 학급 임원 조직도를 만들려면 무척 힘들겠죠? 이럴 때는 [스마트아트(SmartArt)]를 이용하면 쉽고 편리하게 조직도를 만들 수 있답니다. 필요한 텍스트의 양과 도형 수에 잘 어울리는 스마트아트를 선택하고 제공되는 스타일을 적용하여 예쁜 조직도를 쉽게 만들 수 있지요. 이제부터 스마트아트를 이용해서 학급 임원 조직도를 만들어 볼까요?

1 스마트아트로 조직도 만들기

2 조직도 꾸미기

1 스마트아트로 조직도 만들기

스마트아트를 이용해서 다양한 모양의 조직도를 만들 수 있습니다. 여기서는
학급 임원을 소개하는 조직도를 만들어 보겠습니다.

1 엑셀 2007을 실행한 후 다음과 같이 문서를 꾸민 다음 **[삽입]** 탭의 **[일러스트레이션]**
그룹에서 **[SmartArt]**를 클릭합니다.

• 클립 아트 : '교실'로 검색하여 삽입
• [E3]~[J3] 셀 병합하고 제목 입력, 서식(휴먼매직체, 36pt,
  셀 스타일(좋음)

황금열쇠

[E3]~[J3] 셀 영역을 병합한 후 배경색을 넣고
워드아트로 글자를 꾸밉니다.

2 **[SmartArt 그래픽 선택]** 대화 상자가 나타나면 **[계층 구조형]**을 클릭하고 **[조직도형]**을
선택한 다음 **[확인]**을 클릭합니다.

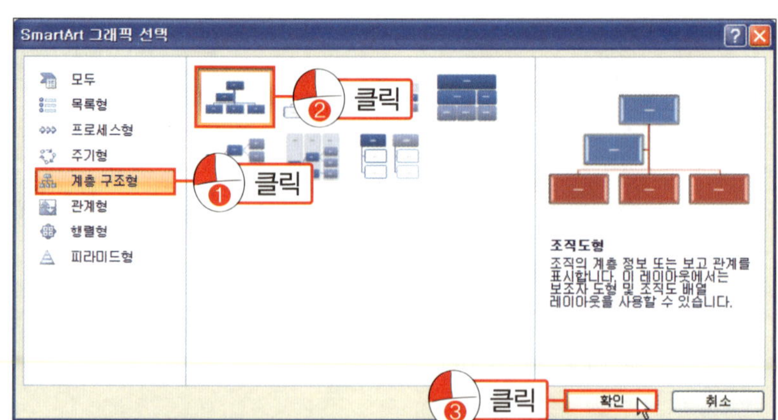

3 [SmartArt 도구]–[디자인] 탭의 [그래픽 만들기] 그룹에서 [텍스트 창]을 클릭하여
텍스트 창이 나타나면 글을 입력합니다.

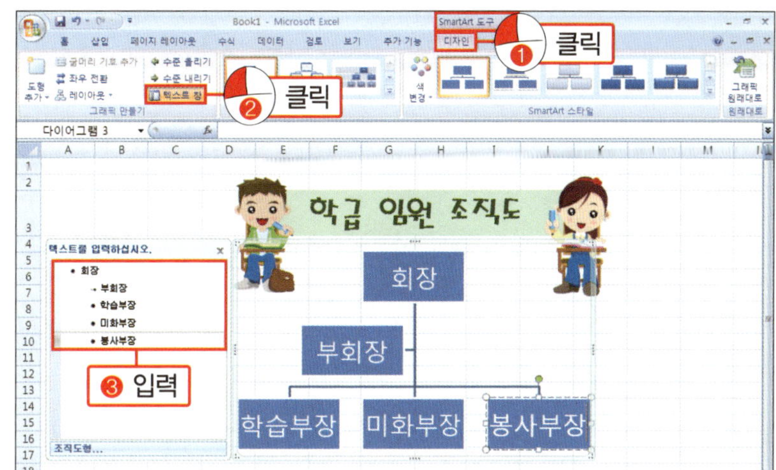

황금열쇠
각 목록을 클릭하여 내용을 입력하면 스마트
아트의 해당 도형 안에 내용이 입력됩니다.

4 [부장] 도형에서 마우스 오른쪽 단추를 클릭하고 [도형 추가]–[뒤에 도형 추가]를
선택합니다.

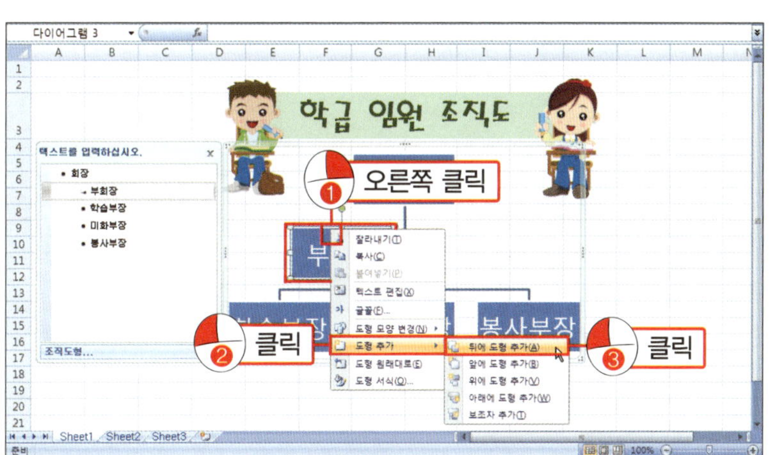

황금열쇠
[뒤에 도형 추가]를 선택하면 선택한 도형과
같은 위치 뒤쪽에 도형이 추가됩니다.

보물상자

도형 추가 방식

도형 추가 방식은 선택한 스마트아트 종류마다 다릅니다.
예제에서 사용한 [조직도형] 스마트아트는 5가지 도형 추가
방식을 지원하지만 다른 스마트아트는 [앞에 도형 추가]와
[뒤에 도형 추가]를 기본으로 지원하며 스마트아트 종류에
따라 [위에 도형 추가], [아래에 도형 추가]를 지원합니다.

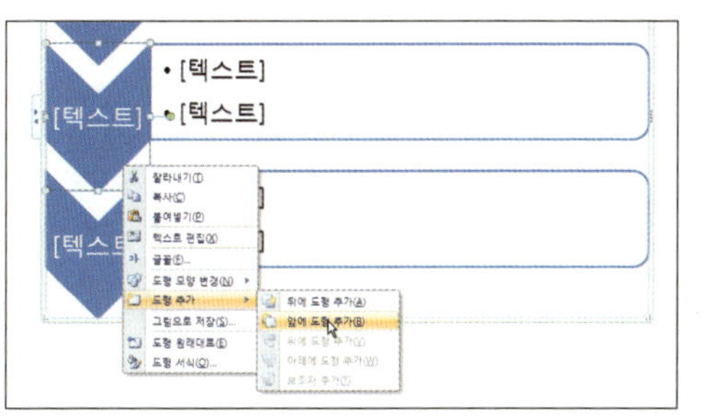

5 도형이 추가되면 텍스트 창의 추가된 목록에 '**총무**'를 입력합니다.

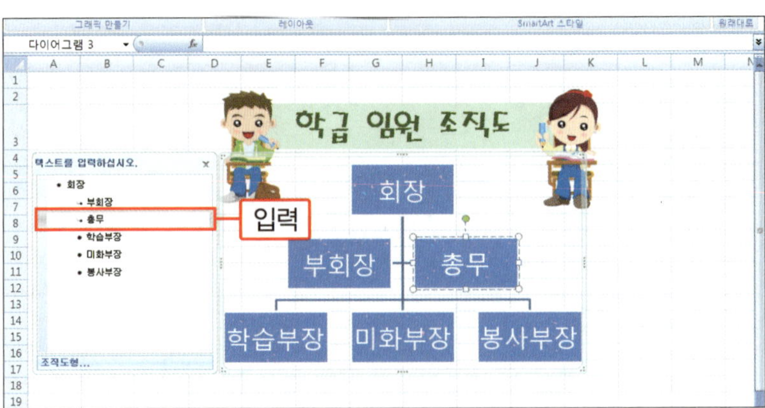

황금열쇠

추가된 도형을 마우스 오른쪽 단추로 클릭하고 [**텍스트 편집**]을 선택하여 내용을 입력할 수 있습니다.

6 같은 방법으로 [**총무**] 도형에서 [**아래에 도형 추가**], [**봉사부장**] 도형에서 [**뒤에 도형 추가**]로 도형을 추가하여 각각 '**서기**'와 '**체육부장**'을 입력합니다.

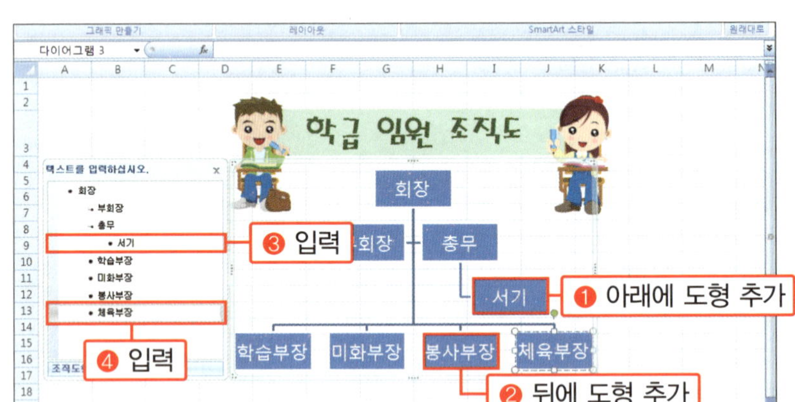

황금열쇠

목록의 수가 많아지면 스마트아트의 크기와 글꼴 크기가 전체 크기에 맞게 축소됩니다.

보물상자

조직도 도형 추가하기

도형을 추가할 도형에서 마우스 오른쪽 단추를 클릭한 다음 [**도형 추가**] 항목을 이용하여 5가지 방식으로 도형을 추가할 수 있습니다. '기준' 도형을 중심으로 도형의 위치를 알아보겠습니다.

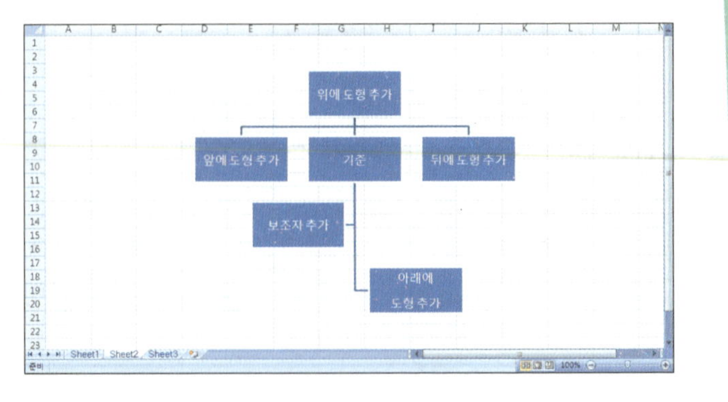

2 조직도 꾸미기

엑셀 2007에서 제공하는 스마트아트 스타일로 스마트아트의 스타일과 색을 변경할 수 있습니다. 여기서는 앞에서 만든 학급 임원 조직도를 꾸며보겠습니다.

1 스마트아트를 선택하고 [SmartArt 도구]–[디자인] 탭의 [SmartArt 스타일] 그룹에서 ▾[자세히]를 클릭하여 [광택 처리]를 선택합니다.

황금열쇠

각각의 스타일 목록에 마우스를 위치하면 미리 보기 형태로 스타일을 확인할 수 있습니다.

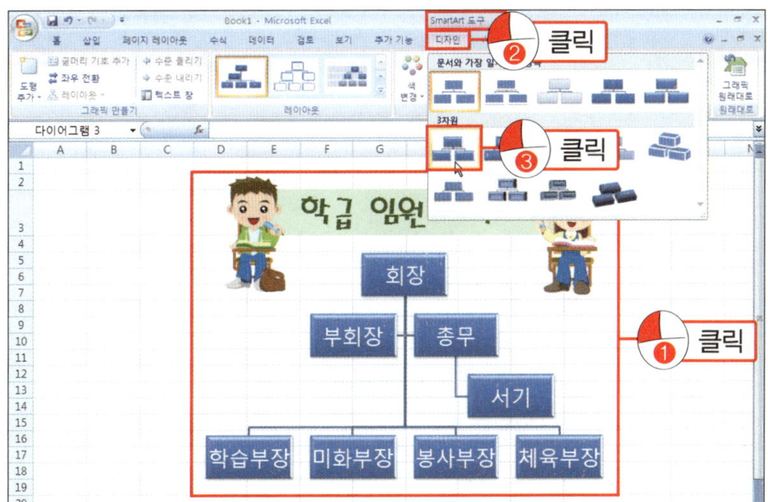

2 [SmartArt 도구]–[디자인] 탭의 [SmartArt 스타일] 그룹에서 [색 변경]을 클릭하여 [색상형 범위–강조색 4 또는 5]를 선택합니다.

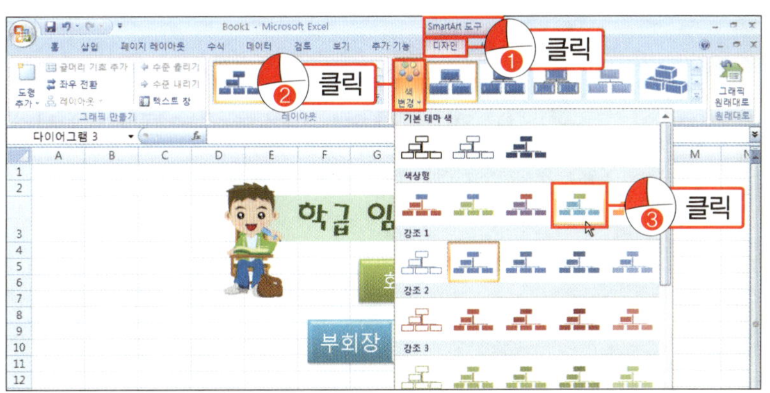

3 스마트아트 영역 밖을 클릭하여 작업을 완료합니다.

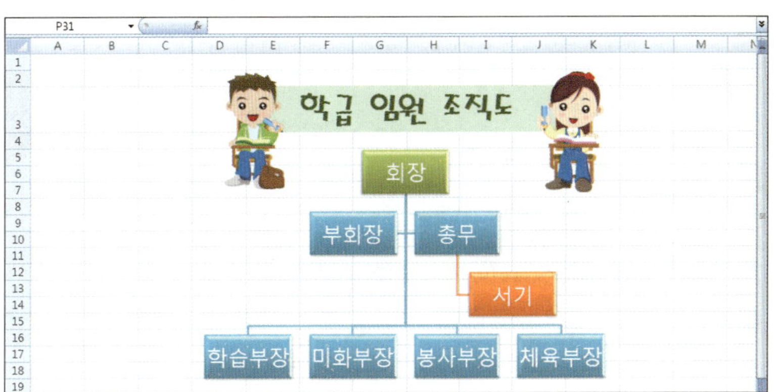

월   일   점수

1 엑셀 2007을 실행한 다음 [세로 블록 목록형] 스마트아트를 이용하여 다음과 같이 꾸며 보세요.

조 건

- 제목 : 워드아트 – 워드아트 스타일 (채우기 – 강조 2, 부드러운 무광택 입체)
- 스마트아트 : 레이아웃 – 목록형(세로 블록 목록형), 색 변경 – 색상형(강조색), SmartArt 스타일(벽돌)

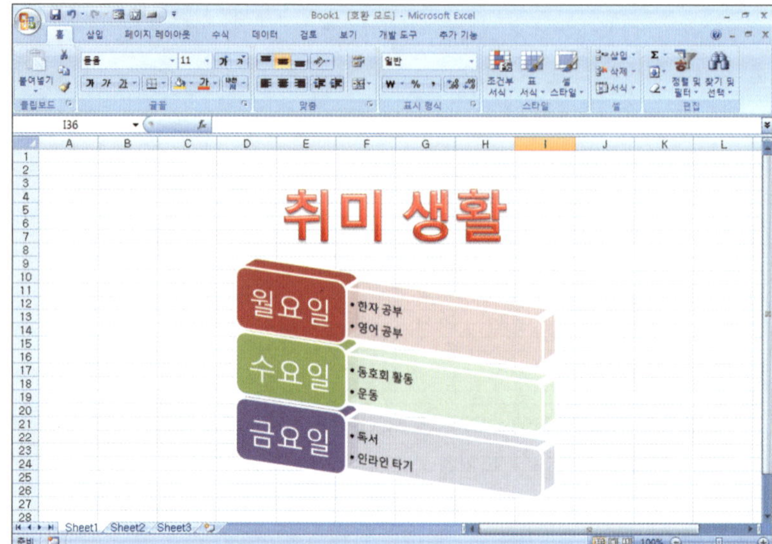

2 [수렴 방사형] 스마트아트를 이용하여 다음과 같이 꾸며 보세요.

조 건

스마트아트 : 레이아웃 – 관계형(수렴 방사형), 색 변경 – 색상형(강조색), SmartArt 스타일(흰색 윤곽선)

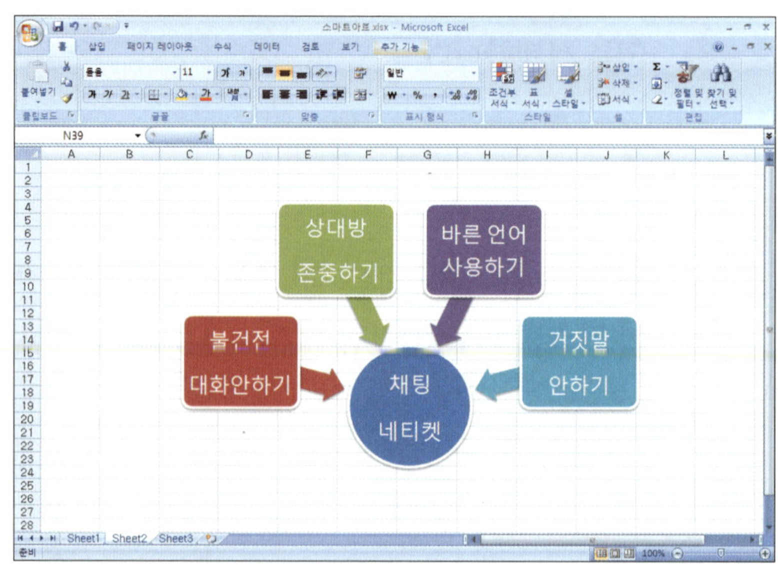

생일 초대카드 만들기

엑셀 2007에서 제공하는 [도형]을 이용하면 사각형, 원형 등의 간단한 도형부터 원뿔, 별 모양 등의 복잡한 도형까지 그릴 수 있습니다. 여러 개의 도형을 그룹으로 묶으면 하나의 도형처럼 취급되어 편집하기 편하지요. 도형을 이용하여 케이크를 그려서 생일 초대 카드를 만드는 방법을 배워 볼까요?

1 도형으로 그림 그리기
2 도형을 그룹으로 묶기

1 도형으로 그림 그리기

[도형] 도구에서 제공하는 여러 가지 도형을 이용하여 그림을 그릴 수 있습니다. 여기서는 원통, 사각형, 원 등의 도형을 이용해서 케이크를 그려 보겠습니다.

1 엑셀 2007을 실행한 다음 [삽입] 탭의 [일러스트레이션] 그룹에서 [도형]을 클릭하고 ▯[원통]을 선택합니다.

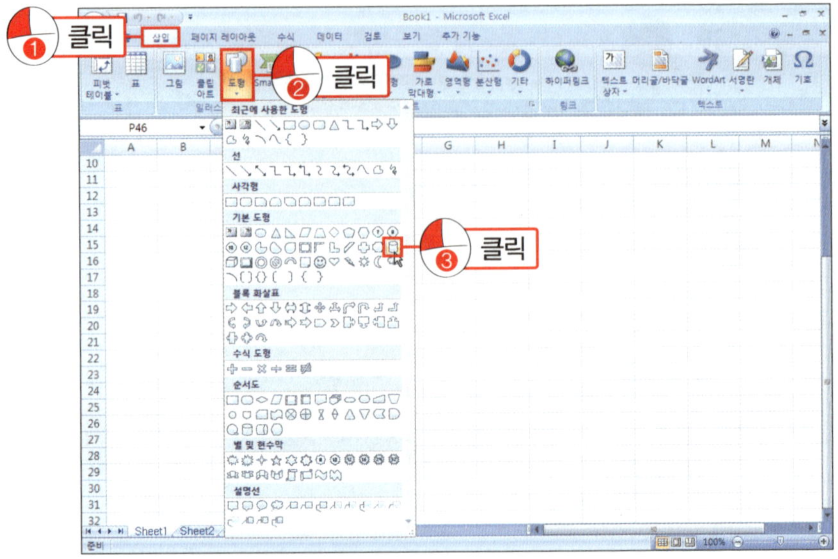

2 마우스로 드래그해서 원통으로 케이크를 그리고 [그리기 도구]–[서식] 탭의 [도형 스타일] 그룹의 ▾[자세히]를 클릭해서 [미세효과–강조 2]를 선택합니다.

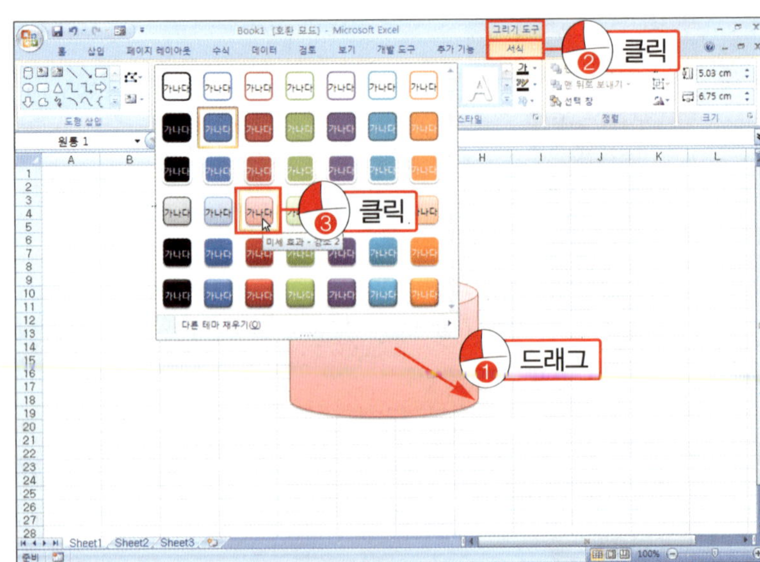

황금열쇠

[도형 채우기]로 도형의 색을 바꿀 수 있고, [도형 윤곽선]으로 도형의 테두리 모양을 지정할 수 있습니다.

3 [그리기 도구]–[서식] 탭의 [도형 삽입] 그룹에서 ▾[자세히]를 클릭하여 □[직사각형]
을 삽입합니다.

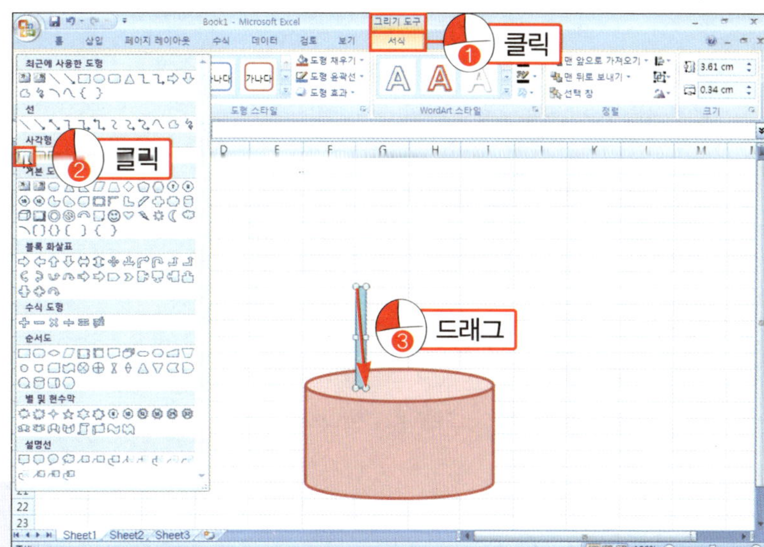

직사각형 : 도형 채우기(바다색, 강조 5, 40% 더 밝게), 도형 윤
곽선(바다색, 강조 5)

4 Ctrl 을 누른 상태에서 직사각형 도형을 드래그해서 복제한 다음 크기를 조절
합니다.

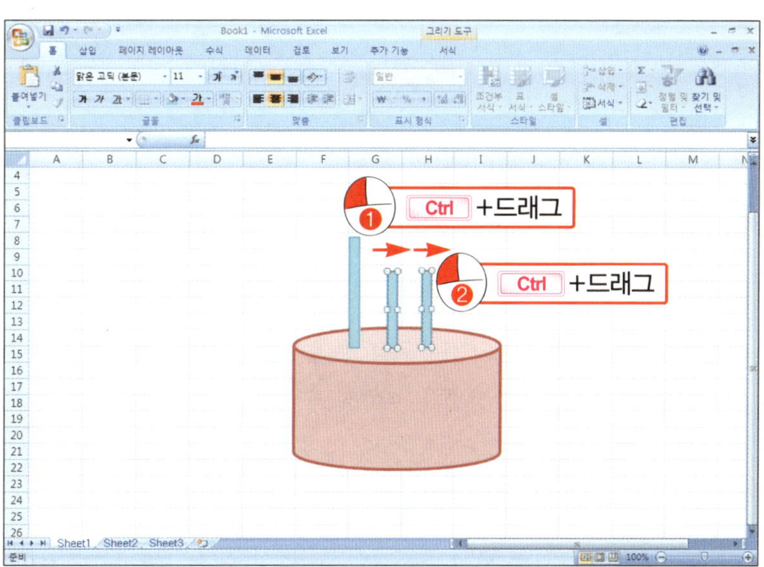

황금열쇠

Ctrl 을 누른 채로 각 도형을 클릭하여 여러
개의 도형을 선택하고, 드래그하면 가로·세로
비율을 같게 하여 조절할 수 있습니다.

5 [삽입] 탭의 [일러스트레이션] 그룹에서 [도형]을 클릭한 후 ◯[타원], ⌒[곡선], ▽[순서도: 병합]을 선택하여 다음과 같이 그림을 그립니다.

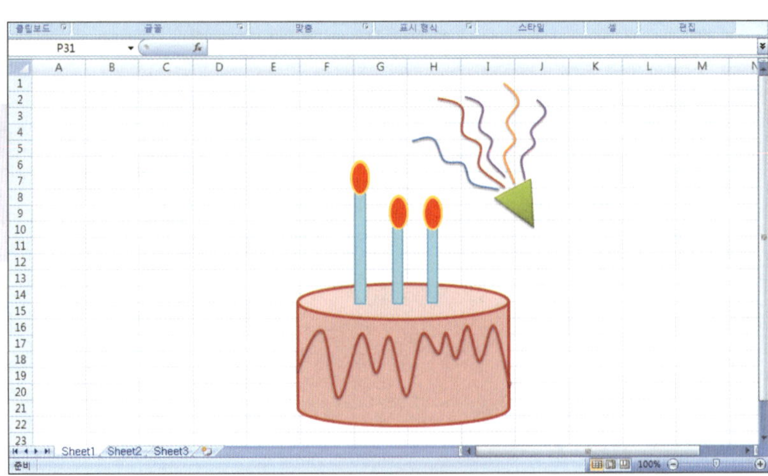

- 타원 : 도형 채우기(빨강), 도형 윤곽선(노랑)
- 병합 : 강한 효과, 강조 3
- 케이크 선 : 보통 선 – 강조 2
- 곡선 : 보통 선 – 강조 1, 보통 선 – 강조 2, 보통 선 – 강조 4, 보통 선 – 강조 6

황금열쇠

[곡선] 도형은 둥글게 하고 싶은 곳을 클릭해서 그리고 더블 클릭해서 그리기를 완료합니다.

6 [도형 삽입] 그룹에서 ☁[구름]을 선택하고 도형을 그린 다음 [그리기 도구]– [서식] 탭의 [정렬] 그룹에서 [맨 뒤로 보내기]를 클릭합니다.

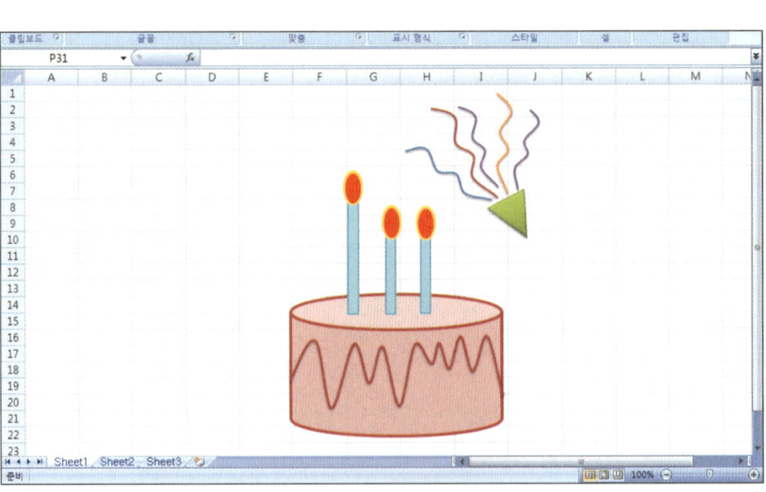

구름 : 미세효과, 강조 5

황금열쇠

[맨 앞으로 가져오기]와 [맨 뒤로 보내기]를 사용하여 선택한 도형의 우선 순위를 조절할 수 있습니다.

보물상자

요소 회전하는 방법

도형, 그림, 클립 아트 등의 요소를 선택하면 나타나는 연두색 조절점을 마우스로 드래그해서 원하는 만큼 회전시킬 수 있습니다. **Shift** 를 누른 상태에서 조절점을 드래그하면 45도 각도마다 잠시 멈추므로 45도, 90도 만큼 정확하게 회전시킬 수 있습니다. 만일 정확하게 90도 만큼 회전하려면 [그리기 도구]–[서식] 탭의 [정렬] 그룹에 있는 [회전] 도구를 클릭한 다음 [오른쪽으로 90도 회전], [왼쪽으로 90도 회전]을 선택해서 회전시킬 수 있습니다.

2 도형을 그룹으로 묶기

여러 개의 도형을 그룹으로 묶으면 하나의 도형처럼 취급되어 수정 및 이동 작업이 편리합니다. 여기서는 여러 도형들을 그룹으로 묶은 다음 생일 초대 카드 내용을 작성해 보겠습니다.

1 **Ctrl**을 누른 상태에서 각 도형을 클릭하여 모두 선택한 다음 [그리기 도구]-[서식] 탭의 [정렬] 그룹에서 ⊞[그룹]을 클릭하고 [그룹]을 선택합니다.

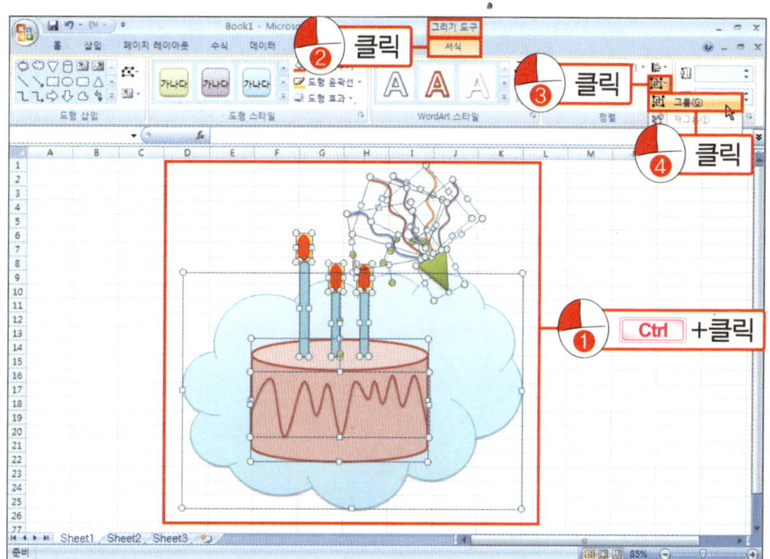

황금열쇠

⊞[그룹]을 클릭한 다음 [그룹 해제]를 선택 하면 그룹을 풀 수 있습니다.

2 **Ctrl**을 누르고 하나로 묶인 도형을 드래그해서 복제한 후 각 도형의 조절점을 드래그하여 크기를 조절합니다.

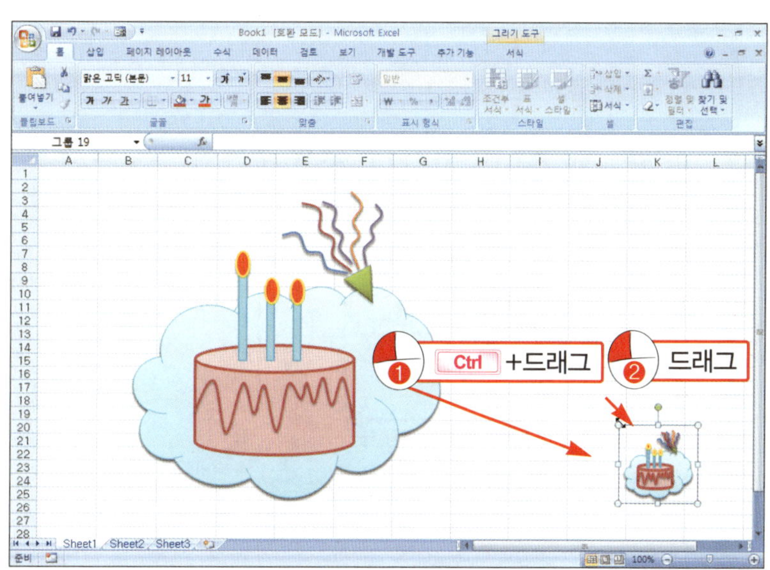

3 셀에 내용을 입력해서 초대장을 작성합니다.

텍스트 서식 : HY 센스L(제목 – 48pt, 굵게, 본문 – 14pt), 글꼴
색(빨강, 주황, 녹색, 연한 파랑, 자주, 강조 4, 40% 더 밝게)

보물상자

도형에 글자 입력하기

도형에 글자를 입력하려면 도형 위에서 마우스 오른쪽 단추를 클릭한 다음 [텍스트 편집]을
선택합니다. 도형 안에 커서가 위치하면 글을 입력할 수 있습니다.

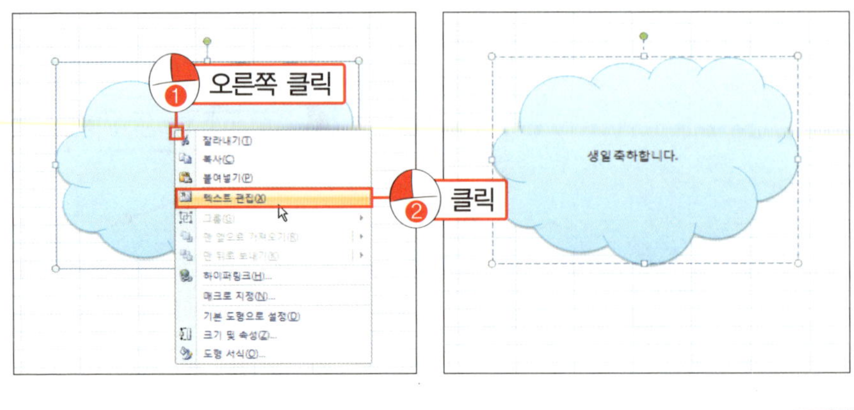

1 엑셀 2007을 실행한 다음 도형과 텍스트 상자를 이용해서 다음과 같이 꾸며 보세요.

조건

- 텍스트 상자를 이용하여 시간과 제목을 입력하고 꾸밀 것
- 타원, 화살표, 구름 도형을 이용하여 시계를 그릴 것
- 텍스트 상자 : 보통 효과, 강조 5
- 타원 : 바깥쪽(보통 효과 – 강조 6), 안쪽(보통 효과 – 강조 3), 가운데 (색 채우기 – 어둡게 1)
- 화살표 : 파랑, 강조 1
- 구름 : 미세 효과 – 강조 5
- 시간 : 글꼴(Times New Roman, 굵게)

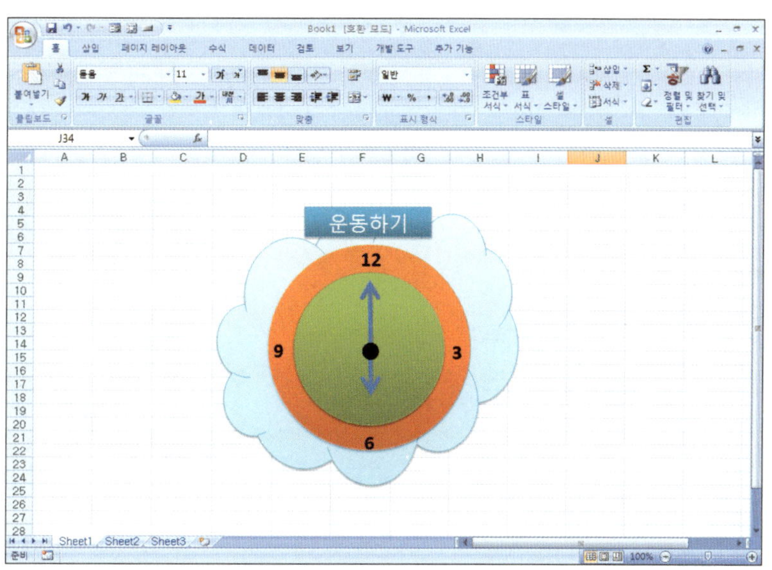

2 도형을 그룹으로 설정한 후 복사해서 다음과 같이 꾸며 보세요.

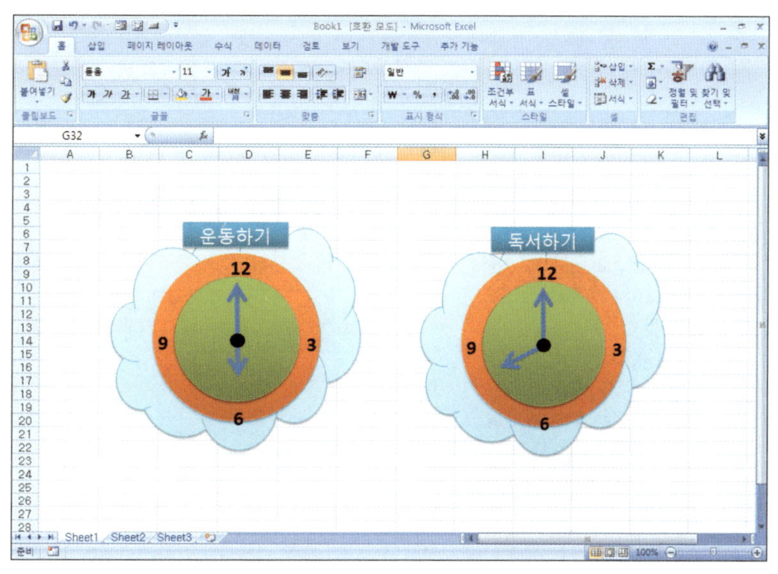

월   일   점수

1 엑셀 2007을 실행한 후 도형과 클립 아트를 이용해서 다음과 같이 꾸며 보세요.

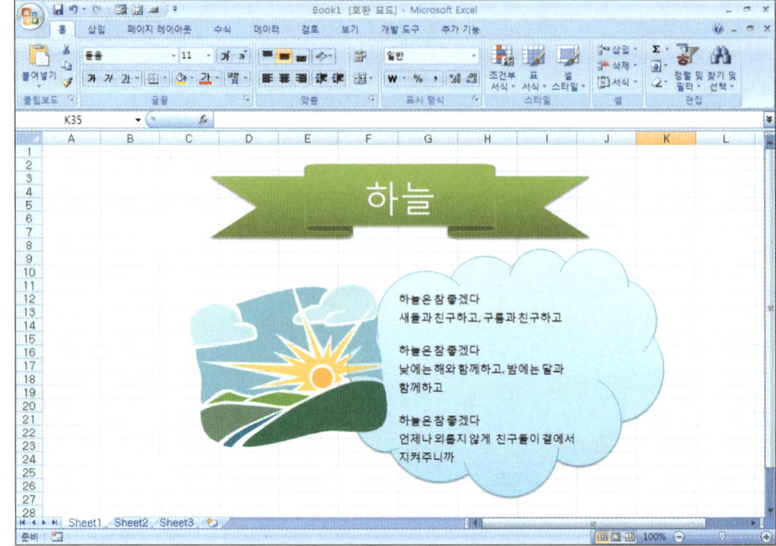

 **조건**

- 제목 : [위쪽 리본] 도형에 텍스트 추가, 보통 효과 – 강조 3
- 클립 아트 : '하늘'을 검색해서 관련 그림 삽입한 다음 연두색 핸들을 이용하여 회전
- 도형 : [구름] 도형에 텍스트 추가, 미세 효과 – 강조 5

2 워드아트와 차트를 이용해서 다음과 같이 꾸며 보세요.

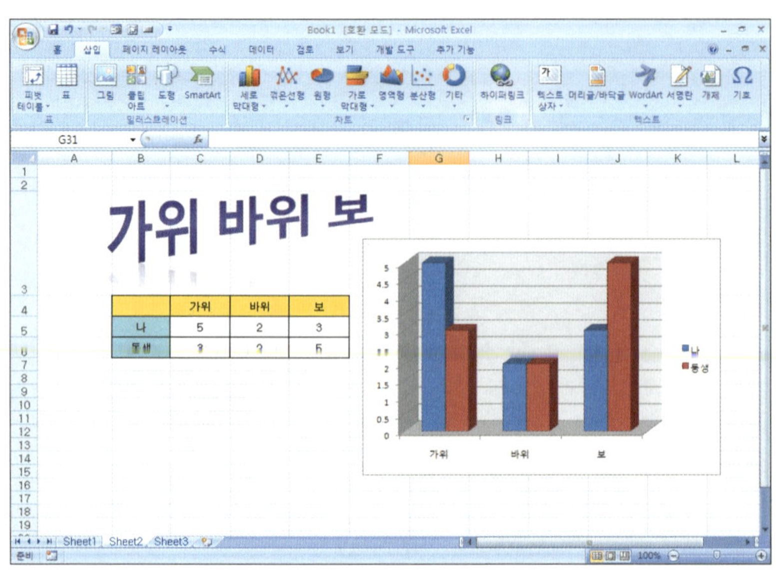

조건

- 워드아트 : WordArt 스타일(그라데이션 채우기 – 강조 4, 반사)로 글을 작성한 다음 변환 효과(위로 계단식)를 설정할 것
- 차트 : 세로 막대형(3차원 묶은 세로 막대형), 스타일 34, 오른쪽에 범례 표시, 축(기본 가로 축 – 왼쪽에서 오른쪽으로 축 표시), 눈금선(기본 가로 눈금선–주 눈금선), 차트 옆면 표시, 파트 밑면 표시

21 주소록 문서 만들기

이름	학년	반	번호	전화번호
김건수	5	2	28	555-6666
이미연	5	4	21	666-7777
정형진	5	5	15	777-8888
박정현	5	6	21	888-9999
안창수	5	4	35	000-1111
이호정	5	3	45	100-2000
홍석기	5	6	12	200-3000
박회영	5	4	31	300-40000
공형수	5	4	42	400-50000
이창진	5	5	45	500-60000

1 워크시트 배경에 그림 넣기

워크시트 배경에 그림을 넣어서 꾸밀 수 있습니다. 단 배경 그림은 워크시트를 인쇄할 때에는 나타나지 않습니다. 여기서는 친구 주소록을 작성한 다음 하트 그림을 배경에 넣어 보겠습니다.

1 엑셀 2007을 실행한 후 다음과 같이 문서를 작성합니다.

• 제목 : 맑은 고딕(22pt, 굵게), 병합하고 가운데 맞춤
• 표 : 맑은 고딕(11pt), 표 서식(표 스타일 보통 10), 가운데 맞춤

2 [페이지 레이아웃] 탭의 [페이지 설정] 그룹에서 [배경]을 클릭합니다.

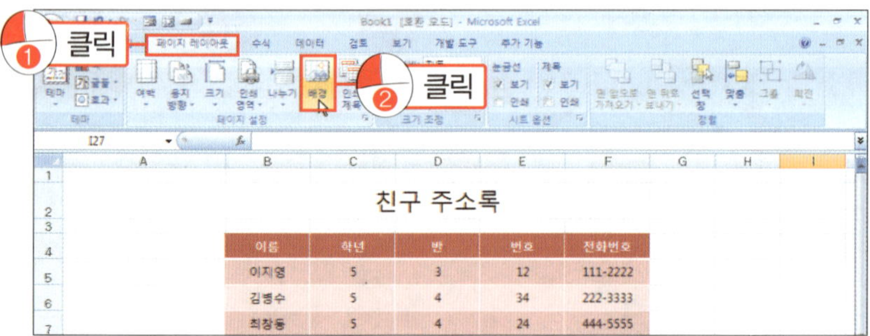

3 [시트 배경] 대화 상자가 나타나면 [하트]를 선택한 다음 [삽입]을 클릭합니다.

황금 열쇠

그림 형식이 JPG, GIF, PNG, BMP 등인 그림을 삽입할 수 있습니다.

4 배경에 그림이 삽입됩니다.

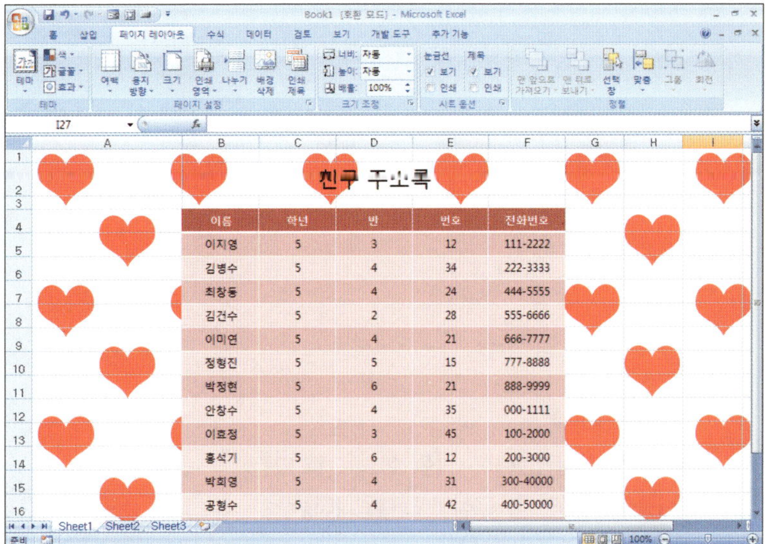

황금열쇠

그림이 워크시트 크기보다 작을 경우에는 그림이 바둑판처럼 반복해서 붙여 집니다.

2 틀 고정하기

데이터가 많을 경우 틀 고정을 이용하면 머리글을 고정시켜 데이터와 머리글을 함께 확인할 수 있습니다. 틀 고정을 어떻게 실행하는지 알아보겠습니다.

1 [C5] 셀을 클릭한 다음 [보기] 탭의 [창] 그룹에서 [틀 고정]-[틀 고정]을 선택합니다.

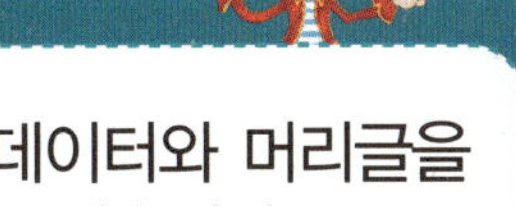
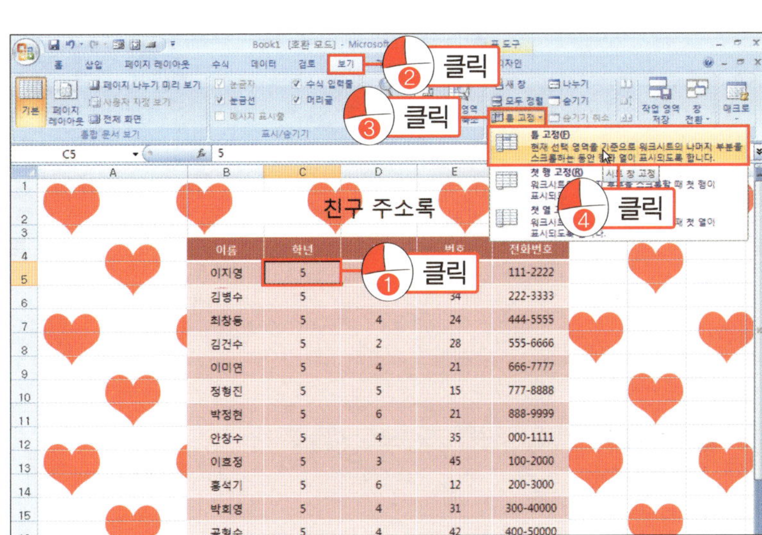

황금열쇠

선택한 셀의 왼쪽 상단을 기준으로 틀 고정이 실행됩니다.

2 스크롤 막대를 이동하면 머리글은 고정된 상태에서 데이터만 이동됩니다.

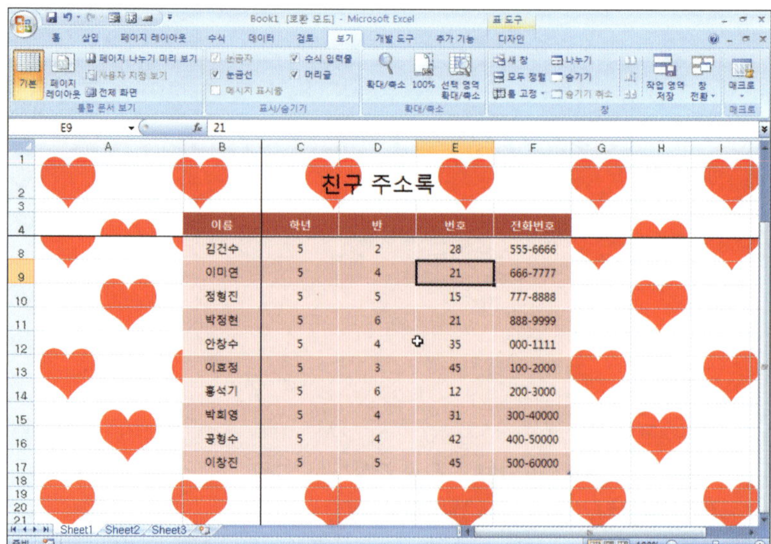

☆한글교실

[보기] 탭의 [창] 그룹에서 [틀 고정]–[틀 고정 취소]를 선택하면 틀 고정이 해제됩니다.

3 화면 나누기

화면 나누기를 실행하면 화면을 4등분으로 나누어 원하는 내용을 나누어서 확인 할 수 있습니다. 화면 나누기를 어떻게 실행하는지 알아보겠습니다.

1 문서 가운데에 위치해 있는 셀을 클릭하고 [보기] 탭의 [창] 그룹에서 [나누기]를 클릭합니다.

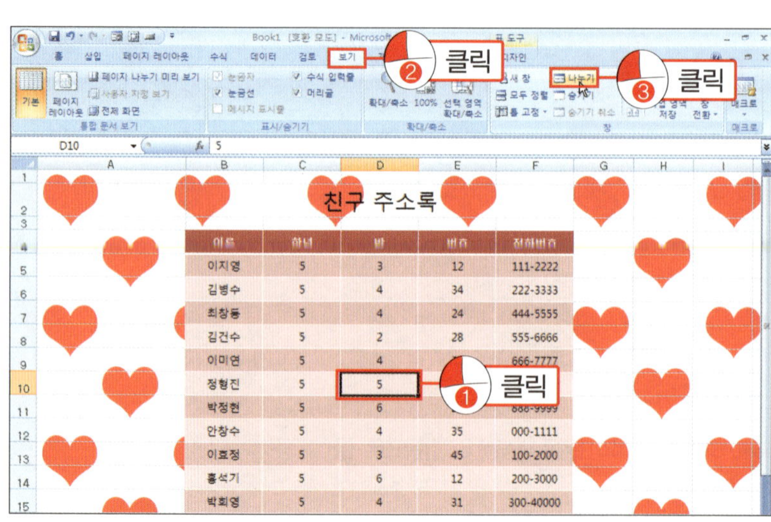

☆한글교실

선택한 셀의 왼쪽 상단을 기준으로 나누기가 실행됩니다.

2 스크롤 막대를 이동시키면 창 나누기로 구분된 영역의 내용을 나누어서 볼 수 있습니다.

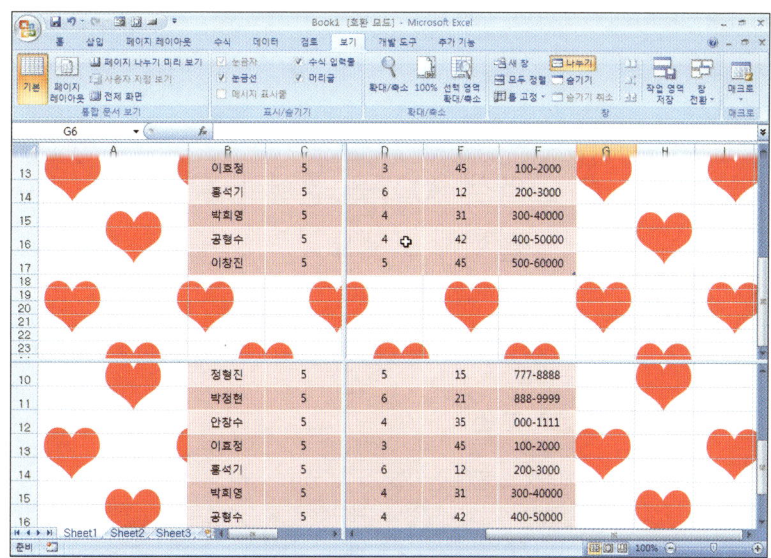

3 [보기] 탭의 [창] 그룹에서 [나누기]를 클릭해서 나누기를 해제합니다.

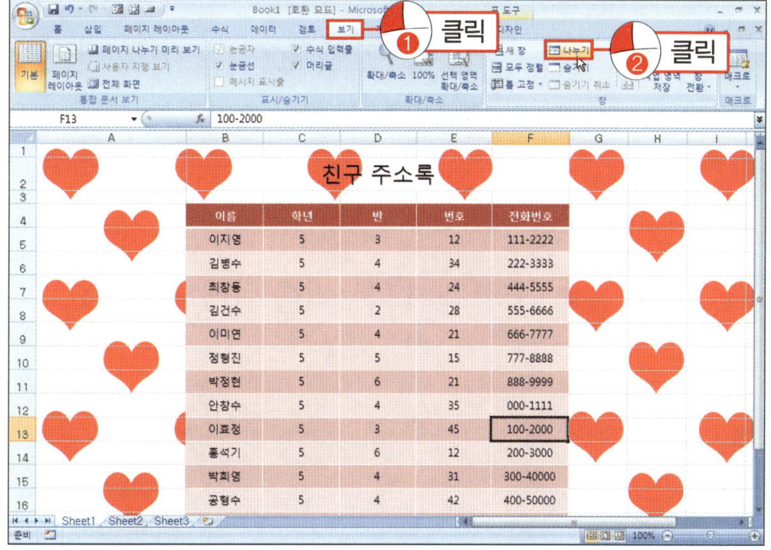

확인

월 □ 일 점수 □

1 엑셀 2007을 실행한 후 다음과 같이 문서를 작성하고 [C9] 셀에 틀 고정을 실행해 보세요.

 **조건**

- 배경에 그림을 삽입할 것
- 1행부터 5행에 내용을 작성하고 글자를 입력한 셀 배경에 색을 채워서 꾸밀 것
- 1행~5행 : 맑은 고딕(11pt, 굵게), 채우기 색(흰색, 배경 1, 5% 더 어둡게), 글꼴 색(황록색, 강조 3, 25% 더 어둡게)
- 표 : 맑은 고딕(12pt), 채우기 색(표 제목 – 노랑, 주제 항목 – 진한 파랑, 텍스트 2, 80% 더 밝게), 가운데 맞춤('설명' 항목만 왼쪽 맞춤)

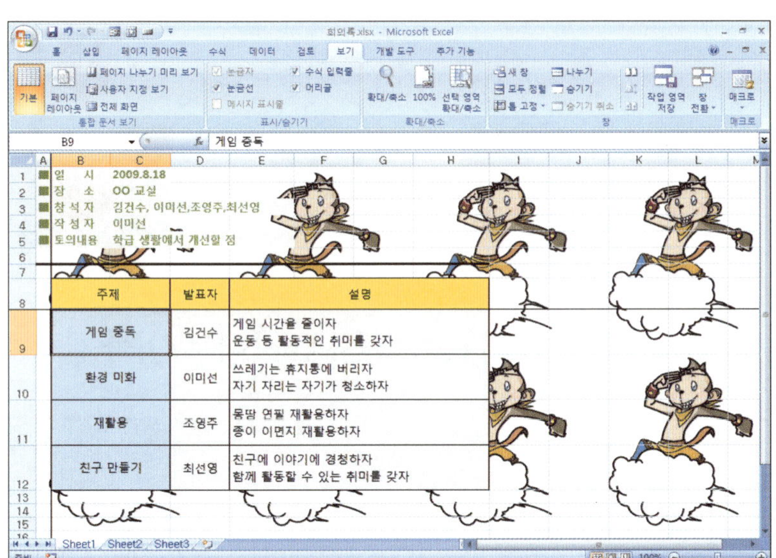

2 [I8] 셀에 나누기를 실행해 보세요.

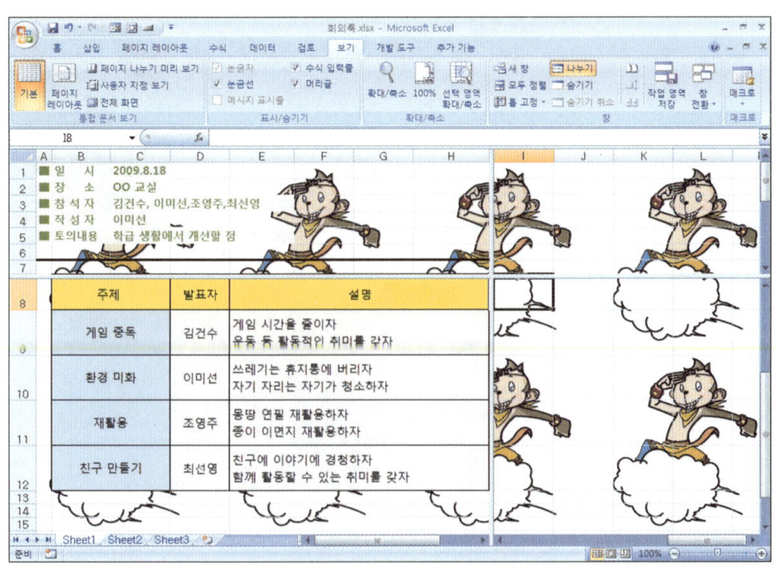

22 데이터 관리하기

[부분합]은 같은 내용끼리 묶어서 합계, 평균 등의 계산 내용을 요약할 수 있고, [피벗 테이블]은 표 또는 차트를 구성하는 행과 열을 마음내로 선택해서 다양한 표를 구성할 수 있답니다. 이 도구를 이용하면 데이터를 사용자 마음대로 꾸미고 관리할 수 있지요. 자! 그럼 [부분합]과 [피벗 테이블]을 이용하는 방법에 대해서 배워 볼까요?

1 부분합으로 데이터 요약하기
2 피벗 테이블 만들기
3 피벗 테이블 꾸미기

1 부분합으로 데이터 요약하기

[부분합]이란 어떤 항목끼리 묶어 합계 등의 계산을 자동으로 실행해 주는 도구입니다. [부분합]을 실행하면 나타나는 윤곽 기호를 이용하여 요약 내용을 펼치거나 감출 수 있습니다. [부분합]을 어떻게 사용하는지 알아보겠습니다.

1 엑셀 2007을 실행한 후 다음과 같이 문서를 작성한 다음 [C4] 셀을 선택하고 [홈] 탭의 [편집] 그룹에서 [정렬 및 필터]-[텍스트 오름차순 정렬]을 선택합니다.

- 제목 : 맑은 고딕(26pt, 굵게), 글꼴 색(주황, 강조 6, 25% 더 어둡게/파랑, 강조 1), 병합하고 가운데 맞춤
- 표 : 돋움(16pt, 채우기 색(노랑), 가운데 맞춤, 굵게

황금열쇠

[부분합]으로 그룹화할 항목은 [부분합]을 실행하기 전에 반드시 정렬해야 합니다.

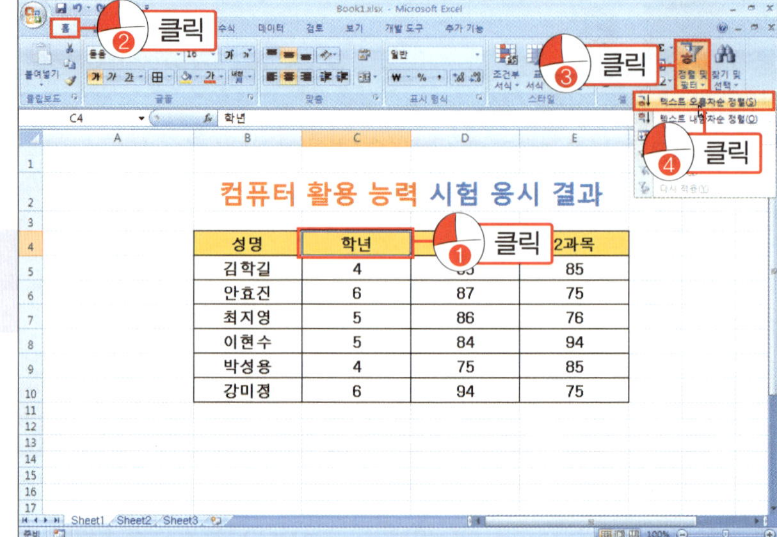

2 데이터가 있는 셀을 선택한 다음 [데이터] 탭의 [윤곽선] 그룹에서 [부분합]을 클릭합니다.

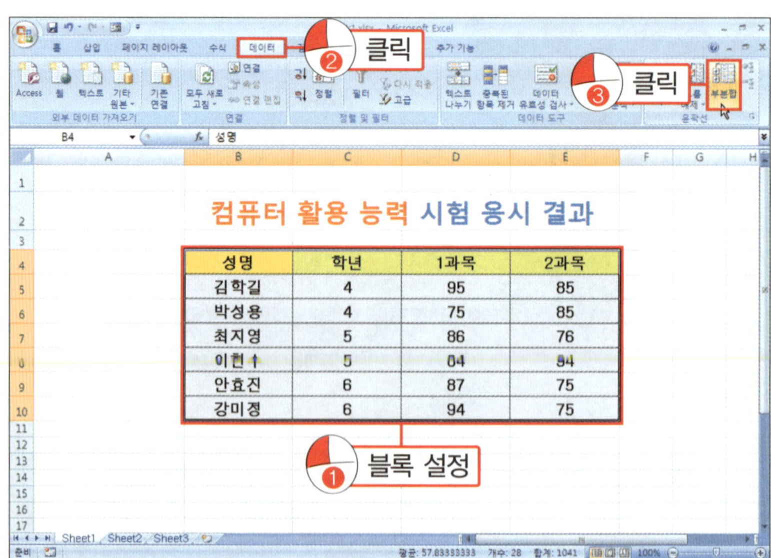

3 [부분합] 대화 상자가 나타나면 [그룹화할 항목]에 '학년'을 선택, [사용할 함수]에 '평균', [부분합 계산 항목]에 '1과목', '2과목'을 클릭해서 체크한 다음 [확인]을 클릭합니다.

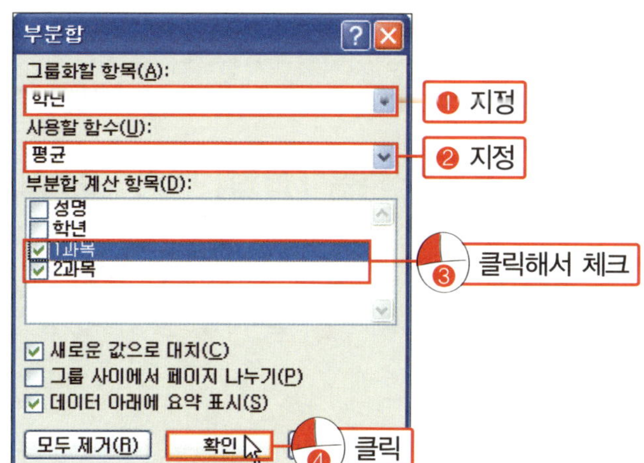

황금열쇠

[그룹화할 항목]에서 같은 목록끼리 묶을 항목을 선택합니다.

4 윤곽 기호를 클릭하면 내용을 요약해서 볼 수 있습니다.

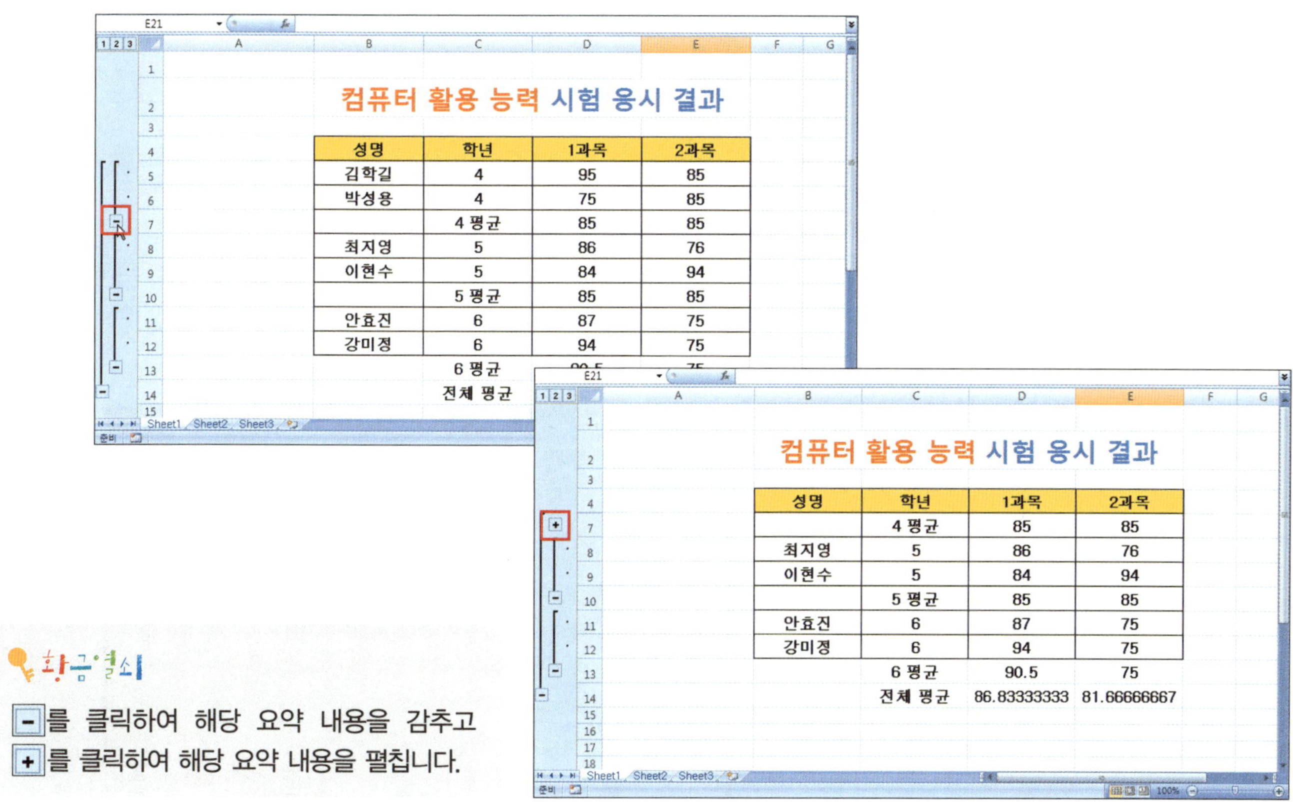

황금열쇠

─ 를 클릭하여 해당 요약 내용을 감추고
＋ 를 클릭하여 해당 요약 내용을 펼칩니다.

5 [부분합]을 실행한 다음 [부분합] 대화 상자의 [모두 제거]를 클릭하면 부분합을 해제할 수 있습니다.

2 피벗 테이블 만들기

[피벗 테이블]이란 표를 구성하는 행과 열 기준을 사용자가 마음대로 조절할 수 있는 테이블을 말합니다. 여기서는 앞에서 작성한 표를 피벗 테이블로 만들어 보겠습니다.

1 표 전체를 선택한 다음 [삽입] 탭의 [표] 그룹에서 [피벗 테이블]을 클릭합니다.

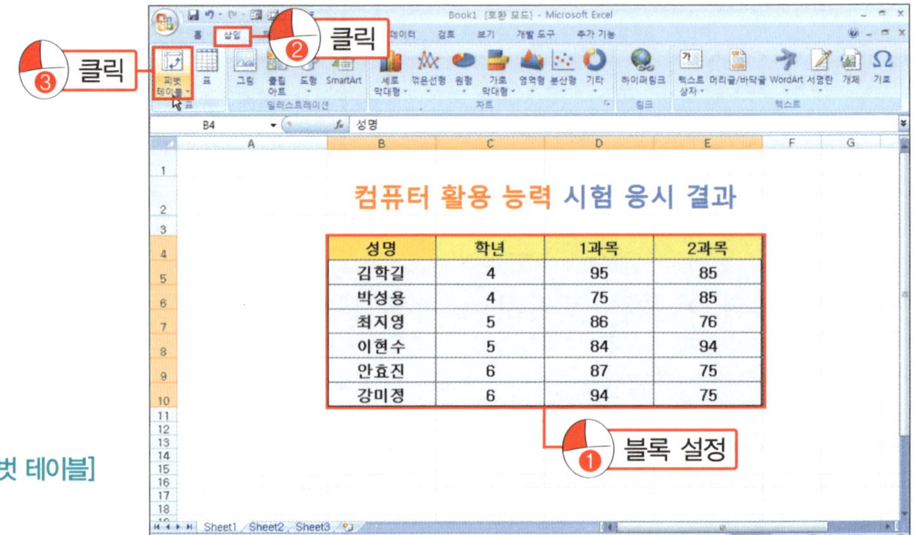

황금열쇠

표에 [부분합]이 설정되어 있으면 [피벗 테이블]이 실행되지 않습니다.

2 [피벗 테이블/피벗 차트 마법사]가 실행되면 각 단계마다 [다음]을 클릭한 다음 [마침]을 클릭합니다.

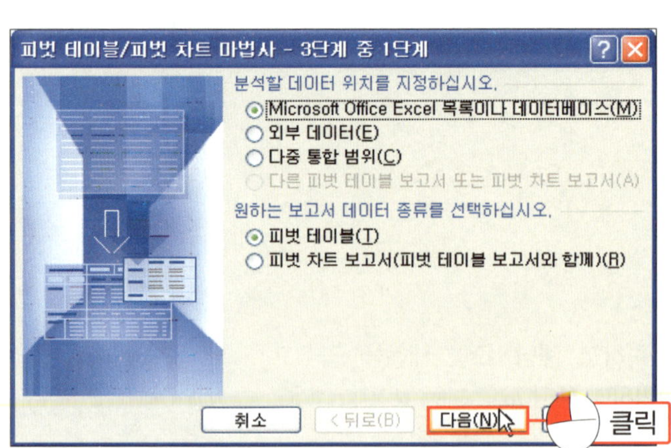

3 새 워크시트에 피벗 테이블이 열리면 [피벗 테이블 필드 목록]에서 '학년'을 [보고서 필터] 항목으로 드래그합니다.

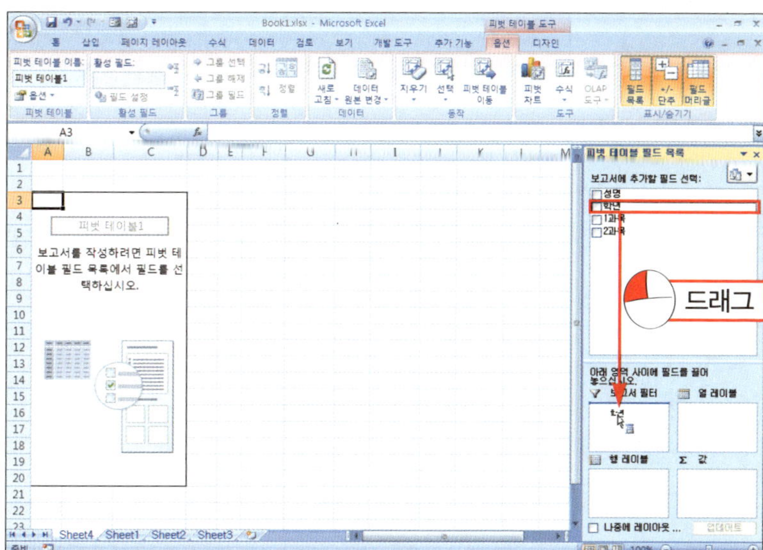

🔑 **황금열쇠**

[보고서 필터]에는 그룹화할 항목을 선택합니다.

4 같은 방법으로 [행 레이블]에는 '성명', [값]에는 '1과목', '2과목'을 등록합니다.

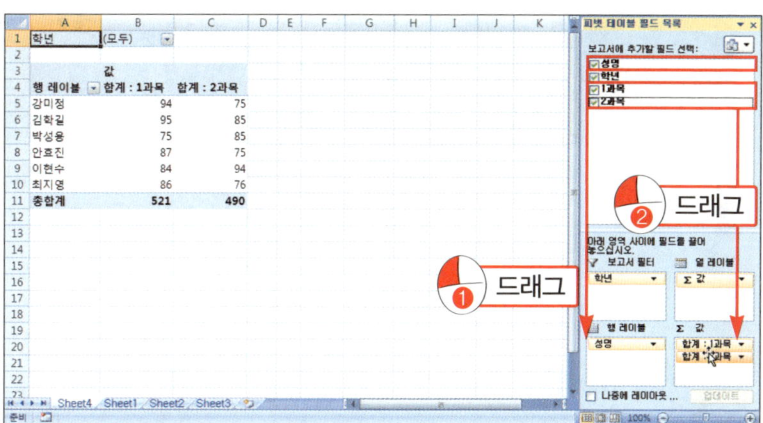

🔑 **황금열쇠**

[값]에는 보고 싶은 데이터 항목을 선택합니다.

5 피벗 테이블에서 '모두'의 내림 단추를 클릭한 다음 '5'를 선택하고 [확인]을 클릭합니다.

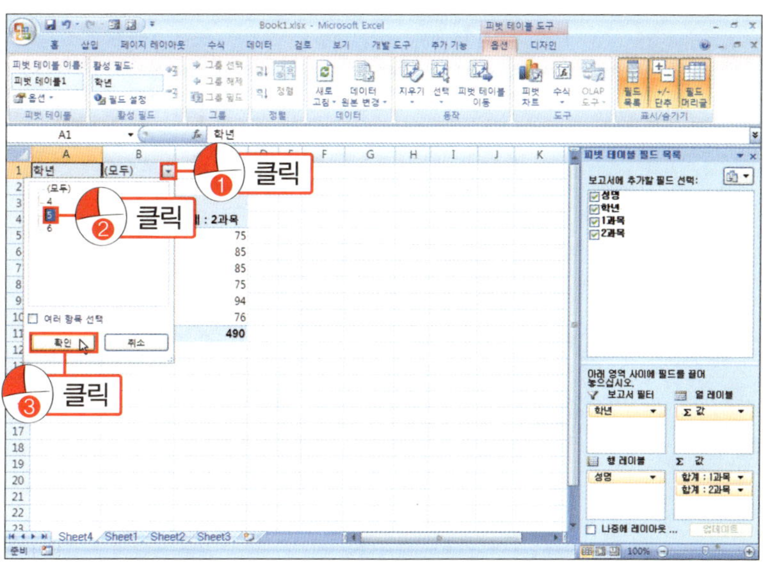

🔑 **황금열쇠**

항목에 표시되는 내림 단추를 클릭해서 원하는 항목을 골라서 볼 수 있습니다.

6 5학년에 해당하는 데이터만 나타납니다.

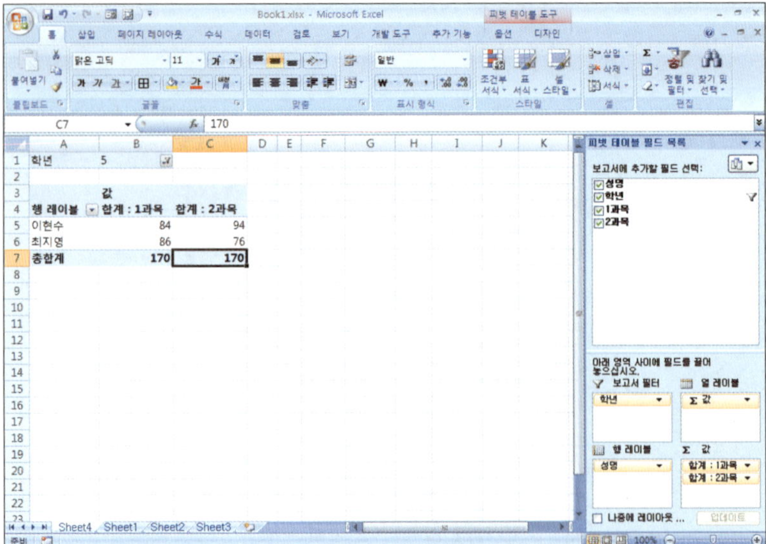

황금열쇠

필터의 내림 단추를 클릭한 다음 [여러 항목 선택]을 체크하면 여러 항목을 선택해서 표시할 수 있습니다.

3 피벗 테이블 꾸미기

피벗 테이블에서 사용하는 계산 방법과 스타일을 꾸밀 수 있습니다. 여기서는 피벗 테이블의 계산 방법을 합계 대신 평균으로 바꾸고 피벗 테이블을 예쁘게 꾸며 보겠습니다.

1 '합계 : 1과목'을 선택하고 [피벗 테이블 도구]–[옵션] 탭의 [활성 필드] 그룹에서 [필드 설정]을 클릭합니다.

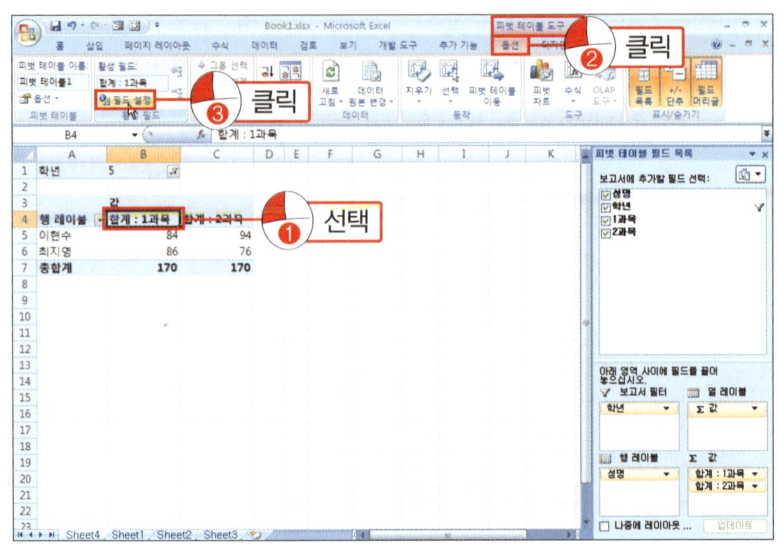

2 [값 필드 설정] 대화 상자에서 [평균]을 선택하고 [확인]을 클릭합니다.

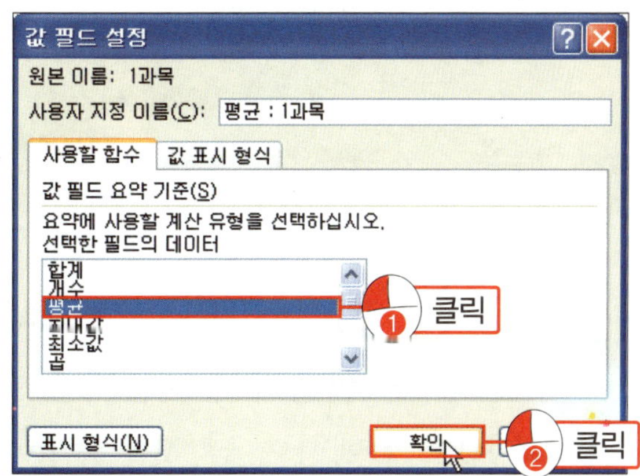

평균으로 바꾸면 관련된 내용들이 합계에서 평균으로 바뀝니다.

3 [피벗 테이블 도구]−[디자인] 탭의 [피벗 테이블 스타일] 그룹에서 [자세히]를 클릭한 다음 [피벗 스타일 보통12]를 선택합니다.

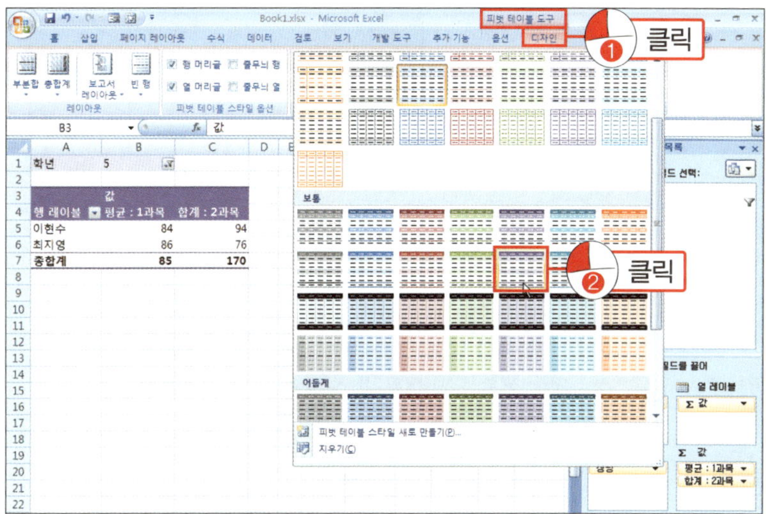

보물상자

피벗 차트 만들기

[피벗 테이블 도구]−[옵션] 탭의 [도구] 그룹에서 [피벗 차트]를 클릭하면 피벗 차트를 만들 수 있습니다.
[피벗 차트 필터 창]의 [보고서 필터]에서 표시하고 싶은 항목을 선택해서 차트를 꾸밀 수 있습니다.

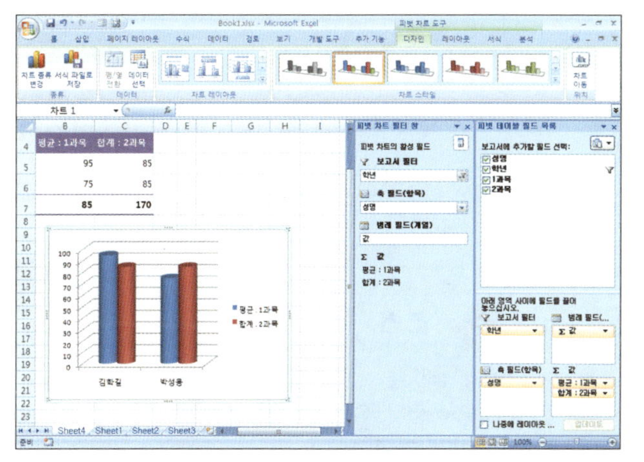

월 □ 일 점수 □

1 엑셀 2007을 실행하여 다음과 같이 문서를 작성하고 '성별'로 정렬한 후 [부분합]을 실행하여 남, 여, 총합계를 요약해서 표시해 보세요.

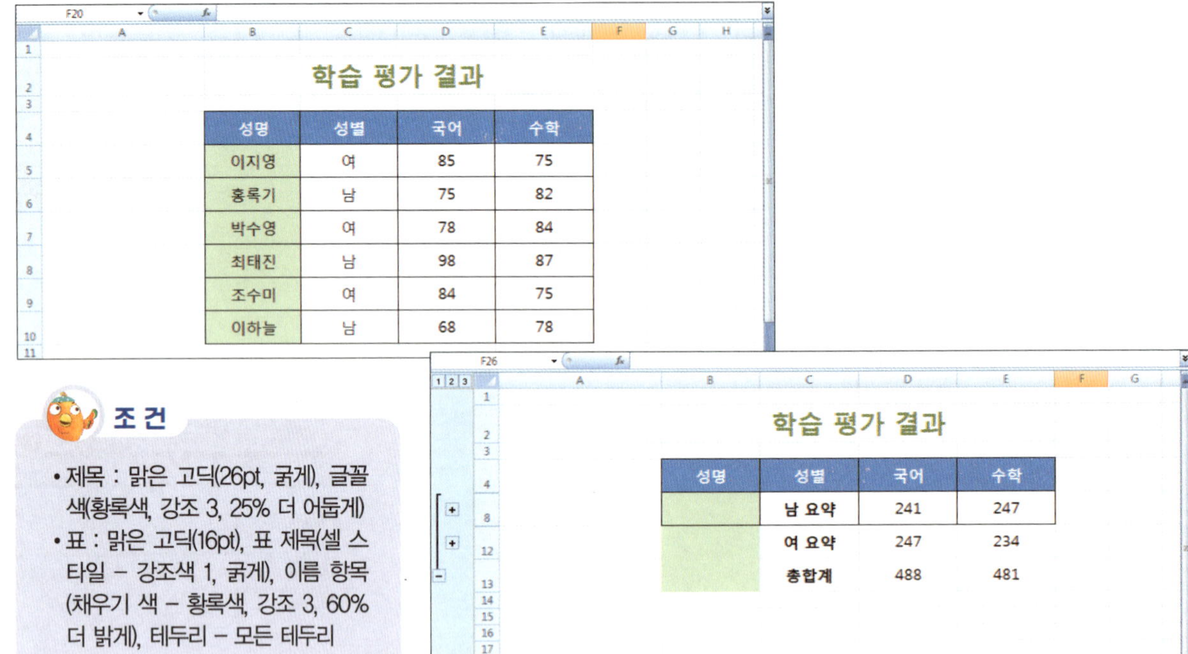

 **조 건**

- 제목 : 맑은 고딕(26pt, 굵게), 글꼴 색(황록색, 강조 3, 25% 더 어둡게)
- 표 : 맑은 고딕(16pt), 표 제목(셀 스타일 – 강조색 1, 굵게), 이름 항목 (채우기 색 – 황록색, 강조 3, 60% 더 밝게), 테두리 – 모든 테두리

2 피벗 테이블을 이용하여 값을 평균으로 바꾸고 디자인을 설정하여 다음과 같이 꾸며 보세요.

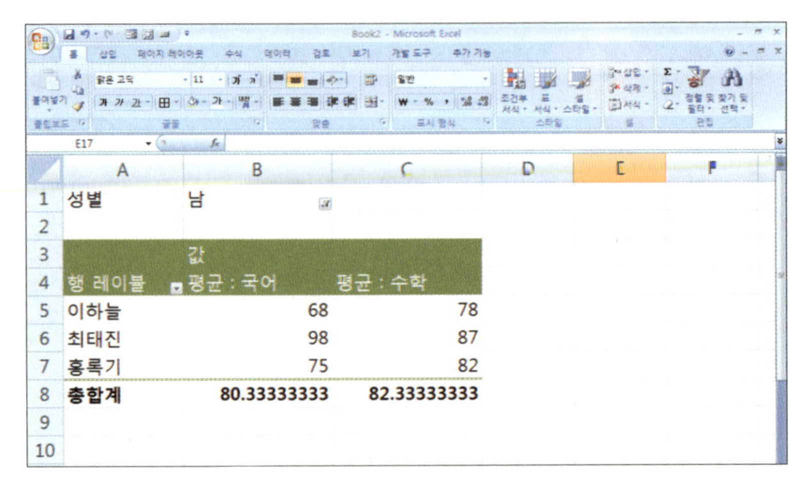

조 건

피벗 테이블 : 피벗 스타일 보통 4, 보고서 필터(성별), 행 레이블(성명), 값(국어, 수학)

23 워크시트 인쇄하기

워크시트는 페이지 구분이 없기 때문에 인쇄하기 전에 인쇄할 내용이 페이지 영역 안에 제대로 표시되는지 [페이지 레이아웃]이나 [인쇄 미리 보기]를 이용해서 미리 검토해야 한답니다. 또한 머리글을 작성하거나 눈금선, 행/열 머리글도 표시할 수 있지요. 이제부터 인쇄에 필요한 다양한 기능을 익혀 예쁘게 인쇄해 볼까요?

1 인쇄 내용 확인하기

2 가운데 정렬해서 인쇄하기

2009-04-24　　　　　　친구 주소록　　　　　　1/1

친구 주소록

이름	학년	반	번호	전화번호
이지영	5	3	12	111-2222
김병수	5	4	34	222-3333
최창동	5	4	24	444-5555
김건수	5	2	28	555-6666
이미연	5	4	21	666-7777
정형진	5	5	15	777-8888
박정현	5	6	21	888-9999
안창수	5	4	35	000-1111
이호정	5	3	45	100-2000
홍석기	5	6	12	200-3000
박희영	5	4	31	300-40000
공형수	5	4	42	400-50000
이창진	5	5	45	500-60000

1 인쇄 내용 확인하기

작업한 워크시트를 인쇄하려면 [페이지 레이아웃]과 [인쇄 미리 보기]를 이용하여 작업한 내용을 확인해야 합니다. 여기서는 인쇄하기 전에 인쇄 설정하는 방법에 대해서 알아보겠습니다.

1 엑셀 2007을 실행한 다음 '친구 주소록' 문서를 열고 [페이지 레이아웃] 탭의 [페이지 설정] 그룹에서 [용지 방향]을 클릭하고 인쇄 방향을 [가로]로 선택합니다.

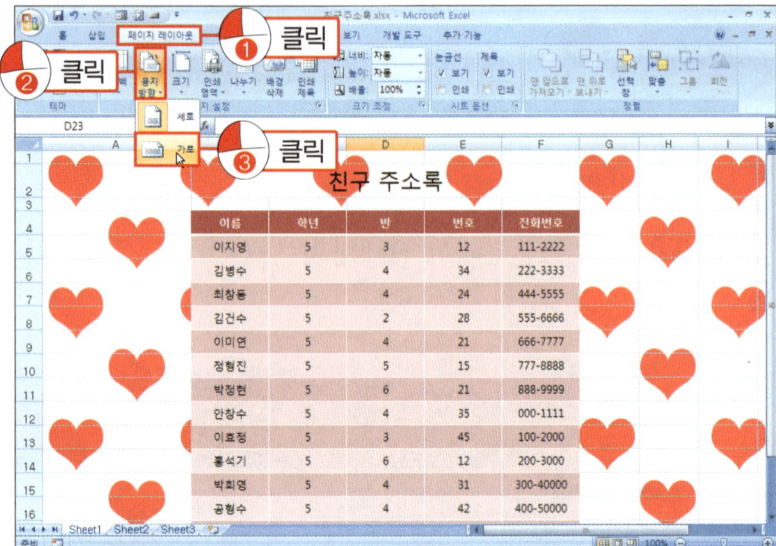

🔑 **황금열쇠**

[가로]는 문서 내용이 세로가 짧고 가로로 넓은 경우에 선택합니다.

2 [보기] 탭의 [통합 문서 보기] 그룹에서 [페이지 레이아웃]을 클릭합니다.

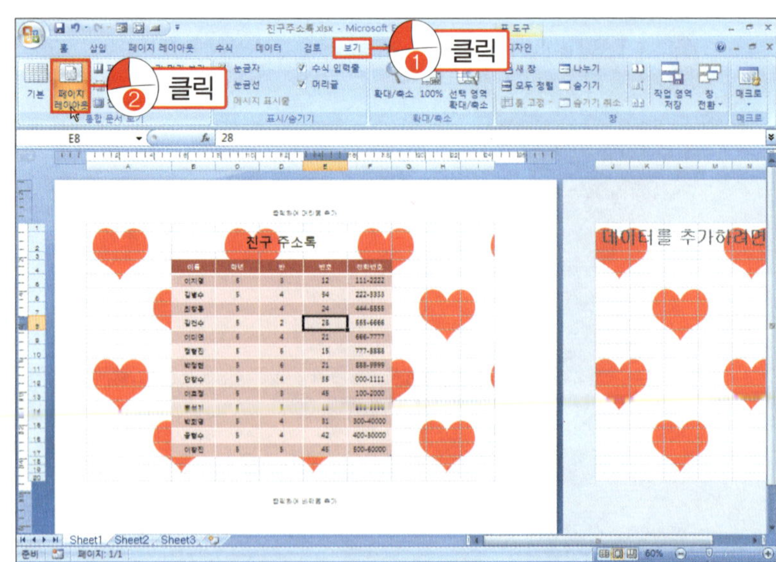

🔑 **황금열쇠**

선택한 용지 방향과 인쇄할 페이지 크기에 맞게 문서 내용이 나타납니다.

3 데이터 왼쪽에 빈 열이 있다면 열 머리글에서 마우스 오른쪽 단추를 클릭하고 [삭제]를 선택해서 빈 열을 지웁니다.

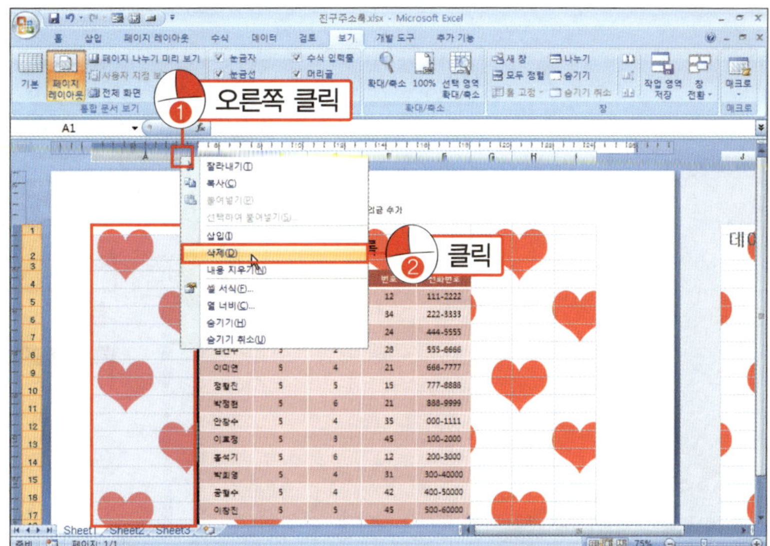

황금열쇠

인쇄를 할 경우에는 데이터에 왼쪽과 상단에 빈 열과 행을 삭제하는 것이 좋습니다.

4 머리글 공간을 클릭한 다음 제목을 입력합니다.

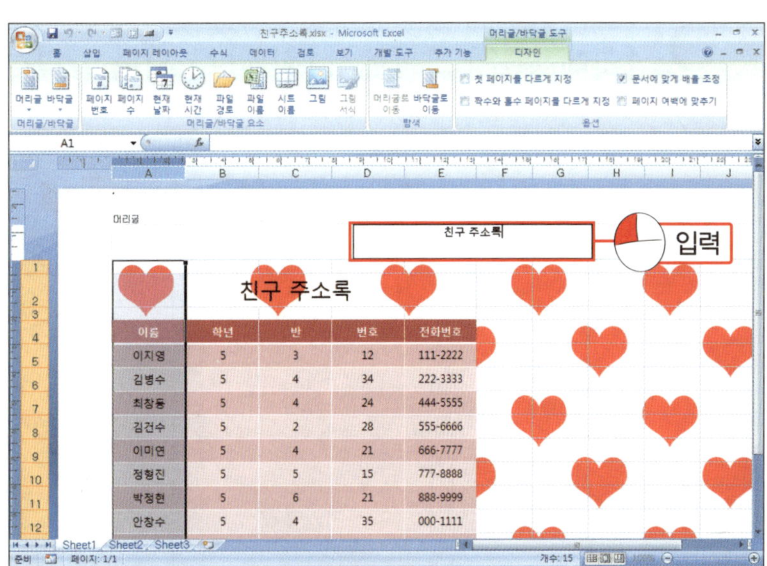

보물상자

인쇄 내용 확대 및 축소하기

[페이지 레이아웃] 탭의 [크기 조정] 그룹에서 [너비]와 [높이]를 [자동]으로 지정하고 [배율]을 조절하여 인쇄할 내용을 확대 및 축소해서 인쇄할 수 있습니다. 이때 미리 보기를 통해 확대 축소 비율이 적당한지 확인합니다.

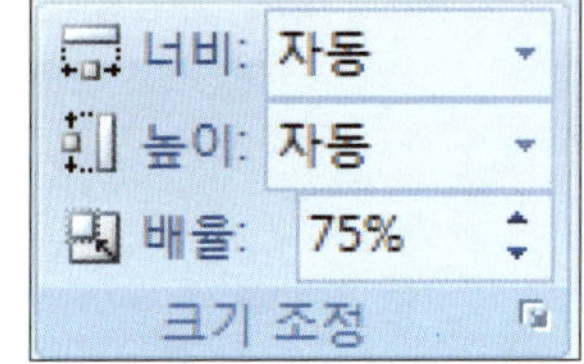

5 왼쪽 머리글을 클릭한 다음 [머리글/바닥글 도구]–[디자인] 탭의 [머리글/바닥글 요소] 그룹에서 [현재 날짜]를 선택하고 오른쪽 머리글을 클릭한 다음 [페이지 번호]를 클릭하고 '/'를 입력한 다음 [페이지 수]를 클릭합니다.

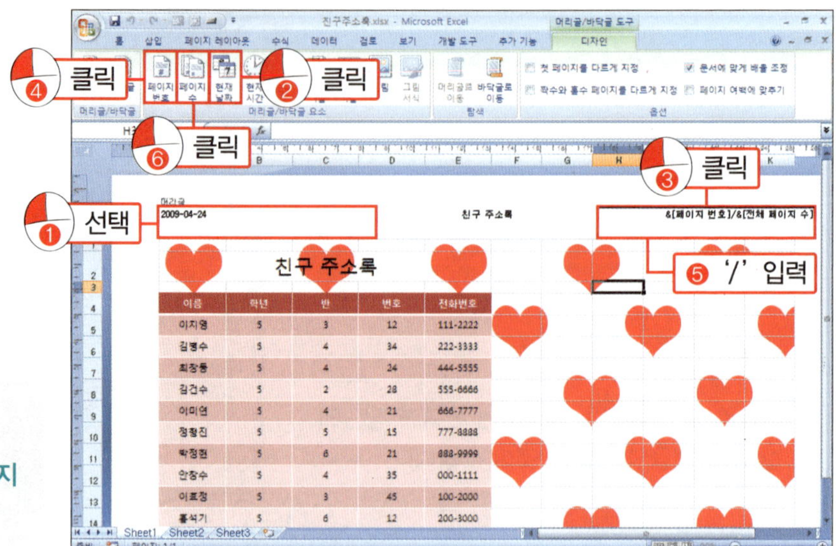

화금열소
오른쪽 머리글에 '현재 페이지 번호/총 페이지 수' 형식으로 나타납니다.

6 [Office 단추]–[인쇄]–[인쇄 미리 보기]를 선택한 다음 [인쇄 미리 보기] 탭의 [확대/축소] 그룹에서 [확대/축소]를 클릭해서 문서 내용을 확인합니다.

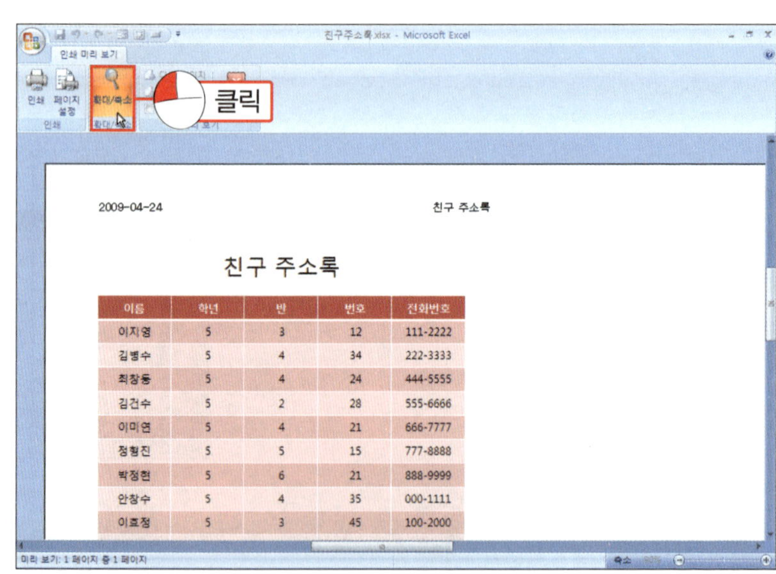

화금열소
배경 그림은 인쇄되지 않습니다.

2 가운데 정렬해서 인쇄하기

[인쇄 미리 보기]의 [페이지 설정]을 통해 인쇄할 환경을 설정할 수 있습니다. 여기서는 내용을 가운데로 정렬하고 워크시트를 인쇄해 보겠습니다.

1 [인쇄 미리 보기] 탭의 [인쇄] 그룹에서 [페이지 설정]을 클릭합니다.

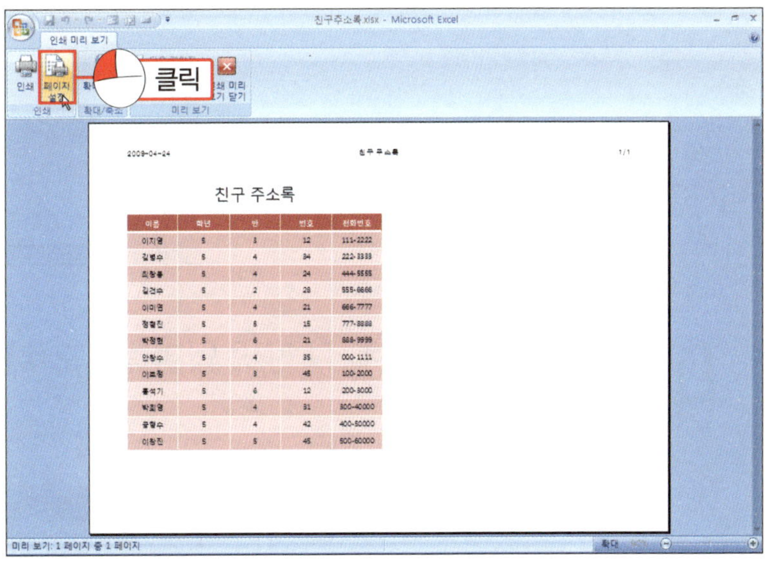

2 [페이지 설정] 대화 상자에서 [여백] 탭을 클릭한 다음 [가로]와 [세로]를 클릭해서 문서의 가운데에 표를 정렬한 다음 [확인]을 클릭합니다.

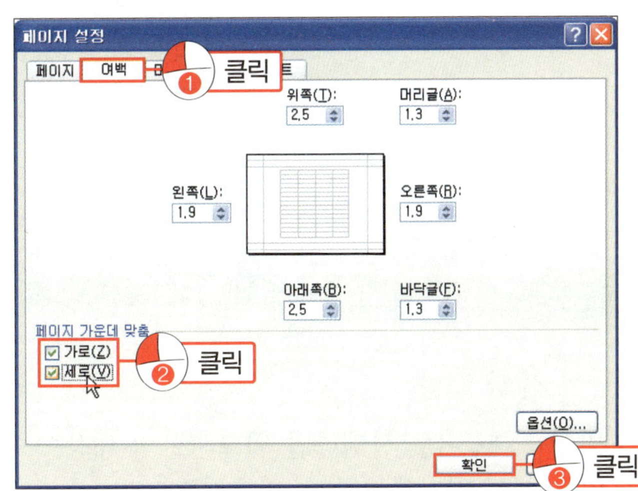

🔑 **황금열쇠**

상단에 빈 행과 왼쪽에 빈 열이 없어야 가운데 정렬이 제대로 실행됩니다.

3 인쇄 내용을 확인한 다음 [인쇄 미리 보기] 탭의 [인쇄] 그룹에서 [인쇄]를 클릭합니다.

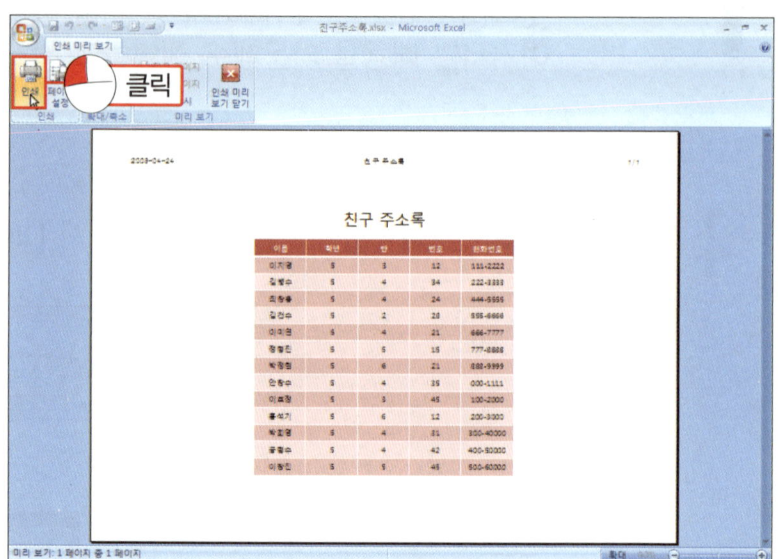

4 [인쇄] 대화 상자에서 [인쇄 범위]를 [모두]로 선택하고 [확인]을 클릭해서 인쇄를 실행합니다.

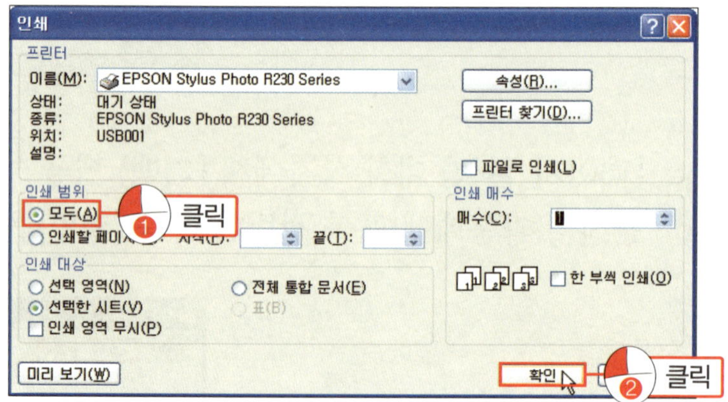

보물상자

[인쇄] 대화 상자 속성

- **인쇄 범위** : [모두]를 선택하면 워크시트의 내용이 모두 인쇄되고, [인쇄할 페이지]를 선택해서 일부 페이지만 인쇄할 수 있습니다.
- **인쇄 대상** : 선택한 시트가 기본값이며 선택한 영역만 인쇄하거나 모든 워크시트를 인쇄할 수 있습니다.
- **인쇄 매수** : 인쇄할 매수를 입력합니다.

혼자 해 보세요

월   일   점수

1 엑셀 2007에서 실행한 다음 인쇄할 문서를 열고 머리글을 입력한 다음 세로 방향으로 인쇄 환경을 설정해 보세요.

 **조건**

- 문서의 위쪽과 왼쪽에 있는 불필요한 행과 열을 삭제할 것
- 가로 방향으로 가운데 맞춤을 설정할 것
- 왼쪽 머리글에 '페이지 번호/페이지 수'를 표시할 것
- 가운데 머리글에 '5월 달력'을 입력할 것

2 인쇄 방향을 가로 방향으로 변경하고 머리글이 인쇄되도록 환경을 설정해 보세요.

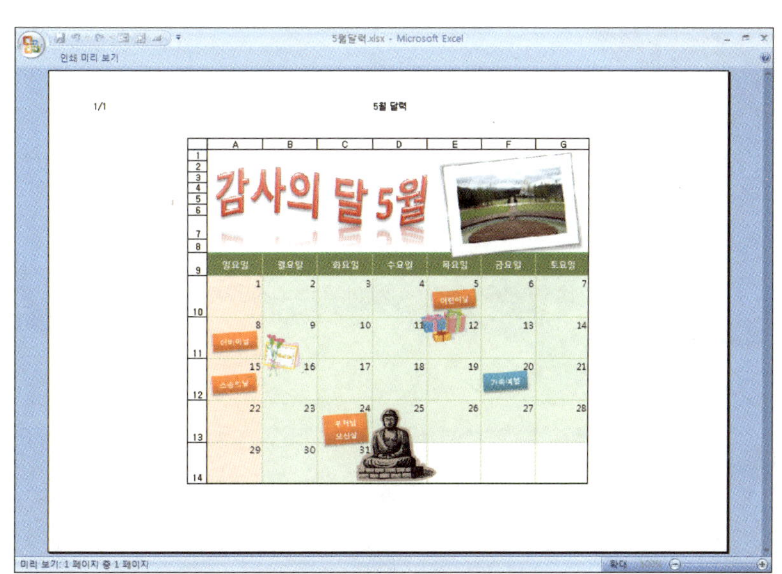

조건

- 가로와 세로 방향으로 가운데 맞춤을 설정할 것
- [페이지 설정]-[시트] 탭에서 [행/열 머리글]을 체크해서 머리글이 인쇄되도록 설정할 것

[매크로(Macro)]란 녹음기로 음성을 녹음하듯이 엑셀 작업 내용을 기록해 두는 기능이랍니다. 매크로로 기록한 내용은 [매크로] 대화 상자를 이용해서 실행하거나 등록해 놓은 바로 가기 키로 실행할 수 있어요. 여기서는 표의 색을 연두색으로 바꾸는 매크로를 만들어 볼까요?

1 표 스타일 바꾸는 매크로 기록하기

2 매크로 실행하기

3 매크로 실행 버튼 만들기

 표 스타일 바꾸는 매크로 기록하기

매크로를 사용하려면 매크로가 있는 [개발 도구] 탭을 보이도록 설정해야
합니다. 여기서는 [개발 도구] 탭을 보이도록 설정한 다음 표의 색을 연두색
으로 바뀌도록 매크로를 기록해 보겠습니다.

1 엑셀 2007을 실행한 다음 [Office 단추]–[Excel 옵션]을 클릭한 다음 [기본 설정]
에서 [리본 메뉴에 개발 도구 탭 표시]를 체크하고 [확인]을 클릭합니다.

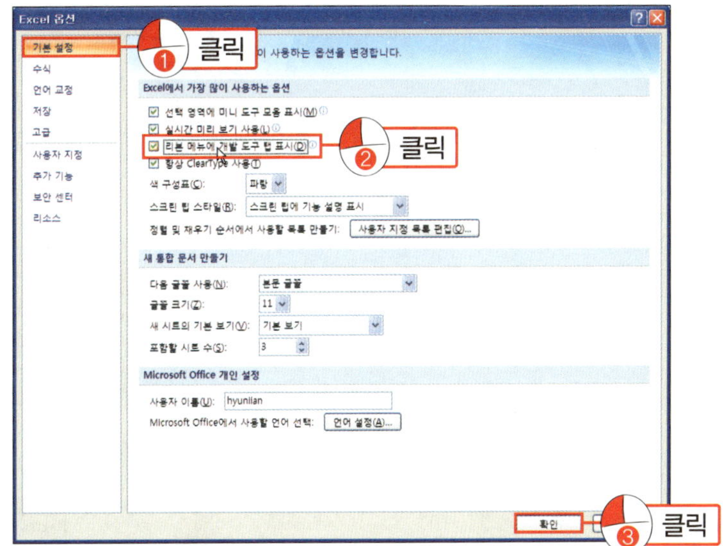

황금열쇠

[개발 도구] 탭이 없을 경우 실행합니다.

2 문서를 연 다음 표 전체를 블록 설정하고 [개발 도구] 탭의 [코드] 그룹에서 [매크로
기록]을 클릭합니다.

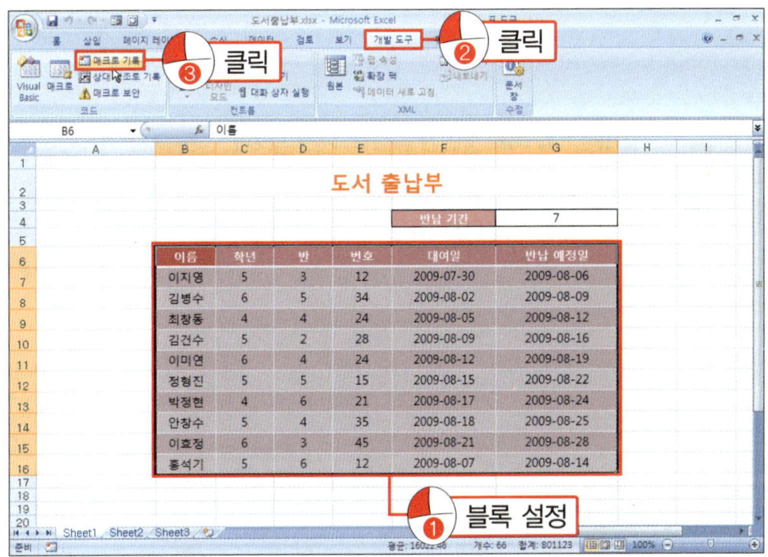

3 [매크로 기록] 대화 상자에서 매크로 이름과 바로 가기 키 및 설명을 작성한 다음 [확인]을 클릭합니다.

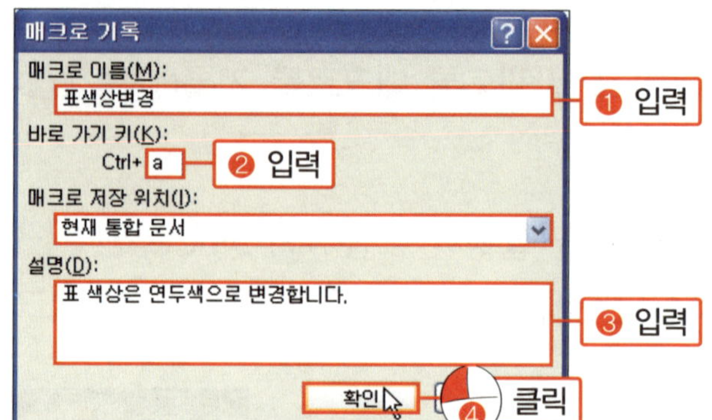

🍡황금열쇠

[바로 가기 키]에는 명령을 바로 실행할 단축 키를 입력합니다.

4 [홈] 탭의 [스타일] 그룹에서 [표 서식]을 클릭하고 [표 스타일 보통 4]를 선택합니다.

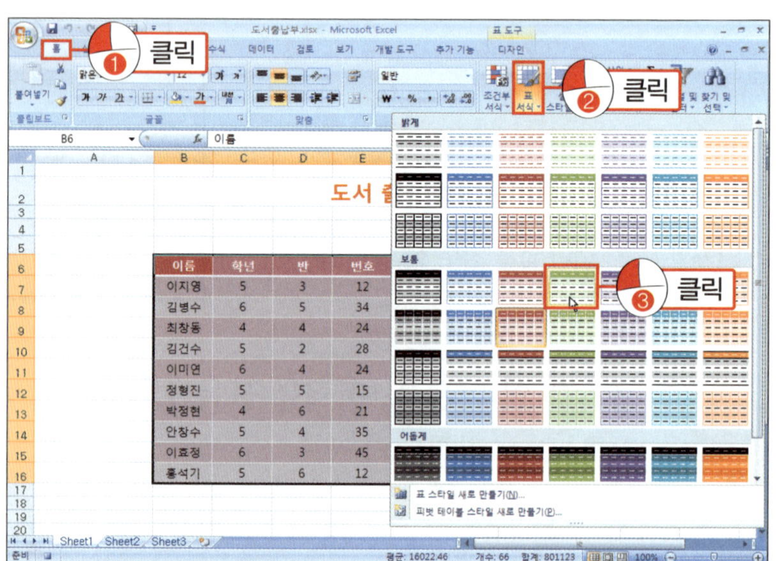

5 [개발 도구] 탭의 [코드] 그룹에서 [기록 중지]를 클릭합니다.

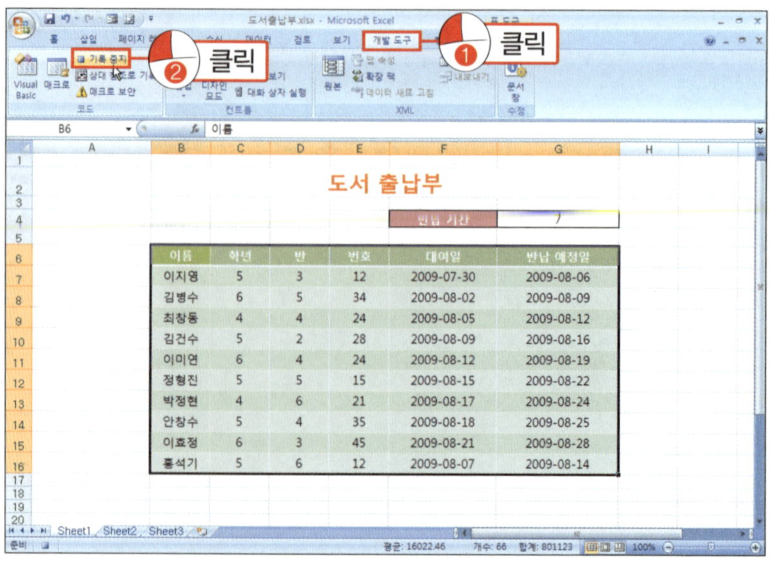

6 `Ctrl` + `Z` 를 눌러 이전 상태로 되돌린 다음 [Office 단추]-[다른 이름으로 저장]-[Excel 매크로 사용 통합 문서]를 선택합니다.

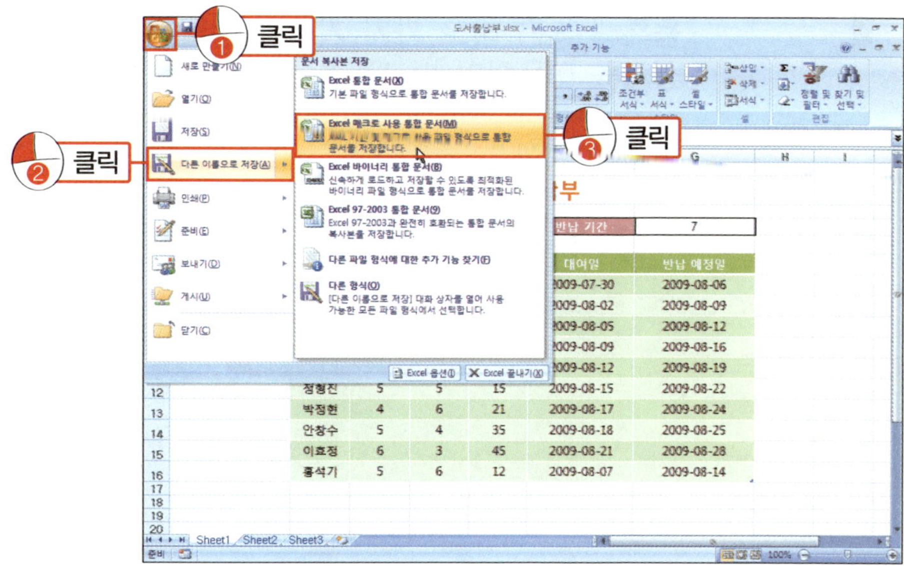

7 [다른 이름으로 저장] 대화 상자가 나타나면 파일 이름을 입력한 다음 [저장]을 클릭합니다.

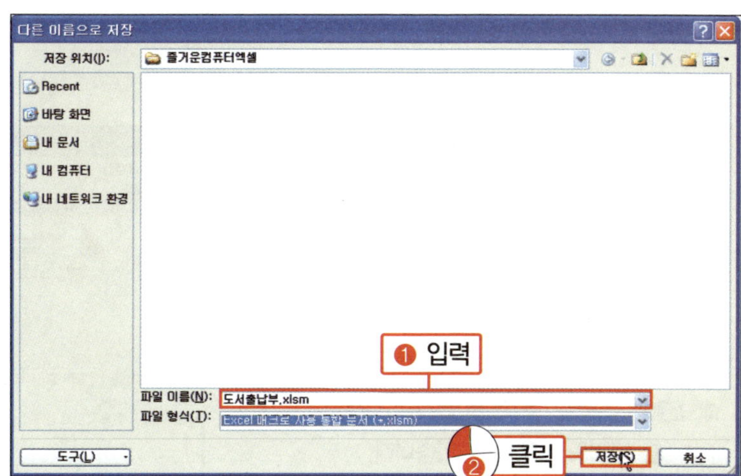

황금열쇠

매크로가 포함되어 있는 경우에는 [Excel 매크로 사용 통합 문서]인 [*.xlsm] 형식으로 저장해야 합니다.

2 매크로 실행하기

기록해 놓은 매크로를 실행하려면 [매크로] 대화 상자를 열거나 매크로에 등록해 놓은 바로 가기 키로 실행할 수 있습니다. 여기서는 [매크로] 대화 상자를 이용하여 매크로를 실행해 보겠습니다.

1 문서를 다시 연 다음 [개발 도구] 탭의 [코드] 그룹에서 [매크로]를 클릭합니다.

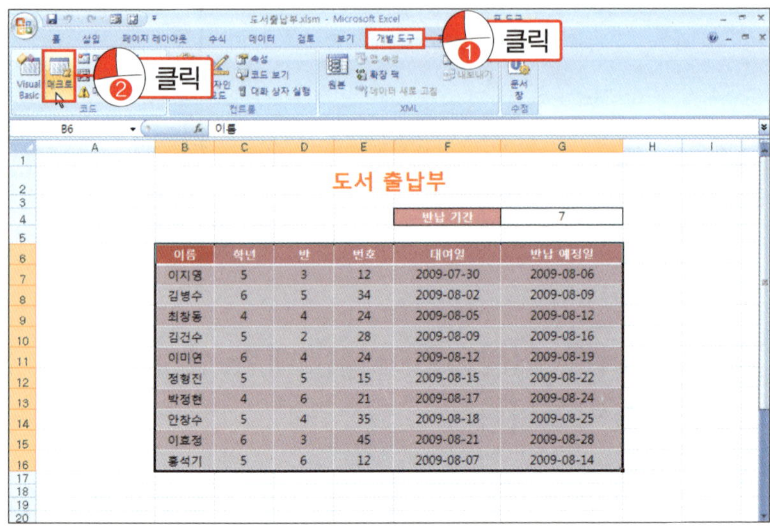

2 [매크로] 대화 상자에서 등록한 매크로 목록을 선택한 다음 [실행]을 클릭합니다.

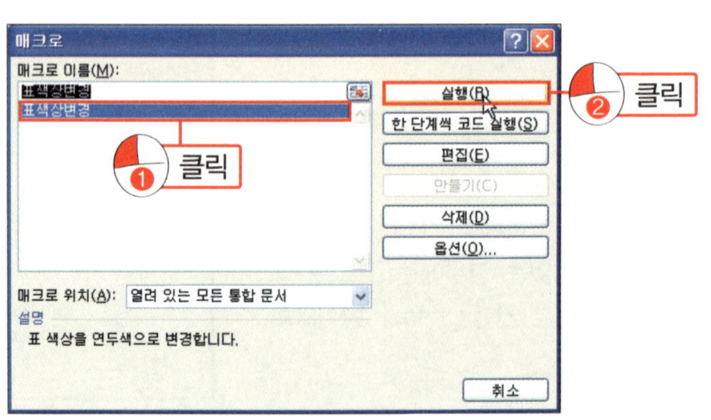

황금열쇠

매크로에 등록해 놓은 바로 가기 키(Ctrl + A)를 눌러도 실행할 수 있습니다.

3 표의 색상이 변경됩니다.

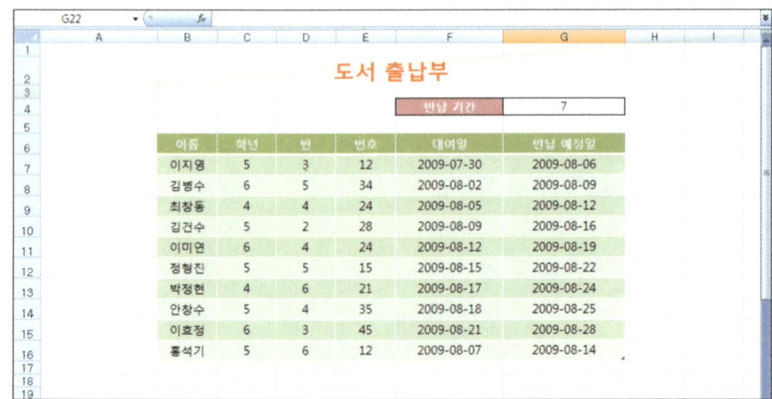

3 매크로 실행 버튼 만들기

매크로를 보다 쉽게 실행할 수 있도록 도형으로 버튼으로 만든 다음 매크로를 등록해서 실행하게 만들 수 있습니다. 여기서는 앞에서 만든 매크로를 도형에 등록해서 실행해 보겠습니다.

1 문서를 다시 연 다음 □[모서리가 둥근 직사각형] 도형을 추가한 다음 도형 스타일을 [보통 효과-강조 3]으로 설정하고 '색상 변경'이라고 글을 입력합니다.

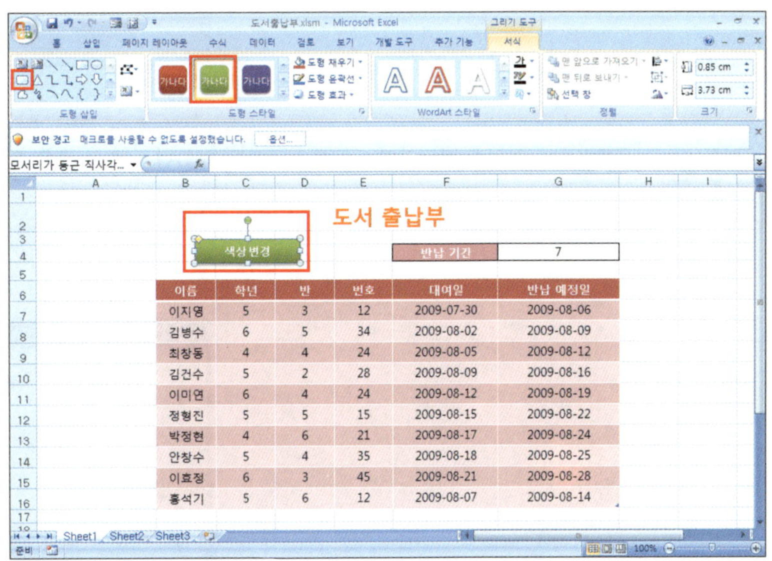

2 도형에서 마우스 오른쪽 단추를 클릭한 다음 [매크로 지정]을 선택합니다.

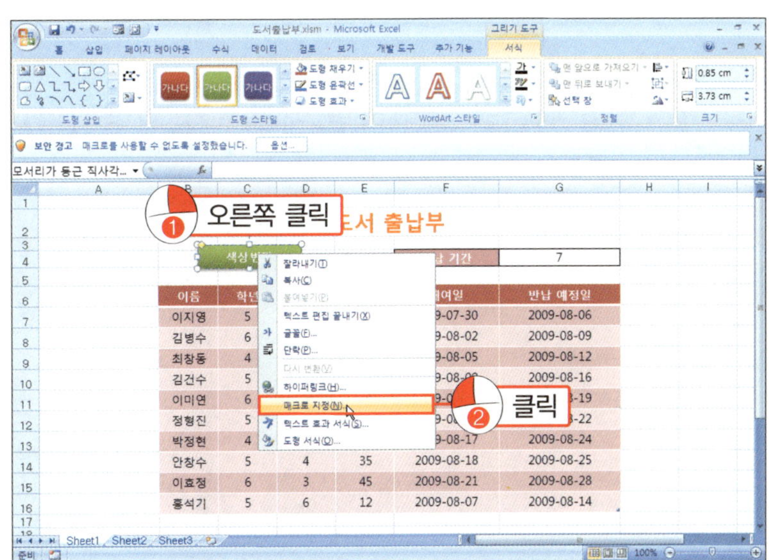

3 [매크로 지정] 대화 상자에서 사용할 매크로를 선택한 다음 [확인]을 클릭합니다.

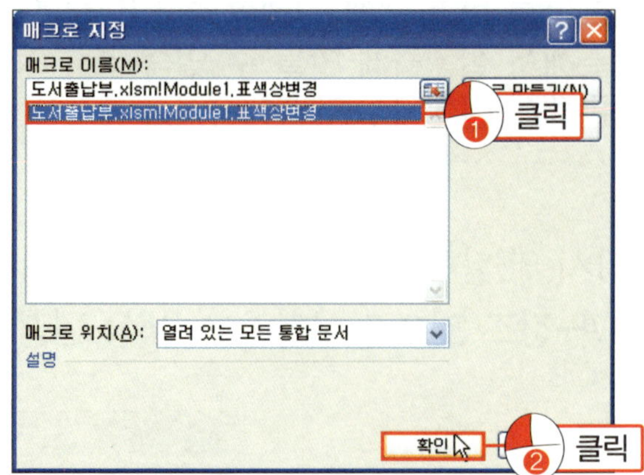

4 [개발 도구] 탭의 [코드] 그룹에서 ⚠ 매크로 보안 [매크로 보안]을 클릭하면 나타나는
[보안 센터] 대화 상자에서 [모든 매크로 포함]을 선택하고 [확인]을 클릭합니다.

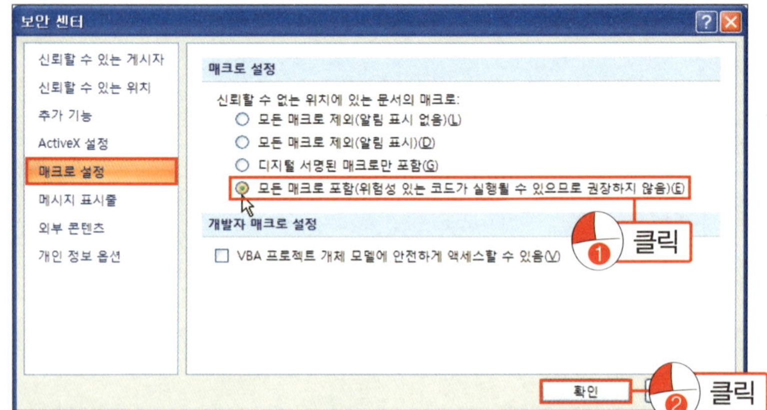

황금열쇠

매크로 보안이 설정되지 않으면 매크로가 실행
되지 않습니다.

5 도형 버튼을 클릭하면 매크로가 실행됩니다.

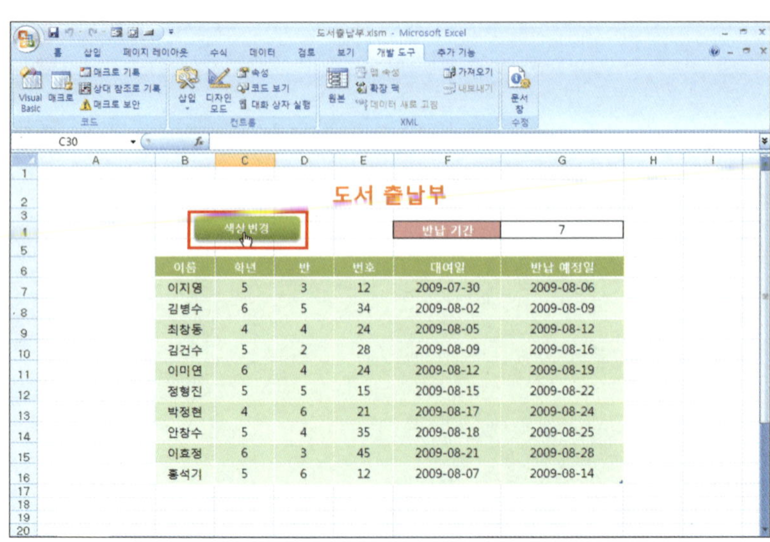

1 엑셀 2007을 실행한 다음 글을 입력하고 글자 색을 검정색과 주황색으로 바꾸는 매크로를 만든 후 도형에 매크로를 지정해서 꾸며 보세요.

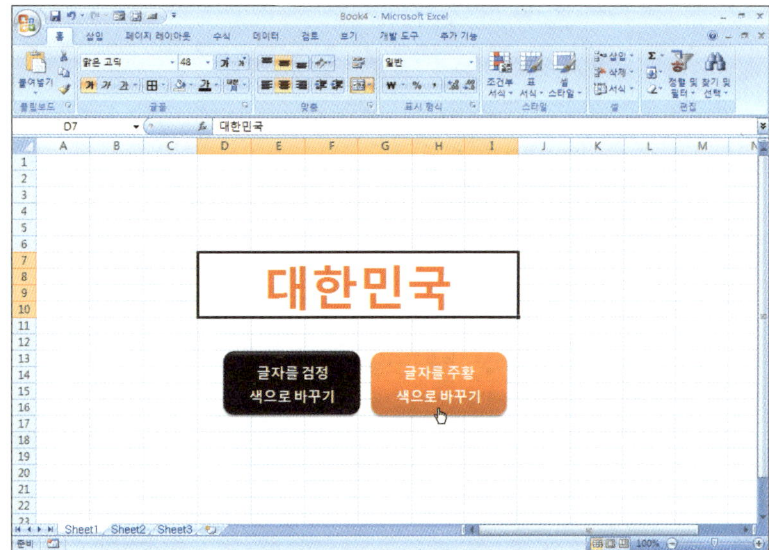

조건

- 글꼴 : 맑은 고딕(대한민국 – 48pt, 굵게/매크로 단추 – 15pt, 굵게)
- 도형 : [모서리가 둥근 직사각형] 도형 삽입 후 보통 효과 – 어둡게 1, 보통 효과 – 강조 6 지정

2 글자의 배경색을 연두색과 하늘색으로 만드는 매크로를 만든 다음 도형에 매크로를 지정해서 꾸며 보세요.

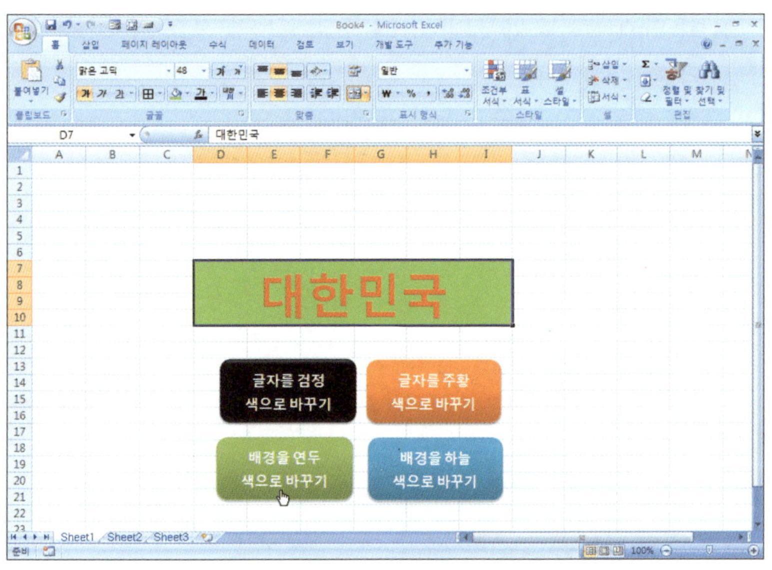

조건

도형 : [모서리가 둥근 직사각형] 도형 삽입 후 보통 효과 – 강조 3, 보통 효과 – 강조 5 지정

1 엑셀 2007을 실행해서 문서를 작성하고 다음과 같은 화면이 나오도록 부분합으로 만든 후 인쇄 환경을 설정해 보세요.

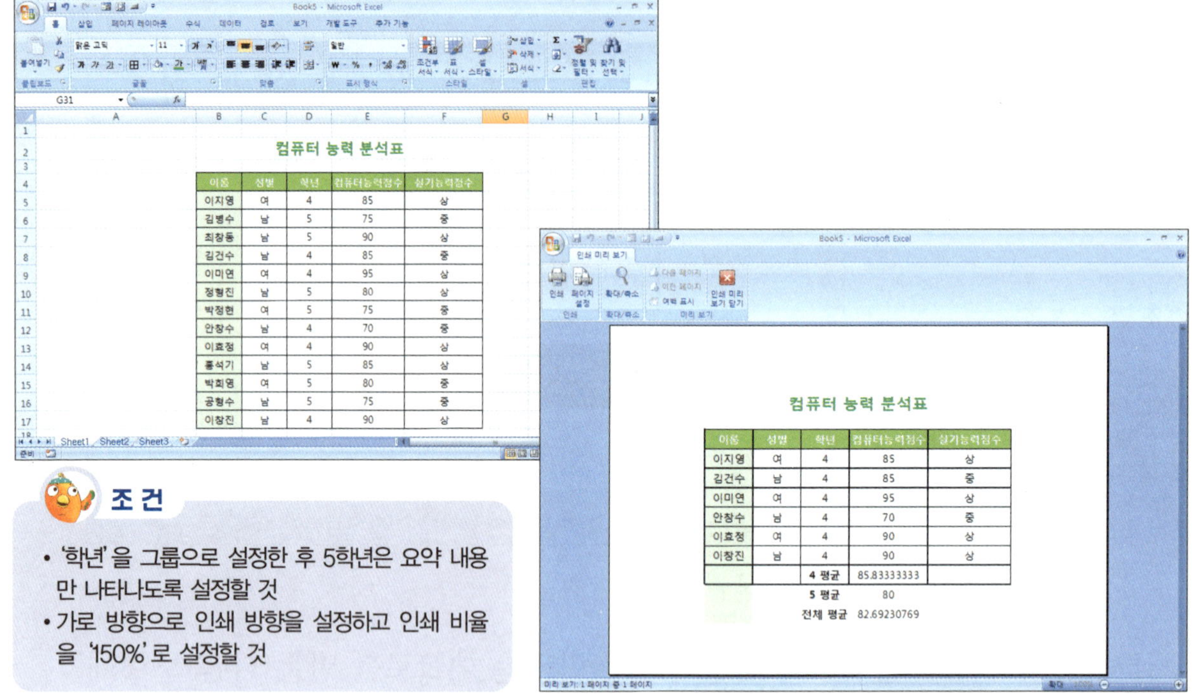

 **조 건**

- '학년'을 그룹으로 설정한 후 5학년은 요약 내용만 나타나도록 설정할 것
- 가로 방향으로 인쇄 방향을 설정하고 인쇄 비율을 '150%'로 설정할 것

2 피벗 테이블을 사용해서 다음과 같은 결과가 나타나도록 꾸민 후 인쇄 환경을 설정해 보세요.

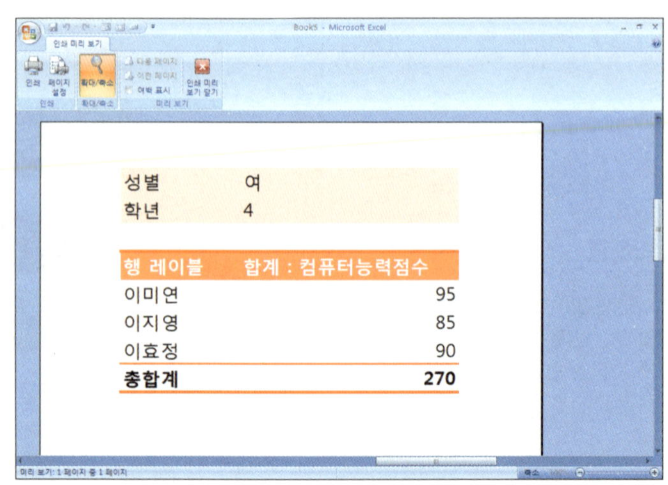

조 건

- '성별'과 '학년'을 그룹으로 설정한 후 4학년 여자 데이터를 표시하게 만들 것
- 가로 방향으로 인쇄 방향을 설정하고 인쇄 비율을 '200%'로 설정할 것

즐거운 컴퓨터 교실로 함께 떠나요!

엑셀 2007

1판 1쇄 발행	2009년 6월 1일
1판 4쇄 발행	2013년 2월 12일

저　자	류지영, 안창현
발 행 인	김길수
발 행 처	(주)영진닷컴
주　소	(우)153-803 서울 금천구 가산동 664번지 대륭테크노타운 13차 10층 (주)영진닷컴

대표전화	1588-0789
대표팩스	02-2105-2206
등　록	2007. 4. 27. 제16-4189호

값 8,000원

© 2009., 2013. 영진닷컴
ISBN 978-89-314-3832-1

이 책에 실린 내용의 무단 전재 및 무단 복제를 금합니다.

본 도서에 관한 내용은 codmedia@codmedia.com으로 문의하실 수 있습니다.

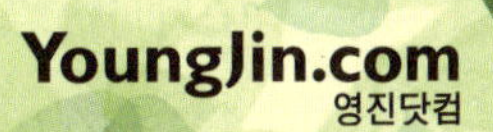